THÉORIE

DE

LA PROCÉDURE

CIVILE,

PRÉCÉDÉE D'UNE INTRODUCTION :

Par M. Boucenne,

AVOCAT A LA COUR ROYALE
ET DOYEN DE LA FACULTÉ DE DROIT DE POITIERS.

Deuxième Édition.

Tome Deuxième.

PARIS,

VIDECOQ, LIBRAIRE,

PLACE DU PANTHÉON, 6.

POITIERS,

SAURIN FRÈRES,

IMPRIMEURS.

1840.

THÉORIE

DE LA

PROCÉDURE CIVILE.

Cet Ouvrage se trouve aussi :

A PARIS . . . . .
- ADELUS,
- DURAND,
- COTILLON,
- FROMONT-PERNET,
- POURCHET père,

Libraires, rue des Grès.

DUPRAT, libraire, rue du Cloître-St-Benoît, 7.

A BORDEAUX . . . . .
- THEYCHENEY.
- LAWALLE.

STRASBOURG . . . . .
- DESRIVEAUX,
- LAGIER.

MARSEILLE . . . . . MOSSY.

DIJON . . . . . .
- LAMARCHE.
- DECAILLY.
- BENOIST.

TOULOUSE . . . .
- LEBON.
- DAGALIER.

RENNES . . . . .
- MOLLIEX.
- Mme DUCHÉNE.

AIX . . . . . . AUBIN.

NANTES . . . . . FOREST.

ROUEN . . . . .
- EDET.
- LEGRAND.

GRENOBLE . . . . PRUD'HOMME.

LE MANS . . . . . BELON.

BESANÇON . . . BINTOT.

CAEN . . . . . .
- CLERISSE.
- HUET-CABOURG.

POITIERS . . . . .
- BOURCES.
- FRADET.

COLMAR . . . . . REIFFENGER,

BRUXELLES . . . . BERTHOT.

THÉORIE

DE

LA PROCÉDURE

CIVILE,

PRÉCÉDÉE D'UNE INTRODUCTION ;

Par M. Boucenne,

AVOCAT A LA COUR ROYALE
ET DOYEN DE LA FACULTÉ DE DROIT DE POITIERS.

Deuxième Édition.

Tome Deuxième.

PARIS,

VIDECOQ, LIBRAIRE,

PLACE DU PANTHÉON, 6.

POITIERS,

SAURIN FRÈRES,

IMPRIMEURS.

1840.

THÉORIE

DE LA

PROCÉDURE CIVILE.

CHAPITRE PREMIER.

DE LA CONCILIATION.

J'ai indiqué, dans le chapitre 12 de l'*Intro-* Art.
duction (1) , les sources auxquelles les législateurs de 1790 avaient puisé l'idée des bureaux
de paix.

J'ai dit ce que fut *l'essai préalable de con-*
ciliation , jusqu'à la mise en activité du Code
de procédure.

Le principe existe encore dans nos institutions judiciaires, non plus avec cette vague

(1) Pag. 285 et suivantes.

II.   I

Art. étendue d'application qui le rendit ridicule, parce qu'il se montra trop souvent inutile ; mais restreint et réservé seulement pour les cas où l'espoir raisonnable d'en recueillir quelque fruit, peut compenser l'augmentation des frais et la perte du temps.

Les demandes principales et introductives d'instance sont seules soumises à l'épreuve de la conciliation.

48.   La loi dit, *principales et introductives d'instance*, parce qu'une demande peut être principale, sans être introductive d'une instance à laquelle elle vient se rattacher. Vous voulez me traduire en justice pour me faire condamner au paiement d'une certaine somme : cette demande sera principale et introductive d'instance ; car elle ne tient, ni quant à son objet, ni quant à ses motifs, à aucune autre action déjà formée, soit contre moi, soit contre une autre partie. Vous devrez, avant d'agir, essayer avec moi la conciliation.

Mais j'ai une garantie à exercer pour cette somme, et lorsque l'affaire est portée devant le tribunal, je songe à diriger mon recours contre celui qui doit supporter , en tout ou en partie, la condamnation dont je suis menacé.

Faut-il que préalablement je le cite au bureau ᴀʀᴛ.
de paix? Non: la demande en garantie sera 49,§3
bien principale à l'égard du garant, car elle
sera le premier acte de ma poursuite; mais elle
ne sera pas introductive d'instance, parce que
je l'appellerai dans une instance déjà introduite. Or, si je n'ai pu, avant l'éclat de la
contestation primitive, me concilier avec le
demandeur qui m'a attaqué, il n'est guère pro-
bable que l'accession d'une autre partie dans le
même procès rende plus fructueuse une tentative nouvelle.

La mise en cause d'un garant est une intervention forcée. L'explication qui vient d'être
donnée s'applique tout naturellement à l'inter- 49,§3
vention volontaire, c'est-à-dire, au cas où une
personne se présente d'elle-même dans une
lutte déjà engagée, pour y soutenir ou pour y
revendiquer des droits que d'autres se dispu-
tent : *venit inter litigantes.*

La raison de la loi est ici, comme dans une
foule de circonstances, un calcul de probabilités. L'épreuve du bureau de paix ne serait
qu'une vaine pratique, si on l'appliquait à tous
les épisodes et à toutes les suites d'un procès.
Quelle apparence y a-t-il que des plaideurs qui
ont franchi les avenues du palais, sans écouter

Art. les remontrances qu'on leur a faites pour les empêcher de commencer un procès, deviennent plus dociles à la voix du juge de paix, si vous les forcez de retourner devant lui, pour essayer la conciliation sur chacune des demandes incidentes qui s'élèvent d'une part ou de l'autre, dans le cours de l'action ?

Cependant il peut se faire que certains incidents ne soient, au fond, que des demandes nouvelles. Voici un exemple : Il y a eu essai inutile de conciliation entre un vendeur et un acquéreur, sur la demande en paiement du prix de la chose vendue. Devant le tribunal, le vendeur conclut incidemment à la résolution de la vente. Ce n'est plus là ce dont il a été question au bureau de paix. Le demandeur y sera renvoyé : c'est une autre instance à introduire, car la différence est grande entre des conclusions qui tendent à l'exécution d'un contrat, et celles qui tendent à sa rupture. L'acquéreur embarrassé aurait peut-être accepté ce moyen de se tirer d'affaire, s'il eût été proposé avant l'invasion des procédures; il l'acceptera peut-être encore, parce que le vendeur devra supporter seul les frais de sa fausse marche.

La demande reconventionnelle, c'est-à-dire,

celle que le défendeur forme à son tour, en ART.
répondant au demandeur (1), est incidente de
sa nature, lorsqu'elle naît des circonstances de
l'action principale, et lorsqu'elle peut servir
d'exception ou de défense pour la repousser,
l'anéantir, ou la restreindre.

J'assigne un particulier afin qu'il ait à garnir
de meubles une maison que je lui ai louée; il
se défend en demandant que je sois condamné
à faire préalablement les réparations nécessaires pour la rendre habitable. Il y a connexité
parfaite entre la demande reconventionnelle
du locataire et la mienne. Le bail est leur
principe commun; l'une sert de défense contre
l'autre, elle ne sera point soumise au préliminaire de conciliation.

Mais si la reconvention a sa source en dehors, si elle ne doit avoir aucune influence sur
la discussion et sur le jugement de la demande
principale, elle sera toute principale elle-
même. Je réclame en justice le paiement d'un
billet; le débiteur reconnaît son obligation,
mais il m'oppose qu'il a droit de passer sur un
champ que j'ai fait clore, et il conclut à la
suppression de ma clôture. Evidemment c'est

(1) Voy. l'*Introduction*, chap. v., page 19.

Art. une instance détachée du procès, qui ne peut être introduite devant le tribunal, soit directement, soit indirectement, qu'après avoir passé par le bureau de paix.

Il est pourtant une espèce de reconvention qui peut servir de défense contre l'action principale, quoiqu'il n'y ait entre elles aucune connexité; je veux parler de la compensation : elle a toujours été admise *ex causâ dispari*, si ce n'est dans certains cas particuliers où la loi dispose autrement : comme lorsqu'il s'agit d'un dépôt, d'un prêt à usage, etc. (1).

Une autre difficulté a été prévue : la demande est formée contre plus de deux personnes; il semble, au premier aspect, que le besoin d'un accommodement doive s'accroître en proportion du nombre de ceux qui se disposent à plaider. Mais les défendeurs peuvent habiter dans des lieux différents et éloignés, il faudra beaucoup de temps pour les rassembler. Devant qui les citera-t-on? Quand ils auraient le même intérêt, cet intérêt n'agit pas chez tous de la même manière; l'espoir d'accorder des caractères divers, des passions particulières et le tumulte de plusieurs voix, ne serait qu'une dispendieuse illu-

(1) Cod. civ., art. 1293 et 1885.

sion. Le préliminaire de conciliation n'est point Art.
exigé dans ce cas. 49,§6

Cependant un demandeur veut se placer dans
l'exception, et il s'avise de traduire en justice
trois ou quatre parties, quoiqu'il n'ait de motif
véritable que pour en assigner une ou deux.
Faudra-t-il que le tribunal, en décidant que
les unes ont été assignées sans droit et sans
utilité pour la cause, déclare en même temps
que la demande ne peut être reçue contre les
autres, parce que la conciliation n'a pas été
essayée avec elles? Je ne le crois pas. Le demandeur a pu se tromper de bonne foi : la
fraude ne se présume point ; ce serait rendre
trop incertaine la validité d'une foule d'actions,
et semer de nouveaux germes de procès en
l'honneur de la conciliation. Pour savoir s'il y
avait dispense, il faut compter les défendeurs.
Ceux qui n'ont pas dû être assignés obtiendront
leur renvoi, avec dépens, et même, s'il y a
lieu, avec dommages-intérêts.

Cette doctrine, conforme au texte du Code,
paraît généralement admise ; mais le rédacteur
du *Journal des Avoués* voudrait qu'il fût permis
aux magistrats d'anéantir l'action en entier, si
la fraude était manifeste (1). Peut-être qu'un

(1) Tome vii, page 250.

ART. arrêt ainsi motivé échapperait à la cassation.
Toutefois il est difficile d'admettre que cette
hypothèse se réalise jamais, et qu'un plaideur
fasse des frais considérables qui retomberont
nécessairement sur lui, pour esquiver fraudu-
leusement le bureau de paix. Quoi qu'il en soit,
la recherche de l'intention, en pareil cas,
tournerait toujours un peu vers l'arbitraire; il
y aurait moins d'inconvénient à prononcer
d'après ce qui a été fait, que d'après ce qui a
pu être pensé. Je suis fort de l'avis de Bâcon :
Optima lex quæ minimum judici relinquit, op-
timus judex qui minimum sibi.

Ce n'est pas que je veuille laisser s'agrandir
indifféremment le cercle des exceptions, et
défendre à mon intelligence de se mettre en
communication avec les vues de ceux qui l'ont
tracé. Loin de là, je m'attache toujours à cette
supputation de probabilités dont j'ai parlé,
parce que c'est le fond du système, et parce
que les questions élevées ou à élever doivent y
trouver leur solution.

Les exemples déjà posés pourront fournir
d'autres démonstrations.

La demande en garantie que j'ai formée lorsqu'une instance originaire a été introduite
contre moi, n'a pas dû subir l'épreuve du bu-

reau de paix : on sait pourquoi. Mais, au lieu Art.
d'appeler mon garant durant cette instance,
j'ai plaidé seul, et j'ai succombé ; c'est après
avoir été forcé de payer, que je viens exercer
mon recours. Il est manifeste que cette demande sera à la fois principale et introductive
d'une instance, car elle ne pourra plus être
accessoire à celle qu'une condamnation vient
de terminer contre moi. C'est une nouvelle
cause à entamer, une nouvelle discussion à soutenir contre un nouvel adversaire. Quel motif
me dispenserait de le citer préalablement pour
tenter la conciliation ? Aucun, puisque cet état
de choses n'autorise pas à la réputer improbable.

La chance de succès est trop faible lorsqu'il
y a plus de deux défendeurs : on sait encore
cela. Maintenant supposez une action à diriger
contre deux maris et leurs femmes, obligés
pour la même dette : voilà quatre défendeurs,
en nombrant les individus ; la question est de
savoir s'il y aura dispense du passage en bureau
de paix.

Il faut distinguer :

Les époux sont-ils séparés de biens, soit par
contrat de mariage, soit par jugement ? chacun
d'eux devra être compté, parce que chacun
d'eux a une existence propre, des intérêts

Aʀᴛ. distincts et une administration à part (1) ;
parce que la division des droits et des obligations se fait entre eux, comme elle se ferait
entre des étrangers qui auraient contracté
conjointement.

Les époux sont-ils communs en biens ? leur
existence légale se confond dans un seul être
moral : la communauté. C'est pour elle qu'ils
sont censés stipuler et promettre.

Dans le premier cas, ce sont quatre personnes
que leur intérêt isole, et que leur nombre rend
trop difficiles à concilier.

Dans le second, il n'y a que deux communautés, ou deux unités légales de défendeurs ;
la conciliation doit être tentée.

D'autres questions peuvent être résolues de
même, en consultant cette pensée capitale que
recèlent les textes, et qu'il est facile d'en extraire. Par exemple, faut-il voir autant de défendeurs qu'il y a de membres dans une société (2), ou dans une union de créanciers ? Les
uns disent oui, et les autres non (3).

(1) Art. 1536 et 1449 du Cod. civ.

(2) Autre qu'une société de commerce ; car, ainsi
qu'on le verra plus loin, il n'y a pas lieu à l'essai de conciliation en matière commerciale.

(3) M. Carré croit qu'il y a dispense de citer en concilia-

Au premier aspect, ces mots de *société*, Art.
d'union, présentent l'image d'un faisceau d'intérêts qui ne peut se délier que par l'anéan-
tissement des actes qui l'ont formé, et l'idée
d'une seule personne rationnelle agissant,
comme la communauté conjugale, avec des
vues et une direction compactes, s'il est permis
d'ainsi parler. Mais la communauté conjugale
a pour chef le mari; il peut non-seulement en
administrer les biens, il peut encore les vendre,
les aliéner, les hypothéquer, sans le concours
de la femme (1), parce que cet autre lui-
même est réputé, à cet égard, n'avoir point,
ou ne pouvoir point avoir d'autre volonté que
la sienne. Il n'en est pas de même pour les
sociétés : souvent elles n'ont point de chef,
ni d'administrateurs particuliers ; alors tous
les associés sont censés s'être donné réciproquement le pouvoir d'administrer l'un pour

tion des associés, ou des créanciers unis, lorsqu'ils sont
plus de deux. (Lois de la proc., t. 1, p. 99.) M. Dalloz
est d'une opinion contraire. (T. 3, p. 707.)

(1) Code civil, art. 1421. Dumoulin disait, sur l'art.
109 de l'ancienne coutume de Paris, que la communauté entre époux était plutôt *in habitu quàm in actu*, et
que la femme, durant le mariage, *non est propriè socia,
sed speratur fore.*

Art. l'autre; mais l'un a le droit de s'opposer aux opérations de l'autre (1). Je ne vois là qu'une réunion d'individus spéculant sur le bénéfice qu'ils pourront retirer de ce qu'ils ont placé en commun, et dont les avis et les combinaisons ne se fondent pas toujours dans un parfait accord. Il me paraît donc incontestable qu'une demande formée contre la société devra comprendre tous les associés, et que, s'ils sont plus de deux, il y aura dispense de l'essai de conciliation.

Je sais qu'il peut y avoir un ou plusieurs associés choisis pour administrer. Sont-ils plus de deux? ce serait le même motif de décider. Mais ne sont-ils que deux? n'y en a-t-il qu'un seul? on doit les considérer, en définitive, comme des mandataires que leurs pouvoirs généraux n'autorisent ni à aliéner, ni à hypothéquer, ni à transiger, ni par conséquent à se concilier sur les procès intentés contre la société.

Il n'y aurait pas d'autres principes à appliquer, s'il s'agissait de plaider contre des créanciers unis, ou contre leurs syndics.

La voie est tracée : avez-vous des droits à

---

(1) Cod. civ., art. 1859.

réclamer contre une succession ? vous comp-
terez les héritiers, pour savoir si vous devez
observer le préliminaire du bureau de paix.
Ils composent bien dans leur ensemble la représentation du défunt ; mais chacun d'eux
se trouve personnellement tenu, *pour sa portion virile*, des dettes et des charges de la succession, et il forme, sous ce rapport, un défendeur particulier (1).

On dit que les sociétés et les successions
sont des êtres moraux; cela est vrai pour leur
domicile. Tant que la société existe, tous les
associés sont réputés habiter au lieu où elle
a été établie. Tant que la succession reste
indivise, tous les héritiers sont réputés habiter
au lieu où elle s'est ouverte. Mais cette fiction
ne va point jusqu'à concentrer dans une expression unique la pluralité des intérêts et la
diversité des avis.

Je prie qu'on me permette encore de noter
une distinction. Quand on dit que la loi dispense de l'essai de conciliation les demandes
formées contre plus de deux parties, *quoiqu'elles aient le même intérêt*, il faut entendre
cela des parties assignées aux mêmes fins, en

_____

(1) Code civil, art. 873.

Art. vertu du même titre, et non pas de celles contre lesquelles on agirait collectivement, mais par des conclusions dont les chefs seraient divisés et appuyés sur des titres distincts. Cette proposition a besoin d'être éclaircie par un exemple : La vente d'un domaine a été faite par détail et par des actes séparés; le vendeur assigne tous les acquéreurs, et demande la résolution des contrats, sous le prétexte de l'inexécution d'une clause y insérée. Quel que soit le nombre des défendeurs, ce ne sera point un motif pour se dispenser de les citer en conciliation, parce qu'il y aura dans la demande autant de procès, et dans le jugement à intervenir autant de sentences que d'acquéreurs.

J'ai exposé, du système de la conciliation, la part que la loi a faite à une vraisemblance qui, malheureusement, n'est pas toujours la vérité. J'arrive à des règles plus sûres.

Le but de la conciliation est une transaction sur un procès à naître, *propter timorem litis*, comme dit la loi romaine (1). Ce serait un contre-sens que d'en commander l'essai avec

(1) L. 2, C. *de transact.*; art. 2044 du Cod. civ.

des personnes qui n'ont pas la capacité de Art.
transiger, ou sur des objets qui ne peuvent être 48.
la matière d'une transaction.

La loi désigne, pour l'application de ce double motif de dispense, les causes qui intéressent l'état et le domaine, les communes, les
établissements publics, les mineurs, les interdits, les curateurs aux successions vacantes. 49,§ 1

Cette désignation n'est point limitative; la
dispense s'étend à tous les administrateurs et à
tout ce qu'ils administrent : ainsi l'on pourrait
y ajouter les héritiers bénéficiaires (1), ceux
qui ont obtenu la possession provisoire des biens
d'un absent (2), etc.

Toutefois l'incapacité des mineurs et des
interdits n'est pas absolue, elle est uniquement
dans leur intérêt. Seuls ils peuvent s'en prévaloir, car il ne leur est pas plus défendu de
faire un bon marché, avec ou sans l'assistance
de leurs tuteurs, que de s'y tenir, lorsqu'ils
sont affranchis de leurs lisières (3). Mais il eût
été inhumain d'obliger une personne *capable*
à les appeler en conciliation, et de la con-

---

(1) C. c., art. 803.
(2) C. c., art. 128.
(3) Cod. c., art. 1125.

Art. damner, elle et sa postérité, à la crainte de voir détruire un jour ce trop fragile accommodement du bureau de paix (1).

On dira que la loi donne le móyen de faire une transaction solide avec un mineur ou un interdit; cela est vrai : convoquez le conseil de famille, soumettez-lui le projet d'arrangement, demandez son autorisation, faites désigner trois jurisconsultes par le procureur du roi, obtenez leur avis; portez le tout au tribunal de première instance, ayez un jugement d'homologation, et la transaction ne pourra plus être attaquée pour cause d'incapacité (2). L'attente d'un arrangement douteux vaut-elle bien toutes ces formalités et les frais et les longueurs qu'elles entraînent? L'essai de conciliation durerait et coûterait quelquefois plus que le procès.

M. Favard de Langlade place les femmes

(1) Il n'y a pas de dispense à l'égard du majeur qui fait cause commune avec une personne incapable de transiger, lorsqu'il s'agit d'une chose qui, dans sa livraison, ou d'un fait qui, dans l'exécution, est susceptible de division, soit matérielle, soit intellectuelle, c'est-à-dire, toutes les fois que l'on conçoit la possibilité d'une transaction pour sa part. Voyez l'art. 1217 du Code civil.

(2) C. c., art. 467 et 2045.

mariées, simplement autorisées à *ester en ju-* Art.
gement, parmi les personnes que l'on est dispensé d'appeler au bureau de paix. Je partage
cette opinion; mais elle n'est pas admise par
tous les auteurs. Ceux qui la rejettent (1) se
fondent d'abord sur le silence de la loi. Ce
motif n'est pas fort imposant, car la loi ne
parle point de l'héritier bénéficiaire, et pourtant on est d'accord pour le comprendre dans
l'exception, parce qu'il est incapable de transiger, à moins qu'il ne veuille abdiquer sa qualité, et se rendre héritier pur et simple, ce qui
n'est pas présumable. Ils ajoutent qu'une
femme autorisée à comparaître en jugement,
soit par son mari, soit par la justice, possède
la capacité requise pour faire tous les actes, et
pour remplir toutes les conditions que le procès
rend nécessaires.

Mais l'autorisation que le mari, ou les juges,
au défaut du mari, donnent à une femme
pour réclamer ou pour défendre ses droits, ne
renferme point celle de disposer, d'aliéner,
et par conséquent de transiger. Supposez cette
femme au bureau de paix : que dira-t-elle?
qu'il ne lui est pas permis d'entrer en con-

_____

(1) M. Carré, *Lois de la procéd.*, t. 1er, page 96, et
M. Dalloz, v° *conciliation*, tom. 3, page 719.

Art. ciliation. Si elle ne le dit pas, et si elle consent à transiger, le demandeur lui-même devra bien s'en garder, car rien ne serait moins assuré que le sort d'une pareille transaction. A quoi se réduira donc la tentative? à une pratique toute sèche, sans intention, sans moralité.

Cette thèse eût été soutenable sous l'empire de la loi de 1790. Aujourd'hui il y a dispense, toutes les fois qu'il existe, d'une part ou de l'autre, incapacité de contracter.

Peut-être voudrait-on, en cas d'heureuses dispositions pour un accord, qu'il y eût suspension, que la femme allât solliciter de son époux ou de la justice l'autorisation expresse qui lui serait nécessaire, et qu'elle revînt se concilier, ou ne pas se concilier, suivant l'accueil que sa requête aurait reçu. On serait presque conduit, de cette manière, jusqu'à dire que l'État pourrait au besoin faire rendre une loi, que les communes, les hospices pourraient obtenir une ordonnance royale, afin de transiger, et qu'il n'y a ni particulier, ni corporation, ni établissement, qui ne doivent au bureau de paix le tribut d'une comparution expectative.

Je passe des personnes avec lesquelles la loi

dispense d'essayer la conciliation, aux demandes Art.
qui ne peuvent en être l'objet, quand même
elles seraient principales et introductives d'une
instance.

Ce sont celles qui touchent aux bonnes
mœurs, à l'ordre public, aux intérêts de la
société, et à la dignité de la justice ; comme les
questions sur des droits de naissance, la légitimité, la filiation, sur la nullité d'un mariage,
sur les séparations entre époux ; sur les dons et
les legs d'aliments, sur les nominations ; les
excuses et les destitutions des tuteurs, sur les
prises à partie contre les magistrats, et les dés-
aveux contre les officiers ministériels. Je pourrais ajouter : sur les récusations, les règlements
de juges, et les renvois d'un tribunal à un
autre pour cause de parenté, si d'ailleurs,
comme on le verra en son lieu, chacune de ces
matières ne formait pas un incident déjà compris dans l'exception.

Viennent ensuite les demandes qui requièrent célérité : le temps employé à citer et à
comparaître au bureau de paix suffirait souvent
pour vider l'affaire au tribunal, et les avantages de la tentative seraient presque toujours
moindres que les inconvénients de l'entrave.
Telles sont celles de nature commerciale, dans

lesquelles on compte les jours; celles de mise en liberté, dans lesquelles on compte les mi-nutes; celles en paiement de redevances con-sacrées aux besoins de la famille, comme les arrérages de pensions ou de rentes, les loyers, les fermages; telles sont encore toutes les causes où il s'agit de levée d'opposition, de saisie, de scellés, etc.

Les dispositions démonstratives sont toujours incomplètes, et souvent elles exposent le légis-lateur à d'inutiles répétitions. C'est un défaut que l'on peut remarquer dans l'art. 49 du Code de procédure. Après avoir dit : « Sont dispensés » du préliminaire de conciliation, 1°....., » 2° les demandes qui requièrent célérité », l'article s'embarrasse d'une foule d'exemples qui se rapportent à différents motifs, et qui ne présentent, dans leur distribution, aucun ordre systématique. Je crois qu'il n'était pas besoin de parler des matières de commerce, des mises en liberté, des mainlevées de saisies, lorsque le principe de la dispense avait été posé pour toutes les demandes qui requièrent célé-rité; ni des règlements de juges, des renvois, etc., lorsque l'on n'avait soumis à l'épreuve du bureau de paix que les demandes principales et introductives d'instance; et ainsi pour d'autres

objets implicitement compris dans les disposi- ART.
tions générales. Cette forme de rédaction a des
conséquences fâcheuses; elle sert de prétexte à
une foule d'arguments tirés tour à tour de ce que
le législateur a dit, et de ce qu'il n'a pas dit.

L'article finit en dispensant *toutes les causes
exceptées par les lois ;* il n'eût dû être composé
que de ces mots, sauf à reproduire l'exception
aux titres de la vérification des écritures, des
incidents, du désaveu, des règlements de juges,
des renvois, de la procédure devant les tribunaux de commerce, des saisies, de l'emprisonnement, des référés, des offres réelles, des
séparations, des avis de parents, de la levée des
scellés, du bénéfice d'inventaire, etc. C'est ce
que je me propose de faire : on sentira bien
mieux la raison et la nécessité de la dispense,
quand on connaîtra la nature des affaires auxquelles elle doit s'appliquer. La meilleure division d'un travail n'est pas celle où l'on suppose,
en commençant, que ceux auxquels il s'adresse
connaissent ce qui doit suivre.

Je termine cette partie du chapitre par quelques observations qu'il suffira d'énoncer.

L'essai de conciliation est exigé seulement 48.
pour les affaires qui doivent être portées devant
les tribunaux civils de première instance.

Art. Il ne l'est pas lorsque ces tribunaux ont à statuer comme juges d'appel des justices de paix.

Il ne l'est jamais pour les causes portées devant les cours royales, même lorsqu'elles prononcent en premier et dernier ressort, *omisso medio* (1).

Il s'accorderait mal avec la rapidité de la procédure commerciale, cela a déjà été dit.

Il n'était pas besoin de le prescrire pour les justices de paix : on a dû croire que la voix du médiateur s'y ferait toujours entendre avant celle du juge.

L'essai de conciliation avec des personnes incapables de transiger, ou sur des choses qui ne peuvent être la matière d'une transaction, est toujours une inutilité, mais jamais une nullité à invoquer contre l'action qui s'ensuit. Il en est de même, à plus forte raison, dans les autres cas d'exception : la loi dispense, elle ne prohibe pas.

En adoptant le principe du préliminaire de la conciliation, comme une condition sans laquelle les demandes non dispensées ne pour-

(1) Voy. l'*Introduction*, chap. 16, pag. 454.

raient être reçues dans les tribunaux civils Art.
d'arrondissement, il a fallu donner des règles 48.
pour le mettre en action.

Il est tout simple que l'on n'ait point imposé
aux parties la nécessité d'une citation et la
longueur d'un délai, lorsqu'elles sont dispo- 48.
sées à comparaître volontairement au bureau
de paix. Il y a déjà de l'accord dans cette disposition, et c'est un heureux présage pour le
conciliateur.

Mais les comparutions volontaires sont
rares; presque toujours l'essai devient forcé,
et, pour obéir au vœu de la loi, le demandeur
doit faire *citer* son adversaire au bureau de
paix, afin de se concilier, s'il est possible,
sur l'action qu'il se propose de porter en justice.

La *citation* est l'assignation donnée pour
comparaître devant un juge de paix, considéré
soit comme juge, soit comme conciliateur.

L'assignation devant les tribunaux civils se
nomme *ajournement* (1).

Les deux expressions avaient été indifféremment employées dans une foule d'articles
du projet de Code de procédure civile; mais,

(1) Voy. le chapitre suivant.

Art. sur les observations du Tribunat, on les dis-
tingua comme je viens de le dire.

Le terme le plus général pour exprimer
tout acte de justice ou de procédure fait par
un huissier, est EXPLOIT, *quod explere, expe-
dire, peragere significat*, selon les vieux
auteurs. On dit exploit de citation, exploit
d'ajournement, exploit de saisie, etc. Ce sont
des exploits de ce genre que la muse de Racine,
dans sa joyeuse humeur, a gravés sur le front
du père de l'Intimé.

C'est devant le juge de paix du défendeur
que la citation doit être donnée pour l'essai
de conciliation. S'il y a deux défendeurs, c'est
50, § 1 devant le juge de paix de l'un ou de l'autre, au
choix du demandeur. Cette règle est générale,
elle s'applique à toutes les matières réelles,
mixtes, ou personnelles (1).

Lorsqu'une action va s'engager en justice,
il importe de considérer sa nature, afin de
savoir quel est le tribunal qui doit la décider.
L'action réelle-immobilière est portée au tri-

(1) C'est une innovation pour les matières réelles ou
mixtes; la loi du 26 ventôse an IV donnait au demandeur
le choix de citer, soit devant le juge de paix du domicile
du défendeur, soit devant celui de la situation des
biens.

bunal de la situation de l'objet litigieux, parce **Art.**
que là seulement peuvent se trouver des moyens
prompts et faciles pour les vérifications, des
preuves presque sous la main, et des juges in-
struits des localités (1).

Pour la conciliation, il n'y a point de vérifications à faire, de localités à décrire, d'usages
à constater, de preuves à rechercher. Le juge
de paix n'ordonne rien, il ne décide rien;
il conseille, il éclaire, il essaie d'émouvoir, de
rapprocher et de ménager un accommodement dont il ne sera que le témoin. Son autorité réside tout entière dans la confiance
qu'il inspire, et l'on a dû penser que le défendeur se rendrait plus aisément aux remontrances du juge de son domicile, qu'à celles de
l'étranger qui siége au loin dans le canton où
se trouve la chose litigieuse.

Toutefois, en matière de société, tant qu'elle 5o,§2
existe, le défendeur doit être cité devant le
juge du lieu où elle est établie; en matière de
succession, tant qu'elle n'est pas partagée,
devant le juge du lieu où elle s'est ouverte (2). 5o,§3

(1) Voy. l'*Introduction*, chap. 5, pag. 77 et 78.

(2) La loi ne parle point ici, comme au titre des ajournements, des matières de faillite, parce qu'elles sont de

ART. C'est que la fiction de l'être moral subsiste toujours dans cet état de choses ; le domicile de la société, ou de la succession, est indivis, comme les biens dont elles se composent, et le juge de ce domicile est mieux à portée que tout autre de raisonner avec les parties sur la situation des affaires ; il y a, dans cette espèce de chef-lieu, plus de facilités pour avoir les documents qui peuvent servir de base aux propositions et aux arrangements.

La société est-elle dissoute ? la succession est-elle divisée ? il n'y a plus d'associés ; il n'y a plus d'héritiers ; il n'y a plus de masse ; l'être moral s'est évanoui : chacun jouit à part de ce qu'il a recueilli, il le confond dans son patrimoine, et chacun doit être cité au bureau de paix de son véritable domicile (1).

la compétence commerciale. Il est vrai que la demande d'un failli, pour obtenir le bénéfice de cession, doit être portée devant le tribunal civil ; mais il s'agit alors d'une question de mise en liberté, et il y a dispense du préliminaire de conciliation.

(1) A moins qu'il ne s'agisse d'une demande relative à la garantie des lots entre copartageants, ou à la rescision du partage, art. 822 du Cod. civ. Alors l'existence légale du partage est remise en question, c'est comme s'il n'y en avait pas eu.

Si vous entrez dans l'esprit de cette fiction, **Art.** et de l'exception que l'on a créée pour la soutenir, vous comprendrez que l'une et l'autre disparaissent, et que la règle générale reprend son empire, lorsque la demande s'adresse à un héritier unique. Il est, dès l'ouverture de la succession, ce qu'il serait après le partage, s'il avait un cohéritier; et dans quelque temps que ce soit, c'est devant le juge de paix de son domicile qu'il doit être cité pour le préliminaire de la conciliation.

La citation doit être notifiée par un huissier **52.** de la justice de paix du domicile du défendeur; tout autre serait sans pouvoir et sans caractère, puisque la loi ne désigne que celui-là.

Quant aux formes de la citation, une analogie toute naturelle enseigne qu'elles doivent être les mêmes que celles des citations **I.** qui se donnent en justice de paix. La nature et le but de l'acte suffiraient seuls pour les faire deviner.

Il n'y a point de citation s'il n'y a pas quelqu'un qui cite, et quelqu'un qui est cité. On doit donc y trouver les noms, profession et domicile de celui qui cite, et les noms et demeure de celui qui est cité. Il faut que ce dernier ne puisse pas se tromper sur la personne qui l'ap-

ART. pelle au bureau de paix, et qu'il se reconnaisse bien lui-même dans la désignation de la personne appelée.

Citer, c'est assigner un délai pour comparaître devant un juge. Il n'y a donc point de citation, si l'exploit n'est pas daté, s'il ne contient pas la fixation du jour et de l'heure de la comparution, et l'indication du juge devant lequel on devra se présenter.

Mais que veut-on au défendeur? il faut bien qu'il le sache; autrement la loi manquerait son but : elle n'aurait ni sagesse, ni bonne foi si elle n'exigeait pas que la citation

52. annonce sommairement l'objet de la conciliation.

La citation n'a rien d'officiel, elle n'oblige point à comparaître, si l'huissier qui la notifie ne se légitime pas, en y mettant pour preuve

52. de sa compétence, et son nom et mention de son immatricule (1).

L'huissier doit remettre la copie de la citation au défendeur, ou à quelqu'un de son domicile; s'il n'y trouvait personne, il la laisserait au

---

(1) L'*immatricule* est l'acte par lequel un huissier a été inscrit comme ayant pouvoir d'exercer auprès de tel tribunal.

maire ou à l'adjoint de la commune, qui vise- Art.
rait l'original.

Ce mécanisme a besoin d'être expliqué pour
ceux qui veulent avoir le compte de leurs idées.
Ce sera d'ailleurs suivre la marche que je me
suis proposée dans cet ouvrage, et préparer
l'intelligence des chapitres qui suivent.

Dans l'ancienne manière d'exploiter, le sergent donnait l'assignation verbalement; il no-
tifiait ou exécutait de même les mandements
de justice, puis il venait faire au greffe son
rapport de vive voix. « Voilà pourquoi, dit
Loiseau, les *exploits* des huissiers sont ainsi appelés, c'est qu'ils consistent en faits et non en
écritures (1). » Le juge trouvait dans ce rapport
la garantie nécessaire pour condamner l'homme
assigné qui ne comparaissait pas.

Dans la suite, et lorsque l'art d'écrire vint à
se répandre, les huissiers furent tenus de faire
par écrit la relation de leurs exploits; la copie
de l'acte fut laissée au défendeur assigné, afin
qu'il pût connaître ce qui de lui était requis,
et n'en prétendît point cause d'ignorance.
L'original fut rapporté au demandeur, pour
qu'il le présentât en justice, avant de solliciter
la sentence.

(1) *Des Offices*, liv. 1er, chap. 4.

Art. Il en est de même aujourd'hui, sauf quelques modifications dont je parlerai plus loin.

L'original ou le *rapport* est donc l'acte qui prouve que le défendeur a été cité. La copie est la citation elle-même, laissée soit à sa personne, soit à quelqu'un de sa maison pour lui, soit au maire ou à l'adjoint, afin qu'il la lui fasse parvenir. Le visa du maire ou de l'adjoint s'appose sur l'original, pour certifier que la copie leur a été remise, dans l'absence du cité et des gens de son domicile.

51. Le délai de la citation pour comparaître au bureau de paix est de trois jours. Le projet disait : trois jours *francs ;* ce dernier mot a été supprimé comme superflu, parce qu'il y a, au

1033. titre des *Dispositions générales,* un article portant que ni le jour de la signification, ni celui de l'échéance, ne sont comptés dans le délai général, pour les ajournements, les citations, sommations, et autres actes faits à personne ou domicile. L'article ajoute que le délai doit être augmenté d'un jour, à raison de trois myriamètres (six lieues) de distance entre le lieu où demeure le cité, et le lieu où il doit se rendre pour comparaître. On a disputé sur ce qu'il y aurait à décider, si la distance était, par exemple, de quatre myriamètres; faudrait-il accorder un seul jour d'augmentation, comme

pour trois myriamètres, ou donner deux jours ART.
comme pour six? Lorsque la distance excède
trois myriamètres, on doit accorder un autre
jour en considération de l'excédant, et ainsi
pour les fractions au-dessus de six, de neuf,
etc.; car la loi n'oblige la partie citée qu'à faire
trois myriamètres par jour, pour se rendre au
lieu de la comparution.

Remarquez que l'augmentation du délai, à
raison de la distance, ne peut s'appliquer, pour
la conciliation, qu'au cas où il y a deux défendeurs, puisque, s'il n'y en a qu'un, il doit
toujours être cité devant son juge de paix.

Je reviendrai sur ces aperçus, à mesure que
la matière l'exigera.

Supposez que la citation manque de quelques-unes de ces formalités essentielles, *sans
lesquelles elle ne serait pas*; et que le défendeur ne comparaisse point de bonne volonté:
alors il est évident que le juge de paix n'aura
rien à faire; car il y aurait de l'inconséquence
à constater que celui qui n'a pas été cité n'a
point comparu.

Supposez encore que la citation ait été donnée
devant un juge de paix autre que celui du défendeur: celui-ci aura le droit d'opposer l'in-

Art. compétence *ratione personæ* (1). Toutéfois, s'il comparaît sans demander son renvoi, il ne pourra plus se prévaloir ultérieurement de l'incompétence; car, dès qu'on peut proroger la juridiction territoriale d'un tribunal qui juge, on le peut, à plus forte raison, lorsqu'il ne s'agit que d'un essai de conciliation.

Il est des auteurs qui donnent au préliminaire de conciliation le nom de *procédure préparatoire;* je crois que c'est un désaccord de mots, et un déplacement d'idées tout contraire à la nature des choses. « La procédure est la forme dans laquelle on doit intenter les demandes en justice, y défendre, intervenir, instruire, juger, se pourvoir contre les jugements et les exécuter (2). » Rien dans cette définition ne convient à la conciliation; ce n'est ni une demande, ni une instruction judiciaire, ni un jugement. Ce n'est point pour procéder, pour marcher sus en avant, que l'on appelle les parties au bureau de paix; ce n'est point pour leur préparer *les voies de plaideries,*

(1) Voy. l'*Introduction*, chap. 6, pag. 92 et 93.
(2) Pothier, *Traité de la Procéd. civ.*, pag. 1.

comme disaient les anciennes ordonnances, Art. mais pour les arrêter tout court, et pour éteindre les différends qui se veulent mouvoir. Ce n'est point pour juger, que le juge de paix se trouve là ; c'est pour répéter et répéter encore ce vieil adage de Maynard : *Mauvais accommodement vaut mieux que bon procès* (1). Quand on a dit que le préliminaire de conciliation était une *procédure préparatoire*, et que l'on vient après, en pénétrant dans l'intérieur des procès, à parler des *jugements préparatoires*, ainsi nommés parce qu'ils sont rendus pour 452. l'instruction de la cause, et qu'ils tendent à mettre le procès en état de recevoir jugement définitif, les notions se heurtent et se faussent ; on reste avec cette impression, que l'essai de conciliation n'est qu'une vaine formalité, une sorte de passe-port dont il faut faire la dépense pour entrer au palais. Le principe s'altère, se détruit, et les conséquences détournées viennent tourmenter la jurisprudence.

M. Dumont, de Genève, interprète habile autant qu'indispensable entre J. Bentham et ceux que les classifications et le néologisme de cet auteur pourraient effrayer, a publié der-

(1) Titre 1ᵉʳ, liv. 5, chap. 63.

Art. nièrement un traité de l'organisation judiciaire, extrait des manuscrits du philosophe anglais. La préface nous apprend que Bentham, ayant suivi avec le plus vif intérêt les travaux de l'Assemblée constituante, regarda cette grande occasion de réforme comme manquée ou compromise. « Cette multitude de tribunaux et de juges, y est-il dit, ces échelles de bureaux de conciliation, ces degrés multipliés d'appel, la publicité du débat oral refusée aux causes civiles, ces frais, ces délais, ces vexations qui se cachaient dans tous les replis de ce système, voilà une partie, et seulement une faible partie, des défauts qui le frappèrent dans la composition du projet (1). » J'avoue que je ne puis rien comprendre à cette critique. Il n'y avait point de degrés multipliés d'appel, car tout fut réduit à deux degrés de juridiction; et quant au refus de publicité du débat oral, dans les causes civiles, je suis tout-à-fait désorienté. Cette publicité existait avant la révolution, excepté pour les causes de rapport ; certes les réformateurs ne songèrent point à la supprimer, lorsqu'ils l'introduisirent, comme

_____

(1) De l'*Organis. judic.* et de la *Codification*, pag. 6 de la préface.

en triomphe, dans les débats de la procédure
criminelle. « En toute matière civile ou criminelle, les *plaidoyers, rapports* et *jugements*
seront publics. » C'est le texte de l'art. 14 de la
loi du 24 août 1790.

Mais je m'arrête à ce qui concerne les bureaux de conciliation ; l'auteur reconnaît que le
but est louable, puis il ajoute :

« Rien de moins efficace, ou même de plus
contraire au but, que le moyen.

» Voici, pour en juger, un dilemme qui me
paraît sans réplique : *La décision* des conciliateurs sera rendue sur des raisons insuffisantes,
ou sur des raisons suffisantes : dans le premier
cas, elle serait injuste ; dans le second cas, le
bureau de conciliation aurait rempli les fonctions d'une cour de justice.

» L'objet de cette institution est de prévenir
les procès ; mais comment les conciliateurs
doivent-ils opérer ? N'ont-ils pas les parties à
entendre, *des preuves à examiner*, des arguments à discuter ? Mais exposer ses raisons,
faire entendre ses témoins, c'est plaider ; voilà
donc une procédure extrajudiciaire instituée
pour prévenir un procès. Il faut que la magie
des mots soit bien grande pour que celui-

Art. ci ait pu charmer tant de bons esprits (1). »

Il y a dans tout cela une méprise et une confusion extraordinaires.

Jamais les bureaux de conciliation n'ont rendu de décisions; jamais ils n'ont eu de témoins à entendre, de preuves à examiner, de plaidoiries à apprécier. Il aurait fallu étudier et connaître la loi avant de disserter. On l'a dit avant moi : l'essentiel est de voir les choses telles qu'elles sont. Raisonnez ensuite, vous pourrez encore vous tromper, mais vous n'aurez pas commencé par là.

La citation au bureau de paix n'est point une action judiciaire, elle n'est même pas un commencement d'action; on n'y demande point un jugement. C'est un rendez-vous que la loi donne aux parties, afin qu'elles s'expliquent et s'accordent, si elles le veulent. Le conciliateur exhorte et ne décide pas, ses fonctions n'ont rien de magistral.

On dira peut-être que la citation interrompt la prescription, et fait courir des intérêts, lorsqu'elle est suivie d'ajournement 53. dans le mois; que, par conséquent, elle doit

(1) *Ibid.*, chap. 22, pag. 173.

être considérée comme un commencement Art.
d'action. Cette induction ne serait pas juste,
parce, qu'aucun texte n'exige, pour l'interrup-
tion de la prescription, qu'une action soit com-
mencée. Une interpellation quelconque adressée au débiteur et constatée légalement, suffit (1).
Il était bien juste d'ailleurs de ne pas faire tourner au détriment du demandeur le temps qu'il
doit consacrer à l'essai de conciliation.

Les parties doivent avoir liberté entière, au
bureau de paix, pour s'accommoder, ou ne
s'accommoder pas. La conciliation est un acte
de la volonté. La loi peut organiser un moyen
de rapprochement, l'autorité peut y joindre
ses exhortations; mais ni l'une ni l'autre ne
peuvent y contraindre : car la faculté d'agir et
de poursuivre en jugement ce qui nous est dû,
est un droit légitime.

J'ai parlé, dans mon premier volume, de la
nouvelle procédure adoptée à Genève, et des
commissaires choisis dans le sein du tribunal
pour opérer la conciliation des parties, en tout
état de cause (2). Tout bien considéré, j'aime

(1) Cod. civ., art. 2244, 2245 et 2246.
(2) Chap. 12, pag. 298 et 299.

Art. mieux nos juges de paix, qui restent étrangers aux débats ultérieurs de l'affaire, que ces magistrats qui s'interposent afin d'accorder les plaideurs avant de les juger, et dont l'influence peut être, en définitive, un sujet de crainte pour celui qui n'aurait pas cru devoir se soumettre à leur haute médiation.

Le système du Code a été conçu dans un esprit de grande liberté.

53.   Les parties comparaissent au bureau de paix, soit en personne, soit par un fondé de pouvoir. Celle qui veut se faire représenter n'est tenue ni d'alléguer, ni de prouver qu'elle a des motifs qui l'empêchent de se présenter elle-même.

Une ombrageuse prévention avait interdit aux gens de loi l'entrée des bureaux de paix; cette restriction imposée à la confiance des parties n'existe plus.

La loi de 1790 n'admettait que des mandataires munis d'un pouvoir illimité pour transiger; ce danger a disparu. Le mandataire peut dire : Celui qui m'envoie ne veut pas transiger.

Les procès-verbaux de non-conciliation contenaient autrefois les dires, aveux et dénégations des parties (1). Elles venaient là pour

_____

(1) Loi du 24 août 1790, tit. 10, art. 3.

s'observer, pour épier un mot, un geste, au
lieu d'essayer un accommodement, et le rédacteur de ces dires devenait souvent l'arbitre de
la cause. Rien n'était plus insidieux et plus
repoussant. Aujourd'hui le demandeur peut
expliquer, augmenter sa demande; le défendeur peut à son tour provoquer la conciliation
sur celles qu'il juge convenable de former;
mais, s'il n'y a point d'arrangement, le procès-
verbal ne se charge point de tout ce qui a été
dit, avancé et rétorqué. Il y est *sommaire-*
ment fait mention que les parties n'ont pu s'ac-
corder.

Ces derniers mots, suivant M. Toullier, ne
sont point une abrogation de la loi de 1790 :
« car, dit le savant professeur, cette loi n'est
point une loi relative à la procédure, mais à
l'organisation judiciaire, ce qui est tout différent; loin d'être abrogée par le Code, c'est
encore elle qui règle l'organisation de la justice
de paix, et sa compétence. »

Je réponds qu'il ne s'agit ici ni d'organisation, ni de compétence, mais de la forme
des procès-verbaux; et que le Code, en retra-
çant toutes les règles sur ce point, a nécessairement abrogé celles qu'il n'a pas conser-
vées.

Art.

53.

54.

1841.

Aᴿᵀ. M. Toullier ajoute que la disposition de
l'art. 54 du Code est une répétition abrégée de
la loi de 1790. Cette manière de rédaction
ne serait pas fort à la louange des auteurs du
Code; je ne connais pas d'exemple d'une loi
qui en abrége une autre, pour reproduire ses
dispositions. J'ai toujours vu que la nouvelle
répétait l'ancienne, ou bien qu'elle s'y référait expressément. Mais, sans m'exposer plus
longtemps au désavantage d'une lutte avec
un écrivain dont la puissante autorité force-
rait la conviction à douter d'elle-même, j'in-
voquerai le témoignage de ceux qui ont fait et
discuté le Code de procédure.

On agitait au Conseil d'état la question de
savoir si le préliminaire de conciliation serait
maintenu. Après le résumé des débats, le président s'exprima ainsi :

« On ne peut conserver la conciliation dans
son organisation actuelle.

» Il est nécessaire, 1° de dispenser les parties de donner à leur mandataire le pouvoir
illimité de transiger ; 2° *de ne pas faire dresser un procès-verbal détaillé des aveux.* Il est
possible que cette formalité devienne un moyen
de circonvenir les hommes simples et sans
connaissances. »

En conséquence :

« Le Conseil maintint le préliminaire de la conciliation avec les *deux modifications* présentées par le président. »

Et lorsqu'on en vint à l'art. 54, on retrancha du projet ce qui suit : « Le juge, d'office, ou sur la demande de l'une des parties, fera à l'autre des interpellations; pourront même les parties s'en faire respectivement, *et du tout sera fait mention, ainsi que des dires, aveux et dénégations des parties.* »

Maintenant on pourra soutenir, si l'on veut, qu'il eût été mieux de ne pas faire ce retranchement; il n'en sera pas moins incontestable qu'il a été fait.

Toutefois il ne serait pas raisonnable de tirer de ces documents une conséquence trop absolue. On a voulu proscrire les détails de dires, d'allégations, de répliques, de dénégations, j'ai presque dit de bavardage, où la subtilité de l'art ne manquait pas de trouver des aveux, des commencements de preuves, des faits à contredire, et des enquêtes à provoquer. Les abus en ce genre avaient fait du bureau de paix une sorte de guet-apens.

Mais supposez qu'une reconnaissance formelle et précise soit faite par l'une des parties,

Par exemple : le défendeur auquel on demande le paiement d'une somme de 1,000 fr., avoue qu'il la doit, et réclame un délai pour payer. Le délai est refusé, il n'y a point de conciliation. Ni la lettre, ni l'esprit de la loi ne s'opposent à ce qu'on dise sommairement dans le procès-verbal : « Le défendeur, répondant à la citation, a bien reconnu être débiteur de la somme dont il s'agit ; mais il a déclaré ne pouvoir l'acquitter de suite, et il a réclamé un délai de six mois. Les parties ne s'étant point accordées sur ce point, nous les avons renvoyées, etc. »

Remarquez d'ailleurs qu'en pareil cas, il y a demande du défendeur opposée à celle du demandeur, et que le procès-verbal doit en faire mention, parce qu'elle pourra être re-

122. produite devant le tribunal. Ce n'est point là ce que le Conseil d'état a entendu supprimer, lorsqu'il a admis la modification tendant à ce qu'il ne soit plus dressé de ces espèces d'interrogatoires, de ces procès-verbaux *détaillés des dires et aveux, qui peuvent devenir un moyen de circonvenir des hommes simples et sans connaissances.*

De même, et l'analogie se fait aisément apercevoir, si l'une des parties défère le serment

à l'autre, sur le point qui fait l'objet de la ten- Art.
tative de conciliation, la loi veut que le juge
de paix le reçoive, ou qu'il fasse mention du
refus de le prêter. 55.

Il n'y a point de contradiction entre cette
attribution qui lui est donnée, et ce que j'ai
dit de la nature de son office au bureau de
paix.

La délation du serment n'est là qu'une proposition de conciliation ; le refus du serment
déféré n'est que le rejet de cette proposition.

Si le serment est prêté, le juge de paix fait
un procès-verbal de conciliation; s'il est refusé,
le juge de paix fait un procès-verbal de non-
conciliation. Il ne prononce rien, il ne rend
point de sentence, il ne condamne point, soit
qu'il reçoive le serment, soit qu'il énonce le
refus de le prêter. Il n'aurait pas même le droit
d'ordonner la comparution personnelle de la
partie à laquelle le serment est déféré ,
lorsque celle-ci est représentée par un mandataire; car ce serait mettre de l'autorité là
où il ne peut donner que des conseils. Seulement il constaterait, le cas échéant, que le
mandataire est convenu, avec l'autre partie,
du renvoi de l'essai de conciliation à tel jour,
pour que le mandant vienne, s'il le trouve

Art. convenable, s'expliquer sur l'offre qu'on lui fait de s'en rapporter à sa religion.

Il ne s'agit point ici du serment *litis-dé-cisoire*, dont parle l'article 1361 du Code civil, parce que l'essai de conciliation, sur une action que l'on a dessein de former, n'est pas une *litispendance*. Celui qui a refusé de prêter le serment a refusé de se concilier, voilà tout. Il n'en conserve pas moins le droit de faire valoir tous ses moyens en justice, si l'affaire y est portée.

Il est facile maintenant de déterminer la nature et la force des conventions insérées dans un procès-verbal du bureau de paix, lorsque les parties viennent à s'accorder.

54. Ces conventions ont la force d'obligations privées, dit la loi. Quelques mots d'explication sont nécessaires, car cela n'est pas rigoureusement exact.

Une obligation sous seing privé peut être déniée ou méconnue ; alors foi ne lui est pas due, jusqu'à ce que la partie, qui s'en prévaut, ait fait procéder en justice à la vérification de l'écriture ou de la signature (1).

_____

(1) Cod. civ., art. 1323 et 1324.

Mais l'arrangement convenu en présence du **Art.**
magistrat qui préside au bureau de paix, rédigé sous l'influence de sa médiation légale,
revêtu de sa signature et de celle de son greffier, devient un titre authentique, parce qu'il
a été reçu par un officier public compétent (1).
Il n'a donc pas besoin d'être reconnu et vérifié
en justice, soit que les parties aient signé,
soit qu'il ait été fait mention qu'elles ont déclaré ne savoir ou ne pouvoir signer. Il fait
pleine foi des clauses et des énonciations qu'il
renferme, et leur sincérité ne peut être attaquée que par la voie ouverte contre tout ce
qu'il y a de plus authentique : l'inscription de
faux.

Sous ce rapport, le procès-verbal de conciliation a plus de force qu'une obligation privée.

Cependant il en a moins qu'un contrat passé
devant notaire, qui admet la stipulation de
l'hypothèque (2), et moins encore qu'un jugement qui la produit de lui-même (3). Il n'a
point l'autorité de ces actes que l'on met immédiatement à exécution sur les biens, et quel-

(1) Cod. civ., art. 1317, 1319.
(2) *Ibid.*, art. 2127.
(3) *Ibid.*, art. 2123.

Aʀᴛ. quefois sur la personne du débiteur : c'est-à-
dire qu'il faut, en cas de nouvelles difficultés,
recourir à la justice réglée, et faire consacrer
par une condamnation les conventions insérées
au procès-verbal du bureau de paix, si l'on
veut leur donner la force exécutoire et la vertu
hypothécaire.

Une amende de dix francs est encourue par
le demandeur qui n'a pas comparu sur sa propre
citation, ou par le défendeur qui n'a pas obéi
à celle qui lui a été signifiée. Toute audience
leur est refusée, quand l'action est introduite
devant le tribunal, jusqu'à ce qu'ils aient
56.   exhibé la quittance du receveur (1).

Ce n'est point le juge de paix qui condamne :
son office se réduit à faire mention du défaut
de comparution, sur le registre de son greffe,
et sur l'original de la citation, si c'est le demandeur qui se présente seul, ou sur la copie,
si c'est le défendeur. La solennité d'un procès-
verbal serait inutile.
58.   La peine est prononcée par les juges saisis
de la cause, sur le vu du certificat de non-

(1) L'amende était de 30 fr. avant le Code de procédure
civile; loi du 26 ventôse an ɪᴠ.

comparution. Toutefois ils peuvent accorder ART.
la remise de l'amende, et la permission de plaider, à celui qu'une maladie, un accident, une
force majeure auraient empêché de se présenter (1).

Cette disposition me ramène naturellement
à une question sur laquelle je me suis déjà
expliqué dans mon premier volume (2), et qui
mérite d'être un peu plus approfondie.

Il s'agit de savoir si *l'inadmissibilité* de l'action qui devait être précédée d'une citation au
bureau de paix, et qui ne l'a pas été, est une
règle d'ordre public ; si elle peut être invo-
quée en tout état de cause, et même appliquée
d'office par les juges ; ou bien si ce manquement à la loi n'opère qu'une nullité d'intérêt
privé, à laquelle les parties peuvent renoncer,
et qu'elles couvrent en discutant le fond de
l'affaire.

Remarquez, avant tout, que l'article 48 du
Code de procédure n'est que la reproduction de
l'article 2, titre 10 de la loi de 1790, sauf l'ex-

---

(1) Décision du ministre de la justice du 15 novembre
1808. Sirey, 1809, 2ᵉ partie, pag. 54.

(2) Pag. 296.

Aʀᴛ. ception pour les personnes incapables de transiger, et les objets qui ne peuvent être la matière d'une transaction.

Or, depuis 1791 jusqu'en 1803 (l'an xi), il avait été constamment reconnu et jugé que le préliminaire de la conciliation était une mesure d'intérêt général ; que le silence des parties ne dispensait pas le juge d'y veiller ; et l'on ne manquait pas de répéter, à ce sujet, l'ancienne maxime : *Privatorum pactis juri publico derogari non potest.* Il n'y a point d'arrêt de ce temps-là, il n'y a point de livre, pour ce que j'en sais, où l'on ait essayé de projeter sur cette doctrine l'ombre d'un argument.

Mais l'institution des bureaux de paix était tombée en discrédit. Cette belle théorie ne rendait point tout ce qu'elle avait promis, et l'on ne vit pas assez, peut-être, que c'était la faute de ceux que l'on avait choisis pour la mise en œuvre.

Un premier arrêt de *rejet*, rendu le 9 germinal an xi, vint fonder une jurisprudence nouvelle. Trois autres décisions semblables de la Cour suprême annoncèrent, dans le cours de la même année, que désormais *la partie qui n'aurait point opposé, devant les premiers juges, le défaut d'un essai de conciliation préalable, serait non recevable à s'en faire ultérieurement* Art. *un moyen de nullité et de cassation.*

Les Cours royales, hors celles de Greno‑ ble (1), de Toulouse (2) et de Dijon (3), se sont approprié ce système : « Attendu, disait la Cour de Rennes, le 8 janvier 1812 (4), que l'essai de conciliation *n'est plus considéré, ainsi qu'il l'a été pendant quelques années,* comme une mesure d'ordre public, dont l'o‑ mission ne pouvait être couverte... »Tous les auteurs, si l'on excepte ceux du Praticien Français, M. Chauveau, dans son Journal des Avoués, et M. Poncet, dans son Traité des Actions, sont revenus purement et simplement sur ce qu'ils avaient enseigné d'abord, et ils s'accordent à dire que le contraire *est aujour‑ d'hui reconnu.*

Ni les arrêts, ni les auteurs n'ont rendu raison de la nouvelle doctrine; car dire que l'essai de conciliation ne tient pas à l'ordre public, que la transgression de cette forma‑ lité produit une nullité relative, qui se couvre

(1) *Journal des Avoués*, tom. 7, pag. 167.
(2) *Ibid,*, tom. 27, pag. 121.
(3) *Ibid.*, tom. 32, pag. 291.
(4) *Ibid.*, tom. 7, pag. 166.

Aʀᴛ. par des défenses au fond, ce n'est pas le démontrer.

Je ne mets point en ligne de compte les idées
des publicistes ; à eux permis de s'élever dans
une sphère de perfectionnement, et de planer
au-dessus des institutions. Au palais et dans
l'école, il faut attendre les améliorations ;
l'autorité de la loi réside dans ce qu'elle est,
et non dans ce qu'elle devrait être. *Meminisse
debent judices esse muneris sui jus dicere, non
autem jus dare* (1).

Toutefois M. Favard de Langlade ne s'est
pas tenu à l'extérieur de la question ; il l'a dis-
cutée, et il a développé en ces termes les
motifs du changement que la solution a subi :

« La Cour de cassation a distingué, conformément à la loi du 4 germinal an ɪɪ (2), ce

_____

(1) Bacon , *de Officio judic.*

(2) Voici l'art. 4 de cette loi :

« Si c'est par le fait de l'une des parties, ou des fonctionnaires publics agissant à sa requête, qu'a été omise
ou violée *une forme* prescrite soit à peine de nullité par
les lois antérieures à 1789, soit purement et simplement
par les lois émanées des représentants du peuple (la
peine de nullité y était toujours sous-entendue, art. 1ᵉʳ
de la même loi), cette violation ne peut donner ouverture à la cassation , que lorsqu'elle a été alléguée par

qui est *du fait* des parties, et ce qu'elles doivent indiquer, d'après les principes *de la loi* que les juges doivent en général se borner à connaître ; et elle a considéré l'exception résultant du défaut d'essai de conciliation, comme une chose de fait que les parties doivent indiquer aux juges, sous peine d'être censées renoncer à en tirer avantage. »

Si la loi du 4 germinal an II fait encore partie de la législation spéciale concernant la Cour suprême, il est du moins impossible d'en argumenter devant les autres cours et tribunaux, surtout depuis la mise en activité du Code de procédure.

Puis observez que la loi du 9 nivôse an V, rendue en interprétation de celle du 4 germinal an II, a déclaré que cette dernière n'avait trait qu'aux *actes de procédure*. De même, l'article 173 du Code veut que *les nullités d'exploit ou d'actes de procédure* soient couvertes par toute autre exception ou défense (1).

Or invoquer ici, soit la loi du 4 germinal

1041.

l'autre partie devant le tribunal dont celle-ci prétend faire annuler le jugement, pour n'y avoir pas eu égard. »

(1) Autre que celles d'incompétence. *V*. ci-après chap. IX.

Art. an II, soit l'article 173 du Code, n'est-ce point travestir la pensée du législateur?

La conciliation est-elle un acte de procédure? Ne pas l'essayer, n'est-ce simplement omettre qu'une forme?

Le préliminaire de la conciliation a été institué pour prévenir les procès, pour maintenir la paix publique. Il n'est ni une action, ni le commencement d'une action. Il n'est point un acte de procédure; car le premier acte de la procédure est l'ajournement en justice. Il n'est point une forme; car la forme n'est que l'ordre et le style de la procédure, de l'instruction et du jugement. Il n'est point une garantie du droit de défense; car on ne vient pas en conciliation pour se défendre. Il n'y a pas de juge au bureau de paix; celui qui le tient n'a pas le pouvoir d'ordonner, de prescrire, de prononcer : sa mission est de rapprocher les gens, et de leur remontrer les risques auxquels va les exposer une processive opiniâtreté.

L'action portée en justice sans essai préalable de conciliation n'est pas nulle, à proprement parler, si elle est revêtue de toutes les formes requises; mais elle ne doit pas être reçue.

« Aucune demande principale introductive

d'instance entre parties capables de transiger, Art.
et sur des objets qui peuvent être la matière
d'une transaction, NE SERA REÇUE *dans les tri-*
bunaux de première instance, que le défendeur 48.
n'ait été préalablement appelé en conciliation
devant le juge de paix, ou que les parties n'y
aient volontairement comparu. »

Telle est la loi : elle ne s'adresse pas aux
parties pour leur défendre de présenter une
action avant l'épreuve du bureau de paix ; elle
s'adresse aux tribunaux pour leur défendre de
là recevoir. Il s'ensuit que la *recevabilité* doit
être vérifiée par les juges, sans qu'il soit besoin
que les parties les en avisent.

Si tous les hommes étaient disposés à se rapprocher et à s'entendre, on ne les eût point obligés de venir essayer la conciliation avant que
de les laisser plaider. Ce n'est pas un droit
qu'on leur a accordé, c'est un devoir qu'on
leur a imposé.

Les parties peuvent renoncer à un droit introduit en leur faveur ; mais peuvent-elles s'af-
franchir mutuellement d'un devoir que la loi
commande ? Et n'est-il pas d'une incontestable
évidence que tout ce qui est prescrit en vue de
prévenir, de diminuer, ou d'abréger les procès,
appartient à un ordre d'intérêt plus élevé
qu'une nullité d'exploit?

Art.   S'il faut que les juges soient avertis, n'ont-
ils pas auprès d'eux des sentinelles chargées
de veiller, de conclure et de requérir? L'a-
mende encourue pour le défaut de comparution
au bureau de paix, ne doit-elle être prononcée, au profit de l'État, que sur la dénon-
ciation de l'un des plaideurs? Certes on ne le
dira pas, car les peines ne sont point à la disposition des particuliers. Il y a donc une vérification à faire d'office; et si elle doit être faite
pour le défaut de comparution, comment ne
devrait-elle pas l'être pour le défaut de citation?

On objectera qu'il n'y a pas lieu à l'amende
pour le défaut de citation. Cela s'explique :

La condition exigée pour l'accès du tribunal
a été remplie, quand le défendeur a été cité au
bureau de paix : l'action est reçue; mais le manquement de celui qui n'a pas comparu est puni
d'une amende.

Le demandeur a-t-il négligé de citer préalablement? Il peut n'avoir été coupable que
d'une erreur; il se sera cru dispensé. C'était à
tort : son action est inadmissible; les juges le
repoussent jusqu'à ce qu'il ait offert le sacrifice
qui doit lui ouvrir l'entrée du sanctuaire. Voilà
sa peine.

Je le répète, et je ne sais si je dois m'en

accuser, il m'est trop difficile de concevoir ici **Art.**
le moindre prétexte d'application pour la loi
du 4 germinal an ii, ou l'article 173 du Code.

Il y a au titre de la Requête civile, deux
articles qui veulent qu'elle *ne soit pas reçue* (1),
si celui qui la présente n'a pas consigné
d'avance 300 fr. pour amende, 150 fr. pour
les dommages et intérêts de l'autre partie, et **494.**
s'il n'a pas signifié en tête de sa demande, outre **495.**
la quittance du receveur, une consultation favorable de trois avocats. Prétendra-t-on aussi
que l'omission de ces préliminaires peut être
couverte, et que la requête civile sera reçue,
si la partie qui aurait eu intérêt d'opposer la
non-recevabilité, commence par proposer ses
défenses au fond?

Je pourrais tirer avantage d'un autre article,
où l'analogie est plus transparente encore.
Lorsqu'un plaideur a perdu son procès en
première instance, la faculté d'interjeter appel lui est interdite, jusqu'à ce que huit jours
se soient écoulés depuis la prononciation du **449.**
jugement. C'est un essai de conciliation que la
loi lui prescrit avec lui-même; elle a voulu
laisser à son humeur encore bouillante le

(1) Même expression que celle de l'art. 48.

Art. temps de s'apaiser, et ne paslui permettre de s'embarquer durant la tempête. Supposez qu'un appel ait été interjeté avant la huitaine, et que l'adversaire n'ait point signalé ce vice avant de plaider sur le fond : faudra-t-il, pour cela, que les juges le reçoivent, et cette belle moralité sera-t-elle abandonnée à la passion et à l'impatience des parties (1)? Ce n'est point ici le lieu de traiter des appels; mais je puis dire, dès à présent, que le doute ne s'est point encore avancé de ce côté de la question (2).

On se récrie sur le grave inconvénient qu'il y aurait à souffrir que l'irrégularité d'une action soustraite à l'essai de conciliation, puisse être relevée en tout état de cause, ce qui ferait recommencer l'affaire sur nouveaux frais. On pourrait en dire autant dans une foule de circonstances. Mais il est pour les tribunaux un moyen tout simple de trancher la difficulté ; c'est d'exécuter la loi, c'est de ne

(1) V. *les Questions de Droit* de M. Merlin, v° *Appel*, § 9.

(2) V. les arrêts cités par M. Dalloz, *Jurisp. génér.*, v° *Appel*, tom. 1er, pag. 512 et suiv. *V.* aussi le *Journal des Avoués*, tom. 7 et 25.

pas recevoir une action, excepté dans les cas
de dispense, sans avoir acquis la certitude
que le défendeur a été préalablement cité au
bureau de conciliation, ou que les parties y
ont volontairement comparu. Cette précaution n'entraînerait point de longueurs, point
d'embarras, point de dépense ; car, si le demandeur n'a pas été rebelle à la règle, il a dans
sa main le procès-verbal de non-conciliation,
ou le certificat de non-comparution, dont il
a dû faire signifier la copie en tête de son
ajournement.

Il est rare qu'une institution ne puisse pas
être critiquée par quelque endroit. Mais, « lorsque la loi contient une disposition expresse ;
lorsque cette disposition n'est ni obscure, ni
insuffisante ; *lorsqu'elle peut être exécutée dans
les termes où elle est conçue*, sans qu'il soit besoin de la modifier ou d'y ajouter, les tribunaux
sont tenus de s'y conformer, et ne peuvent pas
s'écarter de ce qu'elle prescrit littéralement,
sous le prétexte d'en rechercher le sens ou
l'esprit, ou *de la rendre plus parfaite.* »

Ainsi s'exprimait la Cour suprême, à son audience du 7 juillet 1828, en cassant un arrêt de
la Cour royale de Lyon (1).

_____

(1) Dalloz, *Recueil périod.* 1828 — 1 — 317.

Aꝛт.   Les âges de la jurisprudence peuvent être courts, mais la loi doit durer; nous avons plus besoin encore de sa solidité que de sa perfectibilité.

On a vu plus haut que la citation au bureau de paix interrompt la prescription, et fait courir les intérêts, pourvu que la demande, en cas de non-conciliation, ou de non-comparution, soit judiciairement formée dans le mois. Ce n'est pas que la citation soit un acte d'instance, et qu'elle constitue un litige, puisqu'elle est destinée à prévenir et l'instance et le litige; mais l'effet de l'action qui la suit rétroagit au jour où la conciliation a été essayée. Il est juste que le temps employé par le demandeur à ce préliminaire ne soit pas entièrement perdu pour lui.

5ᴚ.

La condition que la loi a mise à cette rétroactivité est de toute sagesse; car une partie pourrait se borner à citer au bureau de paix, de temps à autre, sans aborder l'entrée du tribunal. Elle prolongerait ainsi successivement, par des démonstrations incertaines, les délais de la prescription et les inquiétudes de son adversaire (1).

(1) La loi de 1790 n'avait pas fixé le délai dans lequel

On a demandé si la comparution volontaire A<small>RT</small>.
des parties, au bureau de paix, doit produire
les même effets que la citation?

Les uns soutiennent la négative, parce que,
disent-ils avec un arrêt de la Cour de Colmar,
le Code ne donne la vertu d'interrompre la
prescription qu'*au fait* de la citation.

Les autres adoptent l'affirmative, comme
plus conforme à l'esprit de la loi. Je n'hésite
point à me ranger de leur côté.

La citation ne sert qu'à mettre le défendeur
en demeure de comparaître, et à prouver qu'il
a été appelé; c'est toute sa valeur. La vertu
d'interrompre la prescription, et de faire
courir les intérêts, est attachée à l'interpellation qui se trouve nécessairement dans une
tentative de conciliation. Or, il n'est pas besoin de citation pour prouver que le défendeur
a été interpellé, quand les parties se sont volontairement présentées, afin de s'expliquer,
et qu'il en a été dressé procès-verbal par le
juge de paix.

L'opinion opposée répand un faux jour sur

la demande devait être formée, après l'épreuve du bureau de paix, pour interrompre la prescripion et faire
courir les intérêts.

Art. le fond des choses; elle tend à prohiber la comparution volontaire, et à renverser l'économie de la loi, qui autorise les parties à s'épargner les frais d'une citation et les longueurs d'un délai : c'est une sorte de contre-sens qui heurte le système de l'essai de conciliation; car, ainsi que le disait le Tribunat sur l'art. 48, on doit bien mieux espérer qu'un différend se terminera de gré à gré, lorsque les gens s'entendent encore assez pour venir d'eux-mêmes au bureau de paix (1).

Le passage au bureau de paix n'a point été suivi dans le mois d'un ajournement en justice : la prescription du droit court, et les intérêts ne courent pas; on sait cela. A part la prescription et les intérêts, il reste à décider par combien de temps se perdra l'effet de l'essai de conciliation. En d'autres termes : pourra-t-on former encore la demande judiciaire, cinq ans, dix ans, vingt ans, vingt-neuf ans après, sans être obligé de tenter un nouvel essai?

Il y a bien un article du Code qui dit :
397. « Toute instance sera éteinte par discontinuation de poursuite pendant trois ans. » Mais

_____

(1) *Esprit du Code de procéd.*, par M. Locré, tom. 1er, pag. 114.

le préliminaire de conciliation n'est ni une Art. instance, ni une poursuite. La loi n'a donc pas de dispositions particulières sur ce point. C'est une lacune à remplir, et chacun y a porté son tribut.

Les auteurs veulent, en général, que l'effet de la tentative de conciliation dure autant que l'action à laquelle elle se rapporte.

Ainsi, supposez une action qui dure trente ans, c'est sa plus longue vie. On a passé au bureau de paix dès sa naissance; vingt-neuf années s'écouleront, et il sera permis encore de porter directement l'affaire au tribunal. Cette conséquence peut être rigoureusement vraie.

D'un autre côté, tout en reconnaissant que le préliminaire de la conciliation n'est pas une instance, on prétend qu'il n'a pu entrer dans l'esprit de la loi de perpétuer son effet et de maintenir, pendant une si longue suite d'années, cette faculté menaçante qui permet à tout moment de dénoncer les hostilités. On argumente, par analogie, des dispositions de l'article 397 : « Il est bien plus présumable, dit M. Favard de Langlade, que la partie qui, après avoir inutilement essayé la conciliation, reste trois ans sans former sa demande, en a abandonné

ART.

le projet, qu'il n'est à croire que celle qui s'est
enfoncée dans un procès a l'intention de ne
plus le continuer, lorsqu'elle reste trois ans
sans le poursuivre. Le principe de la péremption s'applique donc avec beaucoup plus
de force à la tentative de conciliation qu'à une
instance ; et puisque le législateur a établi la
péremption triennale pour les procès, il l'a
établie à plus forte raison pour l'essai de conciliation.

» Pourquoi voudrait-on que celui qui ne
se concilie pas aujourd'hui, ne vînt pas, dans
l'espace de trois aus, à des dispositions plus
pacifiques? Le retour à la conciliation est toujours favorable, et nous ne doutons pas que le
demandeur qui laisse passer trois ans sans
commencer l'instance, ne soit tenu de faire
une nouvelle tentative de conciliation. »

Cette opinion est fort sage et fort imposante;
mais, jusqu'à présent, elle ne tire sa force que
d'une présomption. Est-ce bien assez pour
établir une déchéance, ou pour l'étendre ainsi
d'un cas à un autre? Toutefois j'ai trouvé
quelque chose de plus positif, touchant l'intention des auteurs du Code. On discutait au
Conseil d'état l'art. 57; un des membres demanda quel motif on avait, pour n'attacher à

la citation en conciliation l'effet d'interrompre Art.
la prescription, que lorsque l'action aurait
été intentée dans le mois. Le rapporteur répondit : « On n'a voulu faire de la citation un
moyen d'interrompre la prescription, que
quand elle sera réellement le préliminaire de
l'action à qui seule cet effet appartient; il ne
faut pas que la partie puisse se borner à citer
en conciliation *tous les trois ans*, en éludant
toujours de faire juger son droit. »

Le procès-verbal de la séance ne fait mention d'aucune remarque sur ces paroles, et
l'article fut adopté (1).

On regardait donc comme un point arrêté,
que l'effet du préliminaire de conciliation
devait s'éteindre après trois ans, et que, ce
délai passé, il faudrait recommencer.

(1) Séance du 5 floréal an XIII. V. *l'Esprit du Code
de procédure*, par M. Locré, tom. 1er, pag. 136 et
137.

CHAPITRE II.

DES AJOURNEMENTS.

(Liv. 2 , tit. 2 , art. 59-74 du Code de Proc.)

ART. La médiation du conciliateur n'a rien produit au bureau de paix ; il faut venir devant le juge. *Cùm res peragi intra parietes nequisset, in jus ventum est*, disait Tite-Live, à propos d'un procès qui fit grand bruit dans la ville d'Ardée (1).

Nul ne doit être condamné s'il n'a pu se défendre : cette maxime s'aperçoit partout établie, aux premières lueurs d'ordre et de justice que virent poindre les siècles barbares.

Elle fut le type de tous les Codes. L'adoucissement des mœurs, les progrès de la civilisation et le bon sens de l'expérience l'ont organisée en divers systèmes de règles et de

(1) Liv. 4., c. 9.

formes, suivant la nature des affaires et la ᴀʀᴛ. qualité des parties. Les meilleurs sont ceux où elle se développe et se ramifie, sans qu'on cesse de la voir ou de la sentir.

L'ajournement est une garantie indispensable du droit de défense : *ajournement est loi de nature et de gens*, disait Ayrault (1). Lorsque celui contre lequel une condamnation est demandée ne se présente point, elle ne doit pas être prononcée, s'il n'apparaît qu'il a été réellement appelé.

Ces conséquences sont aussi évidentes que leur principe. Les règles et les formes dont je viens de parler ont été tracées par le droit positif, pour fixer la certitude légale, sous la foi de laquelle il est permis de juger.

Le fond des idées simples a dû être le même en tout pays. C'est ainsi que, dans l'origine, on vit, du nord au midi, le demandeur sommer lui-même son adversaire de venir devant le juge; prendre des témoins, en cas de refus, ou l'y traîner de vive force, quand faire se pouvait : *manum endo jacito*, disait la loi des

_____

(1) *Instruction judiciaire*, pag. 8. *Citatio, quoad defensionem, est juris naturalis, quia fit ut is cujus interest se defendat.* Rebuffe, *de Citat., Præfat.*, nᵒˢ 22 et 25.

ART. Douze Tables. Ce qu'il y a de plus remarquable, à ce sujet, c'est l'usage presque universellement répandu de pincer l'oreille de ceux que
l'on prenait à témoin; il se montre en même
temps chez les Grecs, chez les Romains, et
chez les peuples de la Germanie. On sait
bien que l'espèce de sorcellerie mythologique
dont les premiers étaient infatués, avait consacré l'oreille à la mémoire, comme le front
à la pudeur, la main droite à la bonne foi, et
les genoux à la compassion : *est in aure imâ
memoriæ locus quam tangentes attestamur* (1);
mais les farouches habitants des bords du Rhin
n'y mettaient point d'allégorie : ils tiraient
sérieusement l'oreille de ceux dont ils se pro-
posaient d'invoquer le témoignage, et ils les
frappaient, afin que le souvenir de ces trai-
tements leur rappelât celui du fait à prouver :
*unicuique de parvulis alapas donet, et torqueat
auriculas , ut ei in postmodùm testimonium
præbeat* (2). *Ille testis per aurem debet esse
tractus , quia sic habet lex vestra* (3). Cette cou-

---

(1) Pline, *Natural. Hist.* , lib. 2 , cap. 45.

(2) *Lex Ripuar.*, tit. 60, *cap.* 1. Baluze, tom. 1,
pag. 44.

(3) *Lex Bajuvar.* , tit. 25. *Ibid.* , pag. 130.

tume était encore observée dans les Pays-Bas, Art.
en l'année 1247, si l'on s'en rapporte à l'auteur
de la grande Chronique Belgique.

A Rome, celui que l'on emmenait devant
le juge devait être relâché, s'il trouvait une
caution pour répondre de sa comparution
dans un délai fixé (1). Le riche ne pouvait
présenter qu'une caution riche : *assiduo vindex assiduus esto ;* le premier venu pouvait
être la caution du pauvre : *proletario qui volet
vindex esto* (2). On pardonnerait presque la
brutalité du *manum jacito,* en faveur de cette
belle disposition.

Le temps a fait en toutes choses l'éducation
de l'esprit humain ; son action s'est fait sentir
sur les lois, en même temps que sur les mœurs.
Il fallut modifier l'application des Douze
Tables, forger d'autres freins, donner d'autres
garanties, établir des distinctions, admettre
des excuses, et polir des formes trop rudes.

(1) L. XII *Tabularum,* tab. 1, l. 5, et l. 22, § 1, ff.
De in jus vocando. Ce cautionnement s'appelait *vadimo-
nium.*

(2) L. XII *Tabul.,* tab. 1, l. 6. Assiduus, *vel locuples,
ab asse vel œre dando.* Cic., *in Topic., cap.* 2. *V.* aussi
Festus, v° *Assiduus.*

Art.   Les édits des préteurs et les interprétations des jurisconsultes firent d'abord plusieurs classes.

La première comprenait les personnes qu'il n'était pas permis d'appeler en jugement : comme les magistrats supérieurs, durant l'exercice de leurs charges, les consuls, les préfets, les préteurs, les proconsuls, et tous ceux qui avaient la puissance du glaive (1). Comment aurait-on pu arrêter et conduire au tribunal celui qui marchait entouré de licteurs, pour faire ranger le peuple sur son passage? Tels encore les pontifes, *dùm sacra faciebant* (2); les juges assis sur leur tribunal, *dùm de re cognoscebant* (3) ; les plaideurs occupés à discuter leur cause devant le préteur, *dùm apud prætorem causam agebant* (4); les personnes attachées au service des autels, tant

(1) *In jus vocari non oportet, neque consulem ; neque præfectum, neque prætorem, neque proconsulem, neque cæteros magistratus qui coercere aliquem possunt et jubere in carcerem duci.* L. 2., ff. *De in jus voc.* Suivant un fragment de Varron, cité par Aulugelle, liv. 13, chap. 13, les édiles et les questeurs pouvaient être ajournés.

(2) L. 2, ff. *De in jus voc.*

(3) *Ibid.*

(4) *Ibid.*

que duraient les sacrifices et les cérémonies, ART.
qui propter loci religionem inde se movere non poterant (1) ; ceux qui suivaient un convoi funèbre, ou rendaient les derniers devoirs à un parent, à un ami, *funus ducentes familiare, justave mortuo facientes, vel cadaver prosequentes* (2); ceux qui voyageaient aux frais de l'Etat pour le service public, *qui equo publico in causâ publicâ transvehebantur* (3); les époux qui célébraient leurs noces, *qui uxorem ducebat aut quœ nubebat* (4).

Pour d'autres, il fut défendu de les ajourner

(1) Il en est qui croient que ces mots sont une interpolation de Tribonien, en faveur des moines et des religieuses. *V.* Duarein, *ad tit. De in jus voc.*, cap. 3.

Rœvard, *Variorum*, lib. 1, cap. 6, veut qu'au lieu de *se movere*, on lise d'un seul mot *semoveri*, et il l'applique à ceux qui, réfugiés dans un temple, ou aux pieds de la statue du prince, ne pouvaient en être arrachés. Ce système est fort ingénieux, mais j'ai préféré l'interprétation de Wissembach, *Disput.* 7, pag. 33.

(2) L. 2 et l. 3, *eodem.*

(3) Cujas, *lib.* 13, *Observat.*, cap. 29, et lib. 21, cap. 9, pense que ce texte se rapportait à la *transvection*, ou revue des chevaliers romains, qui avait lieu tous les ans devant le censeur, aux ides de juillet, depuis le temple de l'Honneur, situé hors de la ville, jusqu'au Capitole.

(4) L. 2, ff. *De in jus voc.*

ART. sans la permission du préteur : c'étaient les parents, c'est-à-dire les ascendants des deux sexes et de tous les degrés, les patrons, les enfants et les parents des patrons. *Prætor aït : Parentem, patronum, patronam, liberos, parentes patroni patronæve, in jus sine permissu meo, ne quis vocet* (1).

D'autres encore purent bien être appelés *in jus*, sans l'autorisation du magistrat ; mais il ne fut pas permis de mettre la main sur eux, pour les emmener au tribunal. Telles, par exemple, les mères de famille, c'est-à-dire toutes les femmes d'honnête condition, mariées ou non, ingénues ou affranchies ; car on disait à Rome : *neque nuptiæ neque natales faciunt matresfamilias, sed boni mores* (2).

Il n'y a rien de positif sur la question de savoir si l'ancien droit romain permettait d'en-

---

(1) L. 4, § 1 et 2, l. 6, ff. *De in jus voc.* On remarquera que la permission d'ajourner leurs parents n'était accordée qu'aux enfants émancipés, et à ceux agissant pour leur pécule *castrense ;* car, hors ces cas, les enfants étaient dans les liens de la puissance paternelle, et il leur était défendu d'appeler leurs parents en justice, *jure magis potestatis, quàm præcepto prætoris.* L. 8, ff. *De in jus voc.*

(2) L. 46, ff. *De Verb. signif.*

trer dans la maison d'un homme, pour l'appeler en justice. Seulement on voit dans la loi
18, ff. *De in jus vocando*, que, suivant l'avis
du plus grand nombre, c'était un acte illicite :
*plerique putaverunt nullum de domo suâ in jus
vocari licere.* Toutefois, si celui auquel on en
voulait, ouvrait sa porte, ou se faisait voir du
dehors, on pouvait lui crier : *in jus te voco* (1) ;
mais arracher un citoyen de son foyer et de
l'autel de ses dieux domestiques, pour le traîner
au tribunal, c'eût été une violence impie, un
détestable sacrilége (2). Il est difficile de résister à l'entraînement d'un sujet qui donne l'occasion de rappeler ces belles paroles de l'orateur romain : *Quid est sanctius, quid omni re-
ligione munitius quàm domus uniuscujusque ci-
vium? Hic aræ sunt, hìc foci, hìc dii penates,
hìc sanctæ religionis ceremoniæ continentur.
Hoc perfugium est itâ sanctum omnibus, ut
indè abripi neminem fas sit* (3).

Ce n'est pas qu'on eût, en se retirant au fond

---

(1) *Sed si aditum ad se præstet, aut ex publico con-
spiciatur, rectè in jus vocari eum Julianus dicit.* L. 19, ff.
De in jus voc.

(2) *Sed etsi is qui domi est, interdùm vocari potest, tamen
de domo suâ extrahi nemo potest.* L. 21, *eodem.*

(3) *Pro domo.*

Art. de sa demeure, et en se dérobant aux regards, le privilége de rendre un créancier muet, et la justice impuissante ; loin de là, le demandeur pouvait, après certaines formalités, obtenir d'être mis en possession des biens du défendeur, qui se cachait pour n'être pas ajourné (1). Mais ce point appartient plus spécialement au chapitre des Jugements par défaut.

Il était permis d'appeler en jugement celui que l'on rencontrait aux bains, au théâtre, ou dans sa vigne. *Sed etiam à vineâ et balneo et theatro nemo dubitat in jus vocari licere* (2). Pourquoi la vigne se trouve-t-elle mentionnée là, plutôt que toute autre espèce de terre ? Cette question n'a pas manqué d'exercer les savants. Cujas, s'appuyant sur le texte des basiliques, veut qu'il y ait eu *januâ* au lieu de *vineâ* (3).

---

(1) *Satisque pœnæ subire eum*, *si non defendatur et latitet*, *certum est*, *quòd mittitur adversarius in possessionem bonorum ejus.* L. 19, ff. *De in jus voc.* Le juge ordonnait au défendeur de paraître, par troits édits rendus de dix jours en dix jours, publiés et affichés ; c'était après ces délais que la possession des biens était adjugée au demandeur. L. 7, § 1, ff. *Quibus ex causis in possessionem eatur.* 68, 69 et 70 ff. *De judiciis.*

(2) *Leg.* 20, ff. *De in jus voc.*

(3) Lib. 22, *Observat.*, cap. 38.

Denis Godefroi, flottant entre beaucoup de conjectures, se détermine pour la plus mauvaise, je crois, pour le mot *cauponâ* (1). Bynkershoek substitue *lineâ* à *vineâ* : ici *lineâ* signifierait la ligne qui servait à distinguer, dans le cirque, les places des spectateurs, de sorte qu'en disant *à lineâ*, ce serait comme si l'on eût dit : *à circo* (2). Cette opinion est la plus raisonnable ; car la restitution du mot *lineâ*, dans ce sens, réunit, par une analogie de dispositions, trois endroits publics : le cirque, le bain et le théâtre, avec lesquels une vigne n'a rien de commun. Le copiste a pu très-facilement se tromper, et écrire *vineâ* pour *lineâ*. Il est bien dit, dans une autre loi du Digeste, qu'il était défendu d'appeler en jugement pendant la durée des moissons et des vendanges (3). Cela se conçoit. Mais, la récolte finie, celui qui était dans sa vigne pouvait être appelé, comme celui qui était dans son champ, ou dans son pré : et comment expliquer que le législateur ait songé à le dire, pour la vigne

(1) *In notis ad leg.* 20, ff. *De in jus voc.*

(2) Lib. 2, *Observat. jur. rom.*, cap. 3.

(3) *Ne quis messium vendemiarumque tempore, adversarium cogat ad judicium venire.* L. 1, *in princ.*, ff. *De feriis et dilat.*

ART. seulement, à propos de bains et de théâtre?

Les anciennes pratiques des ajournements disparurent sous le règne de Justinien ; le droit des Novelles vint obliger tout demandeur à rédiger ou à faire rédiger le libelle de ses prétentions (1), et à le faire notifier au défendeur, avec sommation de comparaître en jugement : *offeratur ei qui vocatur ad judicium, libellus* (2). On nommait *executores* les officiers chargés de cette notification. Celui qui la recevait signait le libelle, en faisant mention du jour où il lui était remis : *suscribere libello et declarare tempus quo ei libellus datus est* (3). Un délai de vingt jours lui était accordé pour préparer ses moyens de défense, ou tenter des voies de transaction : *ut sive repudiare voluerit, sive etiam alium judicem petere, licentiam habeat hoc facere, aut fortè cognoscere delictum, et liberare se ab adversarii sui contentione amicabiliter* (4).

L'ajournement fut d'abord appelé *mannition*, chez les Francs. Le demandeur, de sa

(1) *Novell.* 112, cap. 2.
(2) *Novell.* 53, cap. 3.
(3) *Ibid.*
(4) *Ibid.*

propre autorité, se rendait avec plusieurs témoins à la maison de celui qu'il voulait *mannir*,
et parlant à sa personne, ou à sa femme, ou à
quelqu'un de sa famille, il le sommait de
comparaître tel jour devant tel juge (1). Celle
des parties qui ne comparaissait pas était condamnée à payer à l'autre quinze sous d'amende,
à moins qu'elle n'eût été retenue par un empêchement légitime : *si eum sunnis non detinuerit* (2).

On ne pouvait pas *mannir* l'homme occupé
ailleurs pour le service du Roi (3). Il y a dans Marculfe une formule des lettres d'Etat, *pro causâ
suspensâ*, que le souverain adressait aux juges,

---

(1) *Ille autem qui alium mannit, cum testibus ad domum illius ambulet, et sic eum manniat, aut uxorem illius,
vel cuicumque de familiâ illius denuntiet, ut ei faciat notum
quo modo sit ab illo mannitus. Pactus Leg. salic.,* tit. 1,
cap. 3. Baluze, tom. 1, pag. 283.

(2) *Ibid.*, cap. 1 et 2.

Sunnis signifiait *essoine* ou empêchement. F. Pithou
donne une autre version, suivant l'édition germanique :
*Si eum infirmitas aut ambascia dominica detinuerit, vel
fortè aliquem de proximis mortuum inter domum suam
habuerit, per istas sunnis se potest homo excusare.* Baluze,
tom. 2, pag. 682.

(3) *Nam si in jussione regis fuerit occupatus, manniri
non potest. Pactus Leg. salic.,* tit. 1, cap. 4.

en pareil cas, avec des qualifications qui va-
riaient suivant l'importance des personnages :
*Cognoscat magnitudo, seu utilitas vestra, dùm,
et nos ad præsens, apostolico viro illo, aut inlus-
tri viro, pro nobis utilitatibus ibi ambulare
præcipimus, ideò jubemus ut, dùm in illis partibus fuerit demoratus, omnes causas suas, suis-
que amicis aut Gasindis* (1), *in suspenso debeant
residere.*

L'amende ne dégageait point de sa dette le
défendeur non comparant ; elle était seulement la peine de son mépris pour la *mannition.* Au bout d'un certain temps, et après
quatre sommations successives, les biens du
défaillant étaient séquestrés, puis il en était
disposé suivant le bon plaisir du prince. Charlemagne fit un règlement là-dessus : il ordonna
que les délais seraient de sept nuits pour la
première sommation, de quatorze nuits pour
la seconde, de vingt et une nuits pour la troisième, et de quarante-deux nuits pour la quatrième (2); que l'amende de quinze sous serait

---

(1) Gasindos *pro servis aut fidelibus accipio qui dominis
suis perpetuò adhærent.* Note de J. Bignon *ad Marculfum.*
Baluze, tom. 1, pag. 906.

(2) *Prima mannitio super noctes septem, secunda super*

encourue pour chacun des trois premiers défauts; que le séquestre suivrait le quatrième,
et que la confiscation ne serait prononcée
qu'après l'expiration de l'année. On voit que
nos aïeux ne comptaient pas leurs délais par
jours, mais par nuits : *nec dierum numerum,*
ut nos, sed noctium computant, sic constituunt,
sic condicunt, ut nox ducere diem videatur (1);
de là ces mots que l'on trouve dans les vieux
livres : *comparoir dedans les nuicts;* de là cette
expression *anuict,* formée de *hac nocte,* au lieu
de aujourd'hui, *hodiè.* Les gens du peuple s'en
servent encore, dans quelques provinces. César
fait dériver cette coutume de la haute idée que
les Gaulois avaient de leur origine. Ils se disaient issus de Pluton, et pour eux la nuit était
plus noble que le jour : *Galli se omnes ab*
dite patre prognatos prædicant, idque ab drui-
dibus proditum dicunt. Ob eam causam spatia
omnis temporis, non numero dierum, sed noc-
tium finiunt (2). Jérôme Bignon n'admet pas

noctes quatuor decem, tertia super noctes vigenti et unam,
quarta super noctes quadraginta et duas fiat. Capitul.
Karoli magni, anno 803, cap. 33. Baluze, tom. 1, pag.
397.

(1) Tacite, *de Moribus Germanorum.*
(2) *Comment.*, lib. 6.

Art. cette opinion ; il pense que l'on comptait par nuits plutôt que par jours, dans les contrées septentrionales , parce que les nuits y sont beaucoup plus longues que les jours (1). De même les Anglo-Saxons comptaient, non par années, mais par hivers (2).

La *bannition*, ou assignation par le ban du juge, succéda à la *mannition*. Les comtes, les viguiers et les centeniers, sur la requête du demandeur, décernaient un ordre pour que l'adversaire eût à se présenter devant eux. Ce mandement était porté par un envoyé, *missus*, et ils n'en faisaient faute, parce qu'ils s'appliquaient le profit des amendes, en cas de non-comparution. Les abus vinrent à un tel point, sous les faibles successeurs de Charlemagne, que les juges citaient les gens à leur tribunal, sans avoir été requis, et les forçaient à plaider les uns contre les autres. On fit quelques capitulaires contre cette avide vexation : *ut nullus ad placitum banniatur, nisi qui causam suam quærit, aut si alter ei quærere debet* (3). Mais

(1) *Notæ ad leg. salic.*, tit. 42. Baluze, tom. 2, pag. 846.

(2) *In leg. Canuti R.* , cap. 10.

(3) *Capitul. Lotharii apud Olonam*, cap. 3; Baluze , tom. 1 , pag. 321.

alors les règles et les formes de justice s'éva- Art.
nouissaient, et tous les offices devinrent un
patrimoine que les occupants exploitèrent à
leur gré (1).

Les Etablissements de St Louis ramenèrent
quelques idées d'ordre et de justice ; on y découvre à la fois les traces des anciens usages, et
les germes de cette procédure, que le droit
canon, les ordonnances de réformation , les
arrêts et les coutumes compliquèrent à l'envi.
L'ajournement n'y est plus *un droit de nature*,
comme du temps des *mannitions* de la loi salique ; c'est encore le *ban* des capitulaires, qui
prend le nom de *semonce ;* mais la signification
en est faite par des sergents assermentés, *per
ministros in curiâ præsentatos et juratos* (2),
en vertu d'une commission du juge. « Se aucun
vient devant le prévost et muet question de
marchié qu'il ait fait, encontre un autre, ou
demande héritage, li prévost semondra celui
dont l'en se plaindra. Et quand les parties
vindront à ce jour, li demandiere fera sa demande, et celuy à qui l'en demande, respondra

(1) Voyez l'*Introduction*, chap. 15, pag. 425 et
426.

(2) *Lois anglo-normandes*, tom. 2, pag. 273.

à cel jour mesme, si ce est de son faict (1). »

Toutefois l'orgueil de la féodalité et les délicatesses de la chevalerie ne permettaient pas qu'un gentilhomme fût assigné. comme un vilain. Les grands vassaux pairs de France étaient ajournés par lettres du roi : *Pares Franciæ adjornantur solum per regem , et non per alium judicem* (2).

Les comtes et les barons étaient semoncés à la cour par un sergent royal, en présence de quatre chevaliers; on disait : *sergent à roi est pair à comte* (3). Mais ils n'étaient pas tenus de répondre à la semonce donnée par un autre officier, parce qu'ils avaient le privilége de ne pouvoir être ajournés que par leurs pairs. Jeanne, comtessse de Flandre , assignée par deux chevaliers en 1224 , *proposuit se non sufficienter fuisse citatam per duos milites , quia per pares suos citari debebat* (4).

La semonce du roturier se donnait par les sergents ordinaires attachés à chaque juridiction; hors de leur territoire, ils n'avaient plus

(1) *Etablissements*, liv. 1 , chap. 1.
(2) *Styli parlament.* , par. 1 , *cap.* 3 , § 1.
(3) Loisel , *Règles du Droit français*, liv. 1.
(4) *Notes et observations sur les Coutumes de Beauvoisis,* pag. 377.

de caractère public. « Le sergent d'un baillage ART.
ne peut faire exécution ou exploit en autre
baillage ; ne on est tenu de l'y obéir, car il n'a
aucun pouvoir (1). » Les ordonnances contenaient, à cet égard, les plus formelles prohibitions (2) ; un grand nombre d'arrêts de règlement les avaient consacrées. Mais, en ce temps-
là, les lois fiscales tendaient incessamment à
détruire ce que les lois civiles s'efforçaient d'é-
difier. On créait et l'on vendait des offices de
sergent, avec privilége d'exploiter par tous les
lieux et endroits du royaume, pays, terres et
seigneuries de l'obéissance du Roi, sans qu'il
fût besoin d'autre congé ni permission. Cette
faveur s'étendait, moyennant finance, à tous
les huissiers des cours souveraines et subalternes, présidiaux, élections, greniers à sel,
etc. ; puis on la retirait, puis de nouveaux besoins la faisaient rétablir (3). Une déclaration
du 1ᵉʳ mars 1730 prononça des peines *contre cet*

(1) Desmares, décis. 112, dans Brodeau, sur la *Coutume de Paris*, tom. 2, pag. 572.
(2) Ord. de 1302, art. 28 ; de 1629, art. 32 ; de 1667,
tit. 2, art. 2.
(3) Edits de mai 1568, janvier 1586 ; arrêt de règlement du 4 mars 1600 ; arrêt du conseil privé du 28 mars
1601. *Voy.* le *Recueil* de Filleau, tom. 2, pag. 292 et 293.

II. 6

Art. *abus, dont la durée ne pouvait pas l'emporter sur l'ancienneté de la règle.* Ce fut en vain, l'ancienneté de la règle n'a pu triompher que par la nouvelle organisation judiciaire (1).

L'ajournement se faisait de vive voix, en présence d e deux témoins *ou recors*, qui accompagnaient le sergent, afin de rendre témoignage *de visu et auditu.*

Le roturier était assigné le matin pour comparaître le soir, ou le soir pour le lendemain. « Tu peux semondre ton vilain, du matin au vespre, et du vespre au matin, » disait le sire des Fontaines, en son Conseil, chap. 3. Au noble, il fallait au moins un délai de quinzaine; cependant le noble était sujet à la loi *vilaine*, s'il possédait des héritages en roture, et s'il y couchait et levait (2).

Ces inégalités déshonoraient encore plus la justice, qu'elles n'opprimaient le *vilenage.* Dès l'année 1283, le bailli de Clermont en Beauvoisis faisait des vœux pour que la règle ne fût pas observée à rigueur contre les *povres*

----

(1) *Voy.* les lois du 20 mars 1791, art. 11, 12 et 13; du 27 ventôse an VIII, art. 96, et le décret du 13 juin 1813.

(2) Beaumanoir, chap. 3 et 30.

subjects : « Car, ajoutait-il, quand les coutumes Art.
commencèrent à venir, on les commença à
maintenir pour le quemun pourfit, non pas
pour ouvrer felonnessement, ne cruelle-
ment (1). » Elle n'existait plus du temps de
Bouteiller. Le terme de l'ajournement fut
fixé à sept jours francs, *en cas personnel*,
et à quinze, *en cas réel;* puis on y ajouta
les jours de grâce, *à quantité et espace de
pays* (2). Par l'usage de France, suivant l'expression des anciens auteurs, la fixation de
ces délais fut longtemps abandonnée à la discrétion du juge, qui devait s'y gouverner
avec prudence et religion (3). Cependant il
y avait quelques coutumes qui contenaient-des
termes fixes : ainsi, en Bretagne, « l'ajournement était compétent, quand il y avait huit
jours d'intervalle, et que l'ajourné n'était en
distance de plus de trois lieues ; et au-dessus de
dix lieues, devait y avoir quinzaine, et au-
dessus de vingt lieues, trois semaines, s'il n'y
avait autre convention entre les parties; toutes
lesquelles assignations étaient franches (4). »

(1) Beaumanoir , chap. 3.
(2) *Somme rural*, pag. 16 et 10.
(3) Carondas, sur le *Code Henri* , pag. 139.
(4) Art. 24 de la Cout.

Je crois qu'il serait difficile de dire précisément l'époque à laquelle durent cesser les assignations verbales, et de trouver, dans les monuments du moyen-âge, la première loi qui prescrivit aux sergents de faire par écrit leurs rapports d'ajournements, de les signer et d'en laisser copie au défendeur. Ce qui n'est pas douteux, c'est qu'il y avait été pourvu dès avant l'ordonnance de 1539, donnée à Villers-Coterets, par François Iᵉʳ; car on lit dans l'article 22, « que de toutes commissions et ajournements, seront tenus les sergents de laisser copie aux ajournés ou à leurs gens et serviteurs, ou de les attacher à la porte de leurs domiciles, et en faire mention par l'exploict.»

Les mœurs judiciaires de cette époque offrent un trait de caractère fort remarquable : je veux parler de leur résistance opiniâtre à tous les édits de réformation. On doit en attribuer la cause aux préjugés des provinces, au défaut de lien entre elles, aux incertitudes de la jurisprudence, aux dispositions *comminatoires*, et aux prétentions routinières des justiciers. Vous voyez l'ordonnance de 1539 commander aux sergents de faire leurs assignations par écrit : suivez, et vous verrez, en 1563, l'or-

donnance de Roussillon défendre à toutes per- A<small>RT.</small>
sonnes, *ne sachant écrire leurs noms*, de s'entremettre de faire office d'huissier, à peine de
crime de faux; vous verrez la coutume de
Poitou défendre aux juges de recevoir les sergents en leurs offices, s'ils ne savent *lire et
écrire* (1) ; avancez jusqu'à l'ordonnance de
1667 , et vous serez convaincu qu'il y avait
encore des sergents qui ne savaient *ni écrire
ni signer*, puisque l'art. 14 du titre 2 enjoignait à tous ceux qui se trouvaient dans cette
catégorie, de se défaire de leurs offices sous
trois mois, et à tous justiciers de n'en pourvoir aucun. Il fallut, en 1711 , un arrêt de
règlement, pour faire exécuter ces dispositions
dans le ressort du parlement de Toulouse, et
un autre arrêt, en 1724, pour défendre, dans
l'Alsace, l'usage des assignations verbales.
La coutume de la ville d'Aire , en Artois, qui
ne fut rédigée et approuvée qu'en 1743 , bien
longtemps après l'ordonnance , les admettait
encore.

Enfin , jusqu'à la loi du 29 septembre 1791 ,
sur l'administration forestière , il avait été
permis aux gardes des forêts royales d'assigner

(1) Art. 386.

ART. de vive voix les personnes trouvées en délit,
ou fuyant devant eux; et sur un pareil rapport on condamnait. L'auteur du *Code des
seigneurs*, M. Henriquiez, essayait de justifier cet usage en disant, « que si l'on obligeait le garde à aller chercher le délinquant,
pour l'assigner à son domicile, les bois, pendant ce temps, demeureraient exposés à des
dégradations (1). » Jousse voulait que l'on n'en
usât ainsi qu'à l'égard des personnes viles, et
de celles dont le domicile était éloigné, ou
absolument inconnu (2). Ces raisons étaient
détestables; Fréminville en a fait justice dans
sa *Pratique des Terriers* (3). Comment était-il
possible que l'homme fuyant, à tort ou à raison, apprît, par des cris qualifiés d'assignation, le jour et le lieu où il devait comparaître,
le délit qu'on lui imputait, et les réparations
qu'on lui demandait ? Était-il connu ? il fallait
dresser procès-verbal, et aller le signifier à
son domicile avec assignation. Était-ce un
inconnu que l'on n'avait pu arrêter ? une assi-

(1) *Répert. de Jurisprud.*, v° *Gardes des bois du Roi*.

(2) *Comment. sur l'art.* 9 *de l'Ordonn. des eaux et
forêts*

(3) Tit. 4, sect. 3, quest. 11.

gnation, une instruction, un jugement contre Art.
un *certain quidam*, comme on disait alors,
n'étaient que des figures de procès inutiles, et
souvent ridicules.

En Normandie, on avait conservé l'ancienne
clameur de *Haro*, qui obligeait le *clamé* de
suivre le *clamant*, et de comparaître de suite
devant le juge. Si le différend ne pouvait être
vidé aussitôt, on faisait donner à l'une des
parties caution de poursuivre le *Haro*, et à
l'autre, de le défendre. C'était la *mannition* de
la loi Salique. Le *Haro* devait être crié devant
témoins, et il pouvait l'être, non-seulement
en cas de violence, mais encore, en matière
civile, pour les actions possessoires. On raconte
que Guillaume le Bâtard, dit le Conquérant,
septième duc de Normandie et roi d'Angleterre, étant mort à Rouen, au mois de septembre 1087, son corps fut transporté et in-
humé dans l'église de St-Etienne de Caen,
qu'il avait fait bâtir, en partie, sur un petit
morceau de terre appartenant à un pauvre
homme de la ville; que cet homme, nommé
Asselin, arrêta la pompe funèbre du prince
par une clameur de *Haro* : *Locus in quem in-
fertis istum hominem est meus* (1).

(1) *Encyclop. méthod.*, v° *Clameur de haro*. L'origine de

ART.

Il était encore d'usage, même sous l'ordonnance de 1667, si l'on en croit Rodier (1),
qu'à défaut d'huissier, la partie pût donner
l'assignation elle-même, avec l'assistance de
deux témoins qui signaient l'exploit. Cet
usage, qui se fondait sur la loi d'une prétendue nécessité, ne devait pas être très-rassu-
rant pour la conscience du juge, lorsqu'il
échéait de prononcer par défaut contre le
défendeur. Si, comme il est raisonnable de
le penser, on ne permettait point au poursuivant d'ajourner de sa personne, avant d'avoir
fait constater qu'il n'avait pu trouver d'huissier sous sa main, cette formalité demandait-
elle moins de temps qu'il n'en eût fallu pour
faire commettre un huissier des environs? Au
vrai, il n'y avait dans tout cela que la faiblesse
d'un système tourmenté par mille pratiques
rivales, toujours rebelles aux progrès de l'ordre
et de l'uniformité.

Quand on voulait agir contre ces gens sans
domicile connu, qui demeurent partout, et

cette clameur vient, dit-on, d'une invocation à Raoul
ou Rollo, premier duc de Normandie, renommé par son
grand amour de la justice. *Haro* s'est dit ensuite par
corruption de *ah, Rollo !*

(1) *Comment.*, tit. 2, art. 2, quest. 2.

que les huissiers ne trouvent nullé part : *va-* Art.
gabundi, *ità ut nesciretur ubi haberent do-*
micilium (1), on les faisait assigner *par cri*
public et son de trompe, sur le principal marché du lieu où l'affaire devait être jugée. Cette
manière d'ajournement s'appelait *assigna-*
tion à la Brétèche : on désignait par ce vieux
mot la place servant aux publications et pro-
clamations de justice. Les assignations aux
étrangers se donnaient également à cri public, sur les côtes et confins du royaume,
le plus près où celuy demeuroit qui adjourné
estoit (2). En Belgique, l'huissier affichait la
copie de l'ajournement dans la Brétêche,
puis il l'adressait à la personne assignée, par
une lettre chargée à la poste, et il dressait du
tout son procès-verbal (3).

L'ordonnance de 1667 ne conserva le cri
public que pour les gens sans domicile ; mais
ce reste d'une insignifiante fiction s'est tout-
à-fait effacé de la législation actuelle. Les

(1) *Styl. part.*, *cap. de adjornam.*, § 15.
(2) *Somme rural*, page 11.
(3) Questions de Droit de M. Merlin, v° *Assignation*,
§ 2.

Art. Romains disaient avec raison : *vox præconia paucis innotescit* (1).

Il y avait anciennement peu de sûreté pour le sergent qui se risquait à porter des assignations chez les gens de difficile accès, *superbes, contumax, violens, craints et résidans en lieux forts* (2). Guénois raconte l'histoire d'un huissier de Bordeaux, auquel un grand seigneur fit couper les deux oreilles ; d'autres furent jetés par les fenêtres, d'autres furent tués (3). Force fut de permettre d'assigner ces terribles châtelains du bas de leurs murailles, et d'attacher les exploits aux poteaux de la barrière, *in palis*, ce qui ne se pratiquait pas toujours impunément. Le clergé fit des représentations, et le roi Henri III rendit à Melun, en février 1580, un édit portant que toutes personnes, ayant seigneuries ou maisons fortes, seraient tenues d'élire domicile dans la ville royale la plus prochaine de leur résidence, afin qu'on pût y laisser les

(1) *Authent. qui semel. Cod. quomodo et quando jud.* , etc.

(2) *Imbert*, liv. 1, chap. 6, pag. 50.

(3) Encyclop. méth. , v° *Huissier.*

assignations, commandements et tous autres
exploits qui devaient leur être signifiés. Cette
disposition passa négligemment, et comme
une clause de style, dans l'ordonnance de
1667. Ce n'était plus la peine d'y songer sérieusement, car alors les donjons étaient devenus moins inaccessibles, et tel personnage
qui naguère aurait inquiété la cour, en se
retirant dans ses terres, allait docilement se
rendre à la Bastille, sur l'ordre d'un ministre
de Louis XIV.

La nécessité d'une commission, ou mandement d'assigner délivré par le juge, subsis-
tait encore dans les justices royales. On s'en
était affranchi dans les juridictions subalternes, à cause de la modicité des affaires; là,
disait-on, *l'huissier a sa commission dans sa
manche* (1).

L'article 10 du titre 2 de l'ordonnance de
1667 les supprima dans tous les sièges inférieurs, même royaux, et ne les maintint que
pour les cours et tribunaux jugeant en
dernier ressort. Enfin une déclaration rendue plus d'un siècle après, en 1778, étendit
la suppression jusqu'aux présidiaux, tant en

(1) Guénois.

Art. première instance qu'en appel, *afin de procurer un plus grand soulagement aux sujets du roi.* On se demande si les sujets du roi ne méritaient pas autant de faveur, et s'ils avaient un moindre droit à cette allégeance, quand ils étaient obligés d'aller plaider devant les cours souveraines ! Les mandements d'assigner n'étaient, à bien dire, qu'une complication fiscale ; ils se vendaient et se délivraient au greffe, sans examen préalable : *Imò ratio erat ad eruscandas pecunias,* comme disait Dumoulin. L'article 34 de la loi du 27 mars 1791 les a tout-à-fait abolis.

La justice de cette époque faisait une autre sorte de spéculation sur le parchemin : je veux parler des *Lettres royaux.*

Nous avons conservé cette vieille maxime : *Les voies de nullité n'ont pas lieu de droit en France.* Aujourd'hui comme autrefois, hors les cas extraordinaires où la loi déclare un acte nul *ipso jure,* il faut que la nullité, pour qu'elle produise son effet, soit proposée et jugée.

Mais, autrefois, les vices qui donnaient ouverture à la rescision des contrats, ne pouvaient être allégués dans une demande, si l'on n'avait préalablement obtenu des lettres du prince, portant autorisation, pour l'impétrant, d'introduire son action en justice, et pour les juges, de la recevoir : c'est ce qu'on avait nommé jusqu'en 1790, *Lettres royaux*. Il y a d'anciens mots que l'on peut regretter *suavitatis causâ*, mais je ne conçois guère le respect dévotieux qui conserva, pendant si longtemps, aux lettres royaux, leur antique rouille de solécisme. La formule contenait l'exposé des faits, tels qu'ils étaient présentés par le demandeur; puis, s'adressant aux juges, le prince était censé dire : « Nous vous mandons que les parties intéressées étant assignées devant vous, s'il vous appert de ce que dessus, et notamment qu'il y ait eu dans ledit contrat dol (ou erreur, ou lésion, ou violence, etc.) et autres choses tant que suffire doivent, en ce cas, vous remettiez les parties en tel et semblable état qu'elles étaient avant ledit contrat; ce faisant, vous condamniez, etc. » A part la banalité de ces formules, on pourrait y apercevoir quelque rapport avec les primitives exceptions du droit romain (1).

L'usage des lettres royaux a été aboli par l'article 20 du décret du 7 septembre 1790 :

(1) *Voyez* le premier volume, *Chap.* 5.

Art.   « En conséquence, dit l'article 21, il suffira, dans tous les cas où lesdites lettres étaient ci-devant nécessaires, de se pourvoir par-devant les juges compétents pour la connaissance immédiate du fond. »

Tous les édits rendus sur le fait de la justice avaient prescrit aux huissiers de se faire assister, pour les ajournements, de deux témoins ou recors, qui devaient signer avec eux l'original et la copie de l'exploit.

Ainsi le pratiquait-on dans les âges les plus reculés, comme je l'ai déjà fait observer.

L'ordonnance de 1667 garda cette disposition (1). Deux ans étaient à peine écoulés, que l'on revint là-dessus. On considéra que l'usage des recors avait été établi pour mieux assurer la foi des exploits, et pour empêcher les huissiers d'y commettre des antidates et faussetés ; mais que ces précautions avaient été rendues inutiles, par l'habitude dans laquelle ils s'étaient mis de se servir de recors les uns aux autres, de se confier réciproquement leurs signatures. En conséquence, un nouvel édit du mois d'août 1669 substitua la formalité du *contrôle* à celle

(1) Tit. 2, art. 2.

des recors, qui ne furent plus employés que Art.
dans quelques espèces particulières d'exploits.
C'est encore de même. Il y a des auteurs qui
n'ont point été séduits par les motifs de l'édit
du contrôle, et qui n'ont voulu y voir qu'une
extension de fiscalité. A leur avis, le contrôle
fixe bien, à trois ou quatre jours près, la date
d'un ajournement, mais il ne produit cet effet
que pour l'original, qui seul en reçoit la mention, et il ne prouve nullement que la personne
assignée ait reçu la copie : il ne remplit donc
point le but dans lequel on avait auparavant
prescrit l'assistance des témoins (1). D'un autre
côté, il exista toujours une grande prévention
contre cette manière de témoins; car, disait-
on, « la simplicité et innocence des siècles
s'écoulant, la corruption, au lieu d'icelles, a
grandement pris pied ès âmes mercenai-
res (2). »

Il fallait la puissante occasion qui survint
en 1790, de reconstruire dans son entier l'ordre judiciaire, pour faire disparaître du système
des assignations ces ajustements féodaux, ces

(1) *Voyez* Chabrol, *sur la Cout. d'Auvergne.*
(2) Theveneau, *Commentaire sur les ord.*, liv. 3,
tit. 1.

Art.

inégalités bursales et ces usages rebelles, en-
racinés çà et là dans les différentes zones du
même territoire.

L'article 43 de la loi du 27 mai 1791 supprima la formalité des ordonnances ou mandements d'assigner. La permission du juge ne fut
plus nécessaire que pour l'abréviation des
délais ordinaires. Mais on crut inutile de s'expliquer sur l'antipathie du nouveau régime,
relativement à d'autres points ; les réformes
de chaque jour étaient assez parlantes. Tout
ce qui portait l'empreinte du privilége s'effaça
de soi-même, et l'on a vu depuis cette théorie
des ajournements, à laquelle l'ordonnance de
1667 avait encore laissé quelque empreinte de
la diversité de ses sources, reprenant, sous la
législation intermédiaire, la vigueur d'une
pratique uniforme, passer tout naturellement
dans le Code de procédure civile. Il n'y avait
guère à ajouter ou à retrancher : c'est que les
règles du droit positif reçoivent un don d'im-
mutabilité quand elles prennent plus purement
le type du droit naturel.

Je prie que l'on veuille bien se rappeler ce
que j'ai écrit, au précédent chapitre, sur les
principes constitutifs d'une citation. Entre l'a-

journement et la citation, il n'y a d'autre diffé- Arт. rence que celle des mots. L'un s'applique plus particulièrement à l'exploit d'assignation devant un tribunal civil, et l'autre à l'exploit d'assignation devant un juge de paix. Or, je le dis encore une fois, vous ne concevriez ni l'ajournement ni la citation, si celui auquel on les adresse n'y trouvait pas les indications nécessaires pour se reconnaître dans la personne assignée, pour savoir de quelle part vient la demande, quel en est l'objet, sur quoi elle se fonde, quand et devant quel tribunal il doit y répondre. Toutes ces conditions sont comme autant de préceptes de la loi naturelle.

On a vu comment il devint indispensable de civiliser l'application de ces préceptes, comment le bon sens de l'expérience se mit en équilibre entre la violence sauvage des uns et la trop naïve simplicité des autres, et comment on créa des officiers ministériels, en déterminant leurs attributions, leurs devoirs et leur responsabilité. Les articles réglementaires se succédèrent en se perfectionnant. Tout cela fut l'ouvrage du droit positif; car on peut *naturellement* avoir l'idée d'un ajournement, sans un rapport d'huissier, sans une constitution d'avoué, et sans toutes les précautions ac-

ART. cessoires , dont la sagesse des législateurs a su l'entourer.

En résumé , voici ce qu'il doit contenir aujourd'hui :

61.   « 1° La date des jour , mois et an ; les noms , profession et domicile du demandeur ; la constitution de l'avoué qui occupera pour lui , et chez lequel l'élection de domicile sera de droit, à moins d'une élection contraire par le même exploit ;

» 2° Les noms , demeure et immatricule de l'huissier ; les noms et demeure du défendeur , et mention de la personne à laquelle copie de l'exploit sera laissée ;

» 3° L'objet de la demande , l'exposé sommaire des moyens ;

» 4° L'indication du tribunal qui doit connaître de la demande , et du délai pour comparaître. »

64.   En matière réelle ou mixte , il est nécessaire que les exploits énoncent la nature de l'héritage , la commune , et , autant que possible , la partie de la commune où il est situé , et deux , au moins , des tenants et aboutissants. S'il s'agit d'un domaine , corps de ferme ou métairie , il suffit d'en désigner le nom et la situation.

Enfin il faut donner, avec l'ajournement, Art.
copie du procès-verbal de non-conciliation, ou 65.
copie de la mention de non-comparution,
lorsque l'objet du procès a dû être soumis à
l'épreuve du bureau de paix.

Toutes ces formalités sont prescrites à peine
de nullité.

Il y manque encore quelque chose, c'est la 65.
copie des pièces sur lesquelles la demande se
fonde. Autrement serait-il possible de les discuter, d'en redresser le sens, de les dénier, de
les arguer de faux ? Mais ne pas donner cette
copie avec l'ajournement, ce n'est point le faire
nul, car elle peut être fournie dans le cours
de l'instance. Toutefois les frais de cette communication tardive restent à la charge du demandeur, quel que soit, en définitive, le sort
du procès (1).

Je vais reprendre cette composition des
ajournements. Ce n'est pas assez de connaître
l'esprit et le but du système, il faut avoir aussi
l'intelligence de ses parties, savoir leur emploi, leur mode d'expression, et leurs équipollences.

(1) Voy. le Tome III de cet ouvrage, p. 427 et suivantes.

Je parlerai ensuite de la remise des exploits, du domicile où ils doivent être portés, des personnes auxquelles ils doivent être laissés, des obligations imposées aux huissiers, et des tribunaux devant lesquels il faut assigner, selon la nature des actions.

Je traiterai des nullités au chapitre des *Exceptions*.

L'accomplissement de toutes les formalités prescrites pour la validité d'un ajournement, doit être prouvé par l'acte lui-même; c'est le cas de la maxime : *Non esse et non apparere sunt unum et idem.*

On sait que la signification d'un exploit est la remise de la copie à la personne assignée, ou au domicile de cette personne, et que l'original qui atteste cette signification est destiné à rester entre les mains du demandeur. Or, je suppose que l'original, ou *le rapport*, soit d'une régularité parfaite, et que la copie soit défectueuse. L'exploit n'en sera pas moins nul; car c'est par la copie que le défendeur est ajourné, c'est par elle qu'il doit avoir toutes les indications prescrites. De là cette autre maxime : *La copie tient lieu d'original à la partie qui la reçoit.*

Ces préliminaires posés, voyons les détails : il faut porter dans leur examen et dans la solution de leurs difficultés, l'esprit de raison et de justice du législateur, et non ce rigorisme sententieux d'une pratique rétrécie, dont le demi-savoir consiste dans quelques traditions de formules, ou de vieux brocards qu'elle comprend à peine.

Vous lirez partout que la date est une des formalités les plus essentielles d'un acte : *instrumentum publicum in quo dies non est apposita, non valet, quia dies est de solemnitate instrumenti* (1). Vous sentirez qu'elle est surtout indispensable pour les ajournements, afin qu'il soit possible de savoir si l'action a été formée dans un temps utile, et de connaître le délai dans lequel la personne assignée devra comparaître. Rien n'est plus vrai ; mais la place de cette date, c'est-à-dire, cette triple mention de l'année, du mois et du jour, est-elle invariablement fixée par la loi dans telle ou telle partie de l'exploit ? Non ; l'essentiel est qu'elle s'y trouve.

Des imperfections, des erreurs, des omissions dans l'énoncé de la date, rendent-elles toujours l'exploit nul ?

_____

(1) **Gui-Pape**, *Quæst.* 582, *n.* 1.

Il faut distinguer :

Si les erreurs, les omissions jettent une ombre de doute sur l'époque véritable à laquelle l'exploit a été signifié, il y a nullité.

Si la copie, imparfaite au premier aspect, laisse percer, dans le reste de sa teneur, quelque chose de clair et d'incontestable, qui fixe la certitude de cette époque, la nullité disparaît ; elle ne serait plus alors qu'une peine sans motif, et par conséquent une ridicule iniquité.

Exemple : un ajournement est ainsi daté : *L'an mil huit cent vingt-neuf et le dix...* L'indication du mois manque là, mais plus bas on lit que l'assignation est donnée pour comparaître *le vingt du* PRÉSENT *mois de février.* Il n'y a plus d'incertitude sur la date de l'exploit, car il est assez évident qu'il a été signifié le dix de février. D'autres exemples s'appliqueraient, s'il en était besoin, au défaut de mention du jour ou de l'année. Je dirais comment les pièces notifiées avec l'exploit peuvent servir à prouver sa date. Supposez un ajournement dans lequel on ne trouve aucune trace d'année, mais uniquement l'indication d'un jour et d'un mois, comme s'il n'y avait que ces mots : *le dix février ;* supposez aussi que cet ajournement ait

été accompagné, suivant la règle générale, Art.
de la notification d'un procès-verbal de non-
conciliation, daté du quinze janvier mil
huit cent vingt-neuf, et qu'on y ait écrit :
*qu'il a fallu recourir aux voies judiciaires,
attendu que les parties n'ont pu se concilier
au bureau de paix, ainsi qu'il résulte d'un
procès-verbal du quinze janvier dernier, ci-dessus transcit ;* il sera bien indubitable que l'a-
journement a été donné le dix février mil huit
cent vingt-neuf.

Un arrêt qui, dans des espèces semblables,
annulerait un ajournement, sous le prétexte
qu'il n'est pas suffisamment daté, ferait plus
que mal juger, il violerait la loi, et la Cour de
cassation devrait en faire justice (1).

Je crois que c'en est assez, relativement au
principe de la date, et aux équipollences qu'il
comporte.

J'ai dit que la date se composait de la triple
mention de l'année, du mois et du jour. Autrefois la mention de l'heure était également
nécessaire, en certaines matières civiles où la
priorité du temps était admise ; lorsqu'il s'agis-

(1) Ainsi jugé le 30 novembre 1811 ; *Sirey*, t. 12, 1re
partie, p. 76.

Art. sait d'une saisie mobilière, par exemple, attendu qu'il y avait privilége pour le premier saisissant. Ce serait fort inutile depuis le Code de procédure, qui soumet tous les saisissants à la distribution par contribution, et ne promet point de prime à leur diligence : on verra cela en son lieu. La législation moderne n'est pas favorable à ces combats de *préférence horaire,* dans lesquels la victoire était souvent le prix de la ruse ou de la collusion. Voyez l'article 2147 du Code civil : tous les créanciers qui ont fait inscrire leurs hypothèques le même jour, exercent en concurrence des droits de la même date, sans distinction entre l'inscription du matin et celle du soir, quand bien même cette différence aurait été marquée par le conservateur.

La date peut-elle être exprimée en chiffres ? Anselmo, jurisconsulte flamand, ne voulait de chiffres pour aucun acte : *non enim probant mentem seu intentionem, cum incertæ et dubiæ sint.* J. Romelius, autre commentateur de l'édit perpétuel des archiducs de Flandre, soutenait, au contraire, que les chiffres ayant une signification certaine et usuelle, ils avaient la même force que l'écriture, dans les actes où l'écriture est exigée : *Cifras usu receptas et*

quid certi significantes, habere vim scripturœ, Art.
*etiam in actibus exigentibus scripturam, pro
formâ et solemnitate* (1).

Ce qu'il y a de certain, c'est que des arrêts
anciens et des arrêts nouveaux ont jugé valables des testaments olographes datés en chiffres. Il faut surtout remarquer que, dans
les cas où le législateur ne veut pas de date en
chiffres, il a eu soin de l'exprimer : témoin
l'article 42 du Code civil, et l'article 13 de la
loi du 25 ventôse an XI sur le notariat. Or, le
Code de procédure n'en dit rien, et il défend
de déclarer un exploit nul, lorsque la nullité
n'est pas formellement prononcée par la loi.
La conséquence est facile à tirer.

On a fort vanté l'ordonnance de 1667 ; toutefois elle ne brillait point par une grande exactitude de rédaction : car non-seulement on
avait oublié d'y parler de la date des ajournements, mais il ne s'y trouvait aucune disposition précise touchant la nécessité d'indiquer
les noms de la partie requérante.

L'article 61 du Code de procédure dit que
l'exploit d'ajournement contiendra les NOMS,
profession et domicile du demandeur.

(1) *Comment. ad Edictum perpetuum*, art. 19.

« Ce qui porterait à croire, dit M. Carré, qu'en exigeant la mention *des noms*, la loi a entendu prescrire non-seulement le nom de famille, mais encore le *prénom* du demandeur, c'est que le mot *nom* est écrit au pluriel. »

Je suis de ceux qui le croient ainsi.

Les prénoms d'aujourd'hui, qui étaient les véritables noms propres d'autrefois, sont devenus indispensables depuis l'accroissement et l'extension de toutes les espèces de rapports sociaux. Les noms héréditaires ou de famille, c'est-à-dire les surnoms primitifs, dérivant soit d'un pays, soit d'un fief, soit de quelque fonction ou métier, soit de quelque qualité physique ou morale, se sont trop répandus et répétés partout, pour suffire à la distinction des individus.

De là, cette nécessité de la mention des prénoms dans les actes de procédure, nécessité que le bon sens avait déclarée longtemps avant qu'elle eût été érigée en loi.

Cependant M. Carré ajoute : « que l'opinion commune est que l'omission des prénoms, ou leur fausse indication, n'entraînerait pas la nullité, d'autant plus que la mention du domicile établit suffisamment la distinction des personnes qui porteraient le même nom. »

Cette opinion commune me semble une erreur.

On doit penser d'abord, que si la désignation du domicile du demandeur pouvait réparer l'omission de *ses noms*, le législateur n'aurait point prescrit à la fois, et sous peine de nullité, l'une et l'autre mention.

En second lieu, deux personnes ayant le même nom peuvent être domiciliées dans la même ville, dans la même rue, dans la même maison; la mention du domicile ne suppléera donc à rien, en ce qui concerne l'indication du prénom.

Il en est qui insistent, en disant que le législateur n'a point manqué d'exiger formellement la mention des prénoms et du nom, lorsque telle a été sa volonté; ils citent en preuve les articles 34, 57, 63, 76, 79, 2144 et 2153 du Code civil, et ils font remarquer que le Code de procédure, dans tous les cas où il s'agit de la désignation des personnes, ne demande que *les noms*. Une pareille observation ne peut servir qu'à signaler les abus de cette subtilité, qui va cherchant des arguments dans les nuances d'expressions que présentent les Codes. La diversité de ces nuances tient à ce que les rédacteurs ne furent pas

Art.　les mêmes pour les uns et pour les autres :
ceux du Code civil ont dit, *les* nom et *prénoms*,
en mettant le mot *nom* au singulier, toutes les
fois qu'il s'agissait d'une seule personne; et
ceux du Code de procédure ont employé collectivement le pluriel, les *noms*, pour une
seule personne aussi, parce qu'ils y ont compris les prénoms, qui ne sont qu'une partie
des noms. Cette pointillerie grammaticale ne
mérite pas qu'on s'y arrête.

61.　Autre argument : les *noms* se trouvent également au pluriel dans l'article 61 du Code de
procédure, pour la désignation du défendeur;
or il serait souvent très-difficile de connaître
les prénoms de celui-ci; donc le législateur,
soit à l'égard de l'une, soit à l'égard de l'autre
des parties, n'a pas dû attacher autrement
d'importance *à son pluriel*, et ce serait forcer
ses vues que d'exiger, à peine de nullité, le
strict accomplissement de la formalité dont il
s'agit (1). Je réponds d'abord qu'il ne peut y
avoir le plus léger prétexte de ne pas se conformer à la loi pour ce qui concerne la désignation
du demandeur, car il doit savoir son nom et

_____

(1) Voyez la *Collection nouvelle de M. Dalloz*, t. 7,
pag. 731.

Art.

ses prénoms. Argumenter de ce qui est difficile dans un cas, pour se dispenser de ce qui est facile dans un autre, ce n'est pas raisonner, c'est contrarier.

Quant à l'embarras que peut causer quelquefois l'obligation d'énoncer les noms du défendeur, ceux qui ont rédigé la loi n'en ont point été touchés, car l'objection leur fut faite.

Le premier projet du Code voulait que l'exploit énonçât *les noms, profession et demeure du défendeur, à peine de nullité.*

Cette proposition fut attaquée par les Cours de Liége, d'Agen , de Trèves et de Poitiers.

« Il nous paraît, disait la première , qu'on ne devrait pas forcer le demandeur à insérer dans son exploit lademeure du défendeur , lorsque l'assignation est donnée à lui-même , et jamais la profession. »

La Cour d'Agen concluait à ce que l'énonciation de la demeure et de la profession ne fût exigée que quand elles seraient connues.

Celle de Trèves désirait que la peine de nullité ne portât pas sur l'omission des *noms ,* profession et demeure du défendeur , s'il était suffisamment désigné.

Enfin la Cour de Poitiers se bornait à de-

mander que l'on retranchât des formalités de
l'exploit, l'obligation d'indiquer la profession
du défendeur.

Le conseil d'Etat ne fit droit qu'à la demande
de la Cour de Poitiers ; la mention des *noms* et
demeure du défendeur resta prescrite, à peine
de nullité, dans l'article 61, et ces cas d'exception que l'on voulait fonder sur des circonstances de fait, sources intarissables d'une
foule d'incidents, ne furent point adoptés.
L'obligation d'indiquer la profession du défendeur fut seule effacée, et ce fut très-bien.
Beaucoup de gens, des capitalistes surtout,
n'ont pas réellement de profession bien déterminée : en bonne justice on ne devait pas soumettre le demandeur, sous peine de nullité, à
ne point se tromper sur un fait que personne
ne sait d'une manière certaine. Mais le nom,
les prénoms, la demeure de celui que vous
faites assigner, ne sont pas ordinairement
lettres closes, car un procès civil suppose toujours la préexistence de quelques rapports
entre les parties.

C'est ainsi que là règle a été faite. Si l'on n'a
pas voulu admettre de dispense pour la désignation des *noms* du défendeur, il faut bien
convenir que le système qui tend à dégager le

demandeur de cette obligation pour lui-même, Art.
est de tout point contraire à la lettre et à l'esprit de la loi.

On dira que l'omission des prénoms peut être
réparée par des *équipollences*, et que ma doctrine sur la date des exploits doit recevoir ici
son application.

J'en conviendrai. Mais il importe de s'entendre sur la théorie des équipollences.

Il y en a de plusieurs sortes : leur distinction
se trouve dans la manière dont la loi s'exprime.
Les unes sont reçues avec un sens large, et cet
esprit de facilité qui se contente, dans telles ou
telles circonstances, d'une énonciation quelconque, d'où peuvent sortir, sans trop d'effort,
des renseignements plausibles, et un degré de
certitude morale. C'est ainsi qu'après une indication des faits principaux, auxquels se rattache l'idée de l'exécution complète d'un jugement par défaut, l'art. 159 du Code de procédure confie à la sagesse des juges l'appréciation
de tous autres actes propres à établir que la
partie condamnée s'est soumise, en connaissance de cause, aux dispositions qui l'ont frappée. C'est encore ainsi que l'article 2148 du
Code civil admet, en équivalent des mentions
exigées pour la désignation du créancier qui

Aʀᴛ. prend une inscription hypothécaire, et du débiteur sur lequel elle est prise, tout ce qui peut faire reconnaître et distinguer l'un et l'autre. Il était d'autant plus raisonnable de ne pas punir de la peine de nullité une omission ou une erreur dans les noms du créancier qui s'inscrit, que l'inscription a pour unique objet de faire connaître aux tiers, qui voudraient prêter ou acheter, l'existence d'une hypothèque qui les éclaire sur les chances de leurs projets; et, sauf quelques cas particuliers où l'erreur pourrait être préjudiciable, ce n'est pas la mention plus ou moins fidèle des noms du créancier, mais l'énonciation exacte de sa créance et de son titre, qui constitue cet avis au public, que le législateur a voulu placer dans les registres du conservateur.

Les autres équipollences ont un caractère plus strict. Elles ne passent que sous la condition de rendre avec une synonymie parfaite, *adæquatè et identicè*, le fond de ce qui a été l'objet des termes de la loi. Il faut qu'elles se trouvent dans l'acte même, qu'elles y remplacent substantiellement, sinon littéralement, les formes qui servent à le constituer, ou qu'elles y corrigent des erreurs, des omissions premières, sans qu'on soit obligé de re-

courir à des renseignements extérieurs : *ex*
propriis verbis instrumenti, *ex verbis scriptis*
in instrumento, *non extrinsecùs* (1). Telles
sont les équipollences qui peuvent réparer,
dans une partie de l'exploit, l'erreur ou l'o-
mission de la date commise dans un autre ; je
l'ai déjà expliqué. J'en dirai autant pour les
noms : il importe fort peu que leur énonciation manque aux premières lignes de l'ajournement, si le surplus la contient. Par exemple, l'huissier a mis d'abord : *à la requête*
de........ marchand domicilié à Poitiers. Les
noms sont restés là en blanc. Mais on lit après
que l'assignation est donnée au défendeur,
pour obtenir condamnation d'une certaine
somme, au profit *dudit sieur Pierre Giraud*,
requérant ; le blanc se trouve rempli par équipollence, car la place des noms du demandeur
n'était point marquée, sous peine de nullité,
à la tête de l'exploit.

Je dois dire aussi que, pour certaines affaires, la désignation *des noms* du demandeur
peut être remplacée par la mention de la qualité dans laquelle il agit. Un préfet, un procureur du roi, un agent du trésor public, un

(1) Menochius, *De præsumpt.*, *lib.* 4, *præsumpt.* 17

Aʀ**ᴛ.** directeur, un maire, etc., qui assignent à raison des intérêts et des droits qu'ils sont chargés de conserver et de défendre, se font assez connaître en indiquant le titre de leurs fonctions. C'était une opinion généralement adoptée autrefois (1). Les lois nouvelles touchant les actions à intenter pour l'État, la liste civile, le trésor, les communes, les administrations et les établissements publics, n'y sont point contraires.

Voilà tout ce que tolère la lettre de l'article 61 ; son esprit n'est pas moins absolu, et il devait l'être. Il pourra bien se rencontrer des cas où la peine de nullité prononcée par cet article paraîtra trop sévère, parce que son utilité se fera moins sentir ; mais la disposition de la loi est générale : elle n'admet pas d'autres signes de reconnaissance pour les particuliers, que la mention de leurs *noms,* de leur profession et de leur domicile. La règle serait bientôt envahie par l'arbitraire, si telle ou telle considération venait, à la faveur d'une capri-

_____

(1) Voyez Pothier, *De la proc. civ.* ; Rodier, *sur l'art.* 2 *du titre* 2 *de l'ordonn. de* 1667, *question* 2 ; le nouveau Denisart, t. 2, p. 457 ; Jousse, t. 2, p. 15 ; et, depuis le Code de procédure, les arrêts rapportés au Journal des Avoués, t. 13, p. 134 et 143.

cieuse équipollence, faire éclore une nouvelle Art.
exception.

Malheureusement la jurisprudence n'offre
encore rien d'arrêté à cet égard, et la Cour
suprême elle-même se montre souvent trop désintéressée en faveur de ce *droit d'interprétation,*
qui devient de jour en jour plus divergent.

Ici l'on juge que le demandeur est suffisamment désigné par son nom de famille, et que
cette énonciation satisfait parfaitement au vœu
de la loi (1).

Ailleurs on décide que la désignation du
prénom est d'une nécessité tellement absolue,
qu'il y a nullité lorsqu'il est exprimé *par ini-
tiales* seulement, et non en *toutes lettres* (2).

Si vous poussez vos recherches plus loin,
vous trouverez un arrêt duquel il résulte qu'un
ajournement est bon, quoique la copie délais-
sée n'énonce ni les *prénoms*, ni le *nom* du
demandeur, attendu qu'il est impossible que
l'autre partie ait pu s'y méprendre (3). Puis

(1) Journal des Avoués, t. 13, pag. 230. Ce tome est
consacré tout entier au mot *exploit*.

(2) *Ibid.*, pag. 2, 5, 8.

(3) *Ibid.*, pag. 292. Il s'agissait d'un appel, mais
l'art. 456 veut, à peine de nullité, que l'appel contienne
assignation, et par conséquent qu'il soit revêtu de toutes
les formalités d'un ajournement.

Art. vous verrez que la Cour de cassation a rejeté
le pourvoi, parce qu'en déclarant cette *impossibilité*, la Cour royale avait usé de son droit ,
ce que , sauf correction , j'ose ne pas croire.

Quand on a feuilleté tous les recueils , quel
que soit le mérite des observations qui s'y
trouvent et de l'ordre dans lequel les questions y sont classées, on a peine à se reconnaître au milieu de cette mêlée d'autorités qui
viennent incessamment se heurter et s'entre-
détruire. En définitive , la justice de la loi fut
toujours la meilleure.

L'ordonnance de 1667 enjoignait aux huissiers de déclarer dans leurs exploits la *qualité*
du demandeur (1). Le Code de procédure dit :
la profession. Il me semble qu'il eût été préférable de conserver la locution de l'ordonnance ; elle était plus générale, elle s'appliquait mieux à toutes les conditions de la vie
sociale ; car on ne dit point la profession de
rentier, de propriétaire , etc. De là sont encore
nés des questions et des doutes. Le demandeur
qui n'a pas de *profession*, suivant la véritable
acception du mot , que mettra-t-il dans son

(1) Tit. 2, art. 2.

exploit, pour remplir l'intention de la loi? Art.
La réponse est facile : il énoncera sa qualité,
s'il a une qualité qui ne soit pas une profession, ou bien il mettra qu'il est sans profession ; il pourra même ne rien mettre, dans
ce cas.

L'art. 2148 du Code civil veut que l'inscription hypothécaire contienne les nom, prénoms, domicile du créancier, et sa profession, *s'il en a une.* Cette restriction, qui se
trouve exprimée là, doit être sous-entendue
partout. Exigerait-on qu'un enfant naturel,
non reconnu, énonçât dans un acte son nom
de famille, lorsque sa condition est de n'en
avoir point?

Le demandeur sait toujours où il habite ;
l'indication de son domicile, dans un exploit
d'ajournement, semble donc peu susceptible
de développements et de difficultés : toutefois
on y trouve encore quelques points à éclaircir.

C'est son domicile réel que le demandeur
est tenu d'énoncer. L'élection d'un autre domicile ne l'en dispenserait pas ; car l'ajourné
doit recevoir toutes les indications propres à
lui donner le plus facile accès auprès de la
personne qui le traduit en justice, afin qu'il
puisse s'expliquer et s'accorder avec elle. Le

Art.   domicile réel peut être moins éloigné du défendeur que le domicile élu ; on ne trouve qu'un mandataire au domicile élu, et souvent il importe au succès d'une proposition qu'elle soit faite à la partie elle-même (1). A plus forte raison faudrait-il déclarer nul l'exploit qui ne contiendrait qu'une fausse indication du domicile du demandeur (2).

On a demandé si la simple mention de la ville où le demandeur est domicilié, sans indication de la rue et du numéro de la maison, suffit pour la validité d'un ajournement?

Cette question a reçu des solutions diverses, et l'on remarquera qu'il s'agissait, dans les causes où elle a été agitée, d'exploits faits à la requête de personnes demeurant à Paris.

Les Cours de Montpellier (3) et de Bordeaux (4) ont jugé que la loi n'exigeait point, dans l'énonciation du domicile, la désignation de la rue et du numéro.

---

(1) Voyez le *Répert. de jurisprud.*, v° *Domicile*, et un arrêt conforme de la Cour de Bruxelles, du 14 juillet 1807.

(2) Voyez les arrêts cités par M. Dalloz, p. 737 et 741 de sa nouvelle Collection.

(3) Sirey, tom. 25, part. 2, p. 301.

(4) *Ibid.*, tom. 27, part. 2, p. 254.

La Cour de Poitiers (1) a décidé, au con- Art.
traire, que cette désignation était nécessaire,
à peine de nullité ; elle a considéré que la ville
de Paris était divisée en plusieurs arrondisse-
ments ; que se dire simplement domicilié à
Paris, ce n'était rien indiquer de précis, et
qu'une énonciation aussi vague pouvait empêcher la partie assignée de faire assez tôt des
offres.

Les Cours de Montpellier et de Bordeaux s'en
sont tenues à la lettre toute sèche de l'article
61. A mon avis, celle de Poitiers en a mieux
appliqué l'esprit. Lors des conférences sur l'ordonnance 1667, M. le premier président de
Lamoignon fit observer qu'il était bon d'obliger les huissiers, pour constater davantage
leurs exploits, de coter la maison et la pa-
roisse de la partie ; que le mot de domicile ne
faisait rien à cet égard, s'il n'était particulièrement désigné, et il citait l'exemple d'un
procès qui s'était étrangement compliqué au
parlement de Rennes, par suite d'un pareil
abus (2).

Un ancien arrêt de Rouen avait enjoint « à

(1) Sirey, t. 25, part. 2, p. 337.
(2) Procès-verbal, p. 10.

tous huissiers ou sergents d'employer ès exploits d'ajournement, les lieux et paroisses des demeurances, tant des requérants que des ajournés, à peine d'amende (1). »

Mais voici venir encore des questions d'équipollence, qu'il faut toujours traiter, à cause de ces gens qui se croient un peu plus habiles que le législateur, et qui affectent de ne pas se servir des mots qu'il a employés.

N'ai-je pas assez clairement désigné mon domicile, dit l'un, quand j'ai mis dans l'exploit que j'étais de telle commune? Non, parce que cette expression trop vague peut indiquer le lieu de votre naissance, aussi bien que celui de votre domicile.

N'était-il pas inutile, dit un autre, de désigner mon domicile dans l'ajournement que j'ai fait donner, puisque le procès-verbal de non-conciliation, signifié en tête de l'exploit, contenait cette désignation? Non encore : la relation de l'exploit à un acte antérieur indique bien le domicile que vous aviez à l'époque de cet acte, mais il ne désigne pas votre domicile actuel, et c'est l'énonciation du domicile actuel

_____

(1) Berault sur la cout. de Normandie, art. 484, p. 577.

que l'article 61 du Code exige à peine de nullité , parce que c'est celui-là surtout qu'il importe à l'ajourné de connaître (1).

Si l'on ne peut absolument se passer d'équipollences , faites du moins qu'elles rendent
exactement, *adæquatè et identicè*, la disposition de la loi.

Par exemple , un ajournement m'est donné
à la requête de N., juge au tribunal de première instance de telle ville ; c'est assez , je
dois savoir que les fonctions d'un juge étant
conférées à vie , leur acceptation emporte
translation immédiate de son domicile dans le
lieu où il les exerce (2).

L'énonciation de la demeure du demandeur
est-elle équivalente à celle de son domicile ?

Plusieurs Cours se sont prononcées pour la
négative (3). Elles ont considéré que l'article
61 du Code exige, à peine de nullité, la désignation du *domicile* du demandeur, et qu'il se
borne à la mention de la *demeure* pour le défendeur. Elles en ont déduit cette conséquence,

(1) Voyez les Questions de droit de M. Merlin, tom. 7,
p. 241 et 449.

(2) Cod. civ., art. 107.

(3) Voyez le Journal des Avoués, tom. 13, p. 118 et
119.

Art. que la loi a mis une grande distinction entre le domicile et la demeure.

M. Berriat-Saint-Prix professe cette opinion; il dit que la demeure diffère du domicile, par la facilité avec laquelle elle peut être transpor-tée d'un lieu à un autre, sans formalité aucune, et que la simple indication de la demeure du demandeur pourrait être un piége dangereux tendu au défendeur, pour les actes que la loi lui prescrit de faire signifier au domicile de son adversaire.

La Cour suprême a décidé le contraire en cassant un arrêt de la Cour royale d'Orléans, « attendu que déclarer que l'on demeure en tel lieu, c'est dire, en termes équivalents, qu'on y est domicilié, lorsque d'ailleurs il n'est pas contesté que celui qui a déclaré demeurer en tel lieu, y a réellement son domicile (1). »

M. Carré voit dans le mot *demeure* l'expres-sion d'une habitation permanente qui doit faire supposer le domicile, et qui diffère en cela de la résidence, laquelle n'est qu'une habitation momentanée. Il pense, comme la Cour de cas-sation, qu'on ne pourrait annuler l'exploit que tout autant que le demandeur n'aurait pas

----

(1) Journal des Avoués, t. 13, p. 120.

son domicile à l'endroit où sa demeure a été Art.
indiquée (1).

M. Favard de Langlade est du même avis (2).

Je me range aussi de ce côté, mais j'y suis
conduit par une autre voie. Je m'étonne qu'on
n'y ait pas songé.

De ce que l'article 61 du Code exige, dans
un exploit d'ajournement, la mention du *domicile* du demandeur et celle de la *demeure*
du défendeur, il ne faut pas conclure que le
législateur ait mis quelque intention de différence dans l'emploi de l'une et de l'autre expression ; rien ne me semble plus facile à
démontrer.

L'article 59 dit que le *défendeur* sera assigné
devant le tribunal de son *domicile;* et, s'il n'a pas
de domicile, devant le tribunal de sa résidence.

L'article 68 veut que tous exploits soient faits
à personne ou *domicile*, et que si l'huissier ne
trouve au *domicile* ni le défendeur, ni aucuns
de ses parents ou serviteurs, il remette de suite
la copie à un voisin, ou au maire, ou à l'adjoint, comme on le verra plus loin.

Parcourez la liste des défendeurs dont parle
l'article 69, vous y verrez le mot *domicile* em-

(1) Lois de la proc., t. 1er, p. 154.
(2) Tom. 1, p. 136.

Aᴿᴛ. ployé partout pour marquer le lieu où l'assignation doit être signifiée.

L'article 73 donne la mesure des délais qui sont accordés, pour comparaître sur une assignation, à ceux qui *demeurent* hors de la France continentale ; puis l'article 74 ajoute que la partie domiciliée hors de la France, qui est trouvée en France et y reçoit l'assignation en personne, n'aura pour se présenter au tribunal que les délais ordinaires, sauf à les prolonger suivant les circonstances.

Si je voulais sortir du titre des ajournements, une foule d'autres textes viendraient confirmer cette vérité, déjà si frappante, que dans la pensée des rédacteurs de l'article 61, ces mots, *demeure* et *domicile*, avaient le même sens et la même valeur.

C'est donc comme si l'on disait que le demandeur est domicilié dans tel endroit, quand on dit qu'il y demeure, puisque le Code, en prescrivant la mention de la demeure du défendeur, a évidemment entendu parler de son domicile.

Quant à la résidence, c'est le séjour de ceux qui n'ont point de demeure ou de domicile, de ceux qui n'ont point *d'ostel*, disait Beaumanoir, qui *repairent* tantôt ici, tantôt là, et qui doivent être *semonds* dans l'endroit où ils *repai-*

rent actuellement. Mais les questions sur le domicile et sur la résidence trouveront mieux
leur place dans mes explications sur la remise
des exploits.

Aux formalités que le Code prescrit pour le
demandeur, il faut joindre la mention de sa
patente, s'il est d'une profession à patente, et
si l'objet de l'ajournement se rapporte à cette
profession. Toutefois la mention de la patente
n'est point une de ces indications essentielles
que l'ajourné doive recevoir pour reconnaître
celui qui l'attaque ; elle n'est exigée que dans
l'intérêt du fisc : aussi n'y a-t-il point de nullité à subir lorsqu'elle est omise, il n'y a
qu'une amende à payer.

On ne peut en général s'engager ni stipuler,
en son propre nom, que pour soi, dit l'article
1119 du Code civil. De même on ne peut agir
en justice et plaider, *en son propre nom*, que
pour soi. Ce principe a été renfermé dans la fameuse maxime : *Nul ne plaide en France par
procureur, si ce n'est le Roi.*

Cette maxime demande quelques explications, car les auteurs sont encore divisés sur le
sens qu'il convient de lui donner.

Au temps passé, nous avons vu les procureurs, et, de nos jours, nous voyons les avoués faire signifier sous leurs noms, comme chargés des pouvoirs de leurs clients, des actes de procédure, des sommations, des oppositions, des jugements, etc., sans que jamais une voix se soit élevée pour invoquer la règle qui défend de plaider en France par procureur. Il est trop clair qu'elle ne s'applique pas là.

Mais un simple mandataire peut-il, en cette qualité, faire assigner quelqu'un? Où serait la raison d'en douter, si l'exploit signifié à sa requête contient en même temps la désignation des prénoms, du nom, de la profession et du domicile du demandeur qui lui a donné procuration pour agir? Je ne connais rien qui s'oppose au libre exercice d'un mandat, en pareil cas. Le défendeur ne perd aucune des garanties que lui assure la prévoyance de la loi; car le mandataire n'est point ici un champion qui vienne, comme au moyen-âge, porter et recevoir des coups pour le mandant; celui-là reste toujours le véritable plaideur et le tenant responsable du procès.

Cependant il subsiste dans quelques esprits une telle vénération pour la maxime, que, s'ils veulent bien se résigner à voir figurer sur

l'exploit le nom d'un mandataire, c'est avec
la condition expresse qu'il sera écrit après celui
du mandant. Ainsi ils annuleraient un exploit
conçu en ces termes : *A la requête de Pierre
N., au nom et comme fondé de pouvoir de Paul
N., propriétaire, domicilié à, etc.* Mais ils
consentiraient à admettre le vieux style de la
rédaction suivante : *A la requête de Paul N.,
propriétaire, domicilié à..., poursuite et diligence de Pierre N., fondé de ses pouvoirs.*

Cela ne mérite guère une réfutation sérieuse.
Il importe fort peu que le nom du mandataire
soit avant ou après, pourvu qu'il ne masque
pas celui de la personne en qui réside l'intérêt
de l'affaire. Ce que fait pour moi le fondé de
mes pouvoirs, n'est-ce pas comme si je le fai-
sais moi-même ?

Cependant on demandera ce que veut dire,
en définitive, cette maxime : *Nul ne plaide en
France par procureur, si ce n'est le Roi,* et
quand et comment elle s'applique ?

Elle s'applique au cas où un particulier vient
plaider, en son nom, pour une chose à laquelle
il n'a point d'intérêt personnel, et se faire,
comme chez les Romains, le maître du procès.

Elle s'applique au cas où l'on s'établit demandeur pour un autre, sans faire connaître si c'est à titre de mandataire, de cessionnaire, de tuteur, etc.

Elle s'applique encore au cas où, dans un exploit, on se dit agissant comme chargé de pouvoirs, sans indiquer les prénoms, le nom, la profession et le domicile de celui ou de ceux que l'on entend représenter.

Par exemple, vous me faites assigner à votre requête, *tant pour vous que pour vos consorts,* ou *tant pour vous que pour vos cohéritiers ;* l'ajournement est nul, en ce qui touche vos consorts, ou vos cohéritiers, que je ne suis point obligé de rechercher et de connaître. Autrement je ne saurais à qui payer, si je perds le procès, ni par qui me faire payer, si je le gagne.

Le Roi seul a le droit, dans son royaume, d'*agir* et de *défendre* sous le nom de ses procureurs généraux. Le 1er de juin 1549, Henri II écrivit au parlement de Paris qu'il lui plaisait que la reine, en ses procès, fût reçue à les poursuivre et plaider par un procureur, *tout ainsi comme lui:* ce que la Cour approuva. Les monarques étrangers ont vainement réclamé, dans nos tribunaux, cette prérogative réservée

à la couronne de France, comme une marque Art.
de sa souveraineté. A Metz, en 1697 , le roi de
Suède, intéressé dans la succession du prince
de Veldens , fut obligé de plaider sous son
propre nom.

Autrefois les seigneurs de fiefs pouvaient
faire donner des assignations, et plaider sous
le nom de leurs procureurs fiscaux , mais seulement lorsqu'il était question des droits de
leur seigneurie, et dans leur justice. « On ne
trouve pas bon , disait Loiseau, qu'un seigneur
soit nommé en ses causes ; mais il faut qu'un
procureur fiscal soit en qualité , comme si c'é-
tait la seigneurie qui plaidât et non le seigneur,
afin d'ôter une marque d'impression. »

Voilà l'explication de la maxime.

Il convient de faire connaître maintenant
l'ensemble des modifications que la nature des
choses, l'existence civile , ou l'incapacité de
certains demandeurs, considérés soit individuellement, soit collectivement, ont dû faire
subir aux règles générales des ajournements.

Les actions concernant la dotation de la
couronne et le domaine privé sont exercées par
les administrateurs qui y sont préposés, et sou-
tenues devant les tribunaux par les procureurs
du Roi et les procureurs généraux.

Art. L'Etat, en matière de domaines et de droits domaniaux, agit sous le nom du préfet du département où siége le tribunal devant lequel doit être portée la demande en première instance ;

Le trésor public, sous le nom de son agent judiciaire.

Les directions de l'enregistrement, des contributions, des douanes, poursuivent sous le nom de leurs directeurs généraux;

Les administrations ou établissements publics, sous le nom collectif de leurs administrateurs ;

Les communes, sous le nom de leur maire : *Nulli permittitur nomine civitatis vel curiæ experiri, nisi ei cui lex permittit, aut, lege cessante, ordo dedit* (1) ;

Les faillites, par leurs syndics.

Pour les sociétés, il y a lieu de distinguer. Les demandes intentées par une *société civile* doivent être formées aux noms de tous les associés. Chacun d'eux étant tenu pour une somme et part égales, quoique la part de l'un d'eux dans la société soit moindre (2), il faut bien que le défendeur les connaisse, pour leur

(1) L. 3, ff. *Quod cujuscumque.*
(2) Cod. civ., art. 1863.

faire l'application des condamnations de

dépens ou de dommages-intérêts qu'il peut obtenir.

Si c'est une *société commerciale* en *nom collectif*, la solidarité, qui lie les associés, donne pour la même décision un motif plus fort encore. Se borner à désigner les noms de la *raison sociale*, ce serait obliger le défendeur à aller consulter l'extrait déposé au tribunal de commerce, afin de savoir quels sont les autres associés. Vainement on objecterait que, suivant l'art. 69, § 6, auquel nous arriverons bientôt, les sociétés de commerce *sont assignées* en leur maison sociale, et, s'il n'y en a pas, en la personne ou au domicile de l'un des associés. Cet article n'est relatif qu'au lieu où l'assignation doit être laissée. Le demandeur a pris son temps; il a pu rechercher et connaître les individus qui composent la société qu'il veut poursuivre; mais celui qui est assigné par cette société doit trouver dans l'ajournement tous les documents nécessaires pour qu'il sache à qui il a affaire, et pour qu'il se puisse défendre avec sûreté.

M. Duvergier, *Traité des sociétés civiles* (1), n'est pas de cet avis; il pense, au con-

(1) Page 366 et suiv.

Art. traire, « que l'associé nommé administrateur par l'acte de société n'est pas seulement un mandataire, qu'il est le représentant de la personne civile constituée par la réunion de tous les associés, et qu'il a capacité pour plaider seul au nom et dans l'intérêt de la société. » On ne pouvait mettre une plus gracieuse politesse dans cette critique de mon opinion ; toutefois, je me crois obligé d'y persister.

Le dissentiment n'est pas, entre nous, aussi profond qu'il le paraît. « Lorsqu'un procès s'engage, dit M. Duvergier, et qu'un seul individu s'y présente comme administrateur d'une société , on a droit de lui demander la justification de la qualité qu'il prend, c'est-à dire, la production de l'acte constitutif de la société , en bonne forme. Là, nécessairement, on trouvera tous les renseignements dont on a besoin sur les noms et les domiciles des associés. Si, par hasard, les domiciles n'étaient pas indiqués, et si l'administrateur, partie dans l'instance, refusait de les faire connaître , ce qui n'est pas vraisemblable , *on pourrait l'y contraindre,* en exigeant de lui la preuve que la société n'a pas été dissoute par la mort de quelques-uns de ses membres. Cette preuve, *il est tenu* de la faire , si on la demande; car il faut qu'il

justifie de sa qualité d'administrateur, et, pour Art.
cela, il faut qu'il prouve non-seulement que la
société a été établie, mais qu'elle existe encore. »

La question se réduit donc à savoir s'il n'est
pas plus conforme aux règles de la procédure
d'obliger tous les associés à figurer *en nom* dans
l'exploit de demande, que de réserver au défendeur le droit de requérir plus tard l'exhibition *en bonne forme* de l'acte constitutif de
la société, et de se procurer ainsi les renseignements dont il peut avoir besoin touchant
les noms et le domicile de ses adversaires. Car
remarquez bien qu'il s'agit uniquement ici du
cas où la société est *demanderesse.*

Or, je le répète, la loi veut que le défendeur
trouve dans l'ajournement tout ce qui lui est
nécessaire pour la sûreté de sa défense et de
ses intérêts. Toutes les indications, tous les
renseignements doivent lui être fournis par
l'instrument de l'action, *propriis verbis instrumenti, non extrinsecùs.* Mieux vaut écarter dès
l'abord ces germes d'incidents ultérieurs, qui
ne serviraient qu'à consommer du temps et de
l'argent en pure perte.

M. Duvergier fait valoir, en faveur de sa
doctrine, cette considération « qu'il évite des
significations multipliées ; qu'il n'expose point

Art. aux lenteurs que pourrait entraîner l'éloignement du domicile de quelques associés ; qu'il
diminue les chances de nullité, qui s'accroissent
nécessairement en proportion du nombre des
actes qu'on est obligé de faire. » Je ne puis en
être touché. Si tous les associés sont d'accord , comme il faut le supposer dans le
système de M. Duvergier, ils devront constituer le même avoué (1), et il n'y aura pas
plus de *significations*, pas plus de *chances de
nullité*, que dans une instance introduite et
poursuivie par l'administrateur tout seul.

Quand la société commerciale est en *com-
mandite*, les associés responsables et solidaires
sont établis seuls comme demandeurs dans
l'exploit, car les commanditaires feraient, en
y figurant, un acte de gestion qui leur est
interdit (2). D'ailleurs ils ne seront passibles
des condamnations auxquelles la société s'exposé par une action téméraire, que jusqu'à
concurrence des fonds qu'ils ont versés dans
la masse (3) : leurs personnes sont donc tout-à-
fait hors du procès.

La nature des *sociétés anonymes* indique

(1) Voyez le chapitre suivant.
(2) Cod. de comm., art. 27.
(3) *Ibid.*, art. 26.

assez que les demandes qu'elles ont à porter en justice doivent être formées au nom de leurs mandataires (1).

Les associations *en participation* ne consistent que dans une négociation particulière ; c'est un intérêt passager qui réunit deux ou plusieurs spéculateurs, et qui finit avec l'affaire qu'ils avaient entreprise. Cette espèce de société n'a point d'assiette ; elle se dissout comme elle se forme, sans aucune formalité. C'est dire qu'il n'y a aucun motif pour ne pas considérer les associés comme autant de demandeurs, obligés de se conformer, dans leurs ajournements, aux règles générales de la matière.

Le droit d'assigner suppose la capacité d'*ester* en jugement, c'est-à-dire de paraître et d'agir devant les tribunaux : *legitimam personam standi in judicio habere.*

Les personnes gouvernées par autrui n'ont pas cette capacité.

Tels sont les mineurs et les interdits, qui ne procèdent que par leurs tuteurs. *Non denegatur autem tutoribus etiam debitores pupillorum*

_____

(1) Voyez Cod. de comm., art. 29 et suiv.

ex personâ suâ, prospectu officii, in judicium vocare (1).

Tels sont les condamnés à une peine afflictive et infamante, et les morts civilement, qui sont représentés par des curateurs spéciaux (2). Pour ne plus compter parmi les citoyens, ils ne sont pas retranchés du nombre des hommes, et les lois les protégent encore dans leur participation aux droits de la nature. *Liceat eis ad victum et alios usus necessarios sufficientia relinquere* (3).

Il est d'autres personnes auxquelles la capacité d'*ester* en jugement n'est point déniée, mais qui ne peuvent l'exercer si elles ne sont assistées ou autorisées.

Les assignations signifiées à la requête d'un mineur émancipé, ou d'un prodigue, doivent faire mention de l'assistance du curateur donné à l'un (4), ou du conseil judiciaire que l'autre a reçu (5).

La femme mariée, même séparée de biens, est incapable d'exercer ses actions en justice,

(1) L. 1, § 4, ff. *De administ. et pericul. tutorum.*
(2) Code pén., art. 29, et Code civ., art. 25.
(3) *L.* 16, *ff. De interd. et releg.*
(4) Code civ., art. 482.
(5) *Ibid.*, art. 513.

sans l'autorisation de son mari. *Bonum est* Art. *mulierem quæ se ipsam marito committit, res etiam ejusdem pati arbitrio gubernari* (1). Cette autorisation résulte du concours du mari dans l'ajournement, ou de sa volonté exprimée dans un acte séparé. L'autorisation refusée par lui peut être accordée par le tribunal (2). La femme doit la demander, avant d'intenter son action; et, sur le refus du mari, c'est le tribunal du domicile de celui-ci qui seul peut l'accorder. Il n'en est pas de même lorsque la femme est assignée; le refus du mari devient alors un simple incident, et le juge saisi du procès principal se trouve, de droit, compétent pour statuer. J'en parlerai ailleurs.

L'État, les communes, les fabriques, les hospices, tous les établissements publics, sont tenus, avant de former une demande en justice, de se faire autoriser par le conseil de préfecture (3). Le maire ou les administrateurs qui plaideraient sans autorisation, seraient

(1) L. 8, *Cod. De pact. convent.*

(2) Cod. civ., art. 215 et 218.

(3) Lois des 14 décembre 1789, 29 vendémiaire an v, et 28 pluviôse an viii; arrêté du 17 vendémiaire an x.

Art. personnellement passibles des dépens, en cas de perte du procès.

Pourquoi faut-il un intermédiaire entre la justice et ceux qui l'implorent? pourquoi ne veut-elle ni les accueillir, ni les entendre, s'ils n'ont mis la poursuite de leurs droits entre les mains d'un avoué? N'est-ce pas une atteinte portée à la liberté naturelle que chacun doit avoir de réclamer et de défendre sa propriété, et tous les avantages qui lui sont garantis par les lois?

Ces questions, renouvelées de l'an II, s'agitent encore dans quelques-unes des feuilles que l'atmosphère privilégiée de la capitale fait éclore chaque jour. C'est là que d'intrépides novateurs s'exercent incessamment à bouleverser nos Codes, pour y introduire ce qu'ils appellent aujourd'hui la philosophie du droit. Chacun a son système; ceux qui traitent la philosophie par hyperboles débutent en proposant de supprimer, d'un trait de plume, toutes ces *vieilleries* d'avoués, de formes et de procédure, qu'ils comprennent peu, parce qu'ils ont dédaigné de les apprendre : *cùm nunquam forum, nunquam judicium aspexerint.* Ne leur demandez pas ce qu'ils mettront à la place;

leurs superbes théories ne se sont point encore Art.
abaissées jusqu'aux détails. Peut-être ils nous
diront quelque jour ce que l'abbé Raynal
disait dans sa lettre à l'Assemblée constituante :
« Jamais les conceptions hardies de la philosophie n'ont été présentées par nous comme
la mesure rigoureuse des actes de la législation. »

C'est pour garantir mieux et les droits et les
avantages de chacun, c'est pour les sauver du
danger des surprises et de l'envahissement de
l'arbitraire, que les lois ont créé cet art de la
justice, qui se compose de la méthode et des
formes de procéder ; or la marche de la procédure dans les tribunaux ne pouvait être régu-
lière sans l'institution des officiers ministériels (1). Il fallait préserver les plaideurs des
déchéances, des fins de non-recevoir, des nullités auxquelles le défaut de savoir, le manque
d'ordre et d'exactitude, les auraient exposés à
tout moment. Il était surtout nécessaire d'établir entre eux une communication prompte et
facile qui rapproche les distances, en les obligeant de choisir parmi ces officiers désignés à
leur confiance dans chaque siége, un mandataire responsable qui veille pour eux, lorsque

(1) Voyez mon 1er vol., chap. 13 et 19.

ART. des maladies, d'autres intérêts, d'autres devoirs, les retiennent loin du lieu où l'affaire se
poursuit.

Dès que la cause est liée, les avoués font et
reçoivent pour leurs clients tous les actes de
procédure, qu'il faudrait souvent porter fort
loin, et à grands frais, au domicile des plaideurs.

Le demandeur constitue, dans son ajournement, l'avoué qui occupera pour lui. Notez
que la simple élection de domicile chez un
avoué ne remplacerait point la *constitution*
prescrite par la loi, et ne sauverait pas l'exploit de la nullité qu'elle prononce. Le Code
de procédure dit bien qu'il y a de droit élection de domicile chez l'avoué *constitué*, mais
il n'en résulte pas que l'élection de domicile
chez un avoué équivaille à la *constitution*.
La raison est facile à concevoir : on peut
élire domicile dans une maison quelconque ;
et, bien que cette maison soit celle d'un avoué,
il n'y a rien là qui se rattache essentiellement à sa qualité et à l'emploi de ses
fonctions, car il est possible que l'avoué
constitué ne soit pas celui chez lequel a été élu
domicile.

L'élection de domicile est de droit chez l'a-

voué *constitué*, parce qu'on doit croire, quand Art.
la partie n'a pas exprimé le contraire, qu'elle
n'a point voulu charger du soin de recevoir les
significations qui lui seraient adressées, un autre que celui auquel elle a confié la direction
de son procès. Mais on ne peut pas présumer
de même que la simple commission donnée
pour recevoir des significations, confère nécessairement le pouvoir de postuler et de conclure.

On verra, dans le chapitre qui suit, comment le défendeur fait à son tour la constitution de son avoué, et comment s'établissent,
entre les mandataires *ad litem*, ces communications que mille difficultés rendraient souvent
impraticables entre les plaideurs eux-mêmes.

L'ordonnance de Blois avait défendu aux
parties de se servir du ministère des procureurs dans les causes sommaires (1). Celle de
1667 changea cette défense en une simple faculté (2). Le Code de procédure a rendu le ministère des avoués indispensable dans toutes les
affaires portées devant les tribunaux civils (3).

(1) Voyez ce que j'ai dit sur les causes sommaires dans
mon premier volume, chapitre 19. Cette matière sera
plus amplement expliquée au chapitre qui la concerne.

(2) Tit. 17, art. 6.

(3) Voyez l'art. 414 du Code de procéd.

ART. Cette règle reçoit néanmoins une exception pour les instances relatives aux perceptions dont est chargée la régie de l'enregistrement. Il a été déclaré par un avis du conseil d'État, du 1ᵉʳ juin 1807, que le Code n'avait point abrogé les lois et règlements déjà rendus sur cette matière.

Aux termes de la loi du 19 nivôse an IV, dont l'exécution fut réglée par un arrêté du Directoire, rendu le 10 thermidor de la même année, les agents administratifs étaient tenus d'adresser aux commissaires qui remplissaient près les tribunaux les fonctions du ministère public, les affaires dans lesquelles l'État figurait comme partie plaidante, avec des mémoires contenant les moyens d'attaque ou de défense. Les commissaires lisaient ces mémoires à l'audience, puis ils prenaient telles conclusions que la question du procès leur paraissait devoir exiger. Dans ce temps-là il n'y avait point d'avoués : le décret du 3 brumaire an II les avait supprimés. Ils furent rétablis par l'organisation de l'an VIII.

Ce changement fit naître une difficulté ; on demanda si l'article 94 de la loi du 27 ventôse ne rendait pas désormais le ministère des avoués nécessaire pour l'État, comme pour les particuliers, et si la législation de l'an ɪᴠ, sur ce point, devait subsister encore. Le tribunal de Pithiviers et celui de Paris se prononcèrent pour l'abrogation ; ils décidèrent que la nation devait constituer un avoué dans ses causes.

Ces jugements furent cassés.

On avait considéré en l'an ɪᴠ, « qu'il importait d'économiser les deniers de l'État, et de retrancher toutes les dépenses superflues ; qu'il était contraire à la dignité de la nation qu'elle fût représentée en justice par de simples particuliers, tandis qu'il existait, auprès des tribunaux, des fonctionnaires publics chargés de stipuler ses intérêts et de défendre ses droits. »

Tous ces motifs avaient-ils perdu leur force et leur couvenance depuis le rétablissement des avoués? Leur autorité s'était-elle éclipsée devant le texte de la loi du 27 ventôse an ᴠɪɪɪ? Le gouvernement n'avait point eu cette idée, car un arrêt du 7 messidor an ɪх avait enjoint aux officiers du ministère public de se conformer, dans l'instruction des procès que les hospices auraient à soutenir, aux dispositions prescrites en l'an ɪᴠ pour les affaires contentieuses de la nation.

Aʀᴛ.   Le Code de procédure est venu : son article 1041 a réveillé les doutes et les dissidences.

Les Cours de Toulouse (1) et de Montpellier (2) ont jugé qu'un préfet, plaidant au nom de l'État, devait procéder comme l'égal de son adversaire, se soumettre à la règle générale, et constituer avoué, sous peine de nullité.

Les Cours de Pau (3) et de Rennes (4) ont décidé au contraire que cette règle n'était dans le Code, comme auparavant dans la loi du 27 ventôse an VIII, qu'une disposition relative aux plaideurs ordinaires, en dehors de laquelle restait toujours l'exception consacrée pour la défense des intérêts de l'État.

Cette opinion me paraît préférable. Toutes les fois que le législateur a marqué un objet d'un sceau particulier, il est censé avoir voulu, par des motifs d'une haute importance, le soustraire à l'application du droit commun. Les lois générales qui surviennent laissent à découvert l'empreinte de la loi spéciale, à moins qu'elles ne l'effacent par une disposition expresse. *In toto jure generi per speciem dero-*

(1) Sirey, t. 27 — 2 — 123.
(2) Sirey, t. 28 — 2 — 91.
(3) Sirey, t. 28 — 2 — 91.
(4) Dalloz, *Jurisp. générale*, t. 7, p. 756.

gatur, et illud potissimum habetur quod ad spe- Art.
ciem directum est (1).

Il y a des mots qui sont comme un voile jeté
sur le fond des choses, et dont le prestige
couvre, aux yeux de ceux qui s'en servent, les
vices d'une foule d'arguments. On dit, à propos de notre difficulté, que l'État doit procéder
à l'égal de ceux contre lesquels il plaide. J'irai
plus loin si l'on veut, j'ajouterai ce qu'on
trouve partout : *Quand le Roi a un procès, il
faut qu'il ait deux fois raison pour le gagner.*
Je citerai ce beau passage de Pline *ad Traj.* :
*Magnæ principis gloriæ est si sæpè vincatur
fiscus, cujus mala causa nunquàm est, nisi sub
bono principe.*

Mais cette égalité, qu'il est toujours bon
d'invoquer, qui consiste à fonder pour tous et
contre tous la liberté parfaite du droit de défense, et à ôter la marque d'impression dont
parlait Loiseau (2), cette égalité va-t-elle se
trouver blessée, parce que l'État, au lieu d'un
avoué, aura *constitué* le procureur du roi?

Ce qui m'importe, en ce point, c'est que
mon adversaire ait, comme moi, un représentant légal auprès du tribunal, afin que nos re-

(1) *L.* 80, *ff. De. reg. jur.*
(2) V. ci-dessus, p. 129.

lations judiciaires soient plus faciles et mieux éclairées. Or ce but n'est-il pas rempli, lorsque, plaidant contre l'État, je puis, sans la moindre gêne, signifier mes réquisitions, mes conclusions, et prendre toutes communications nécessaires, au parquet du ministère public?

S'il fallait considérer la question sous des rapports plus élevés, je me persuade qu'on me dispenserait de démontrer qu'un avoué ne peut offrir plus de garanties au gouvernement, pour le zèle, la prudence et le désintéressement, que le défenseur né de toutes les lois et de tous les intérêts.

Quelques arrêts ont déclaré des ajournements nuls, parce qu'on y avait constitué un avoué mort, ou un avoué démissionnaire. Il était pourtant reconnu que les parties contre lesquelles des décisions aussi rigoureuses ont été portées, avaient ignoré ces événements de démission ou de décès. Il est même à remarquer qu'un autre avoué se présentait pour elles. Était-ce bien le cas de punir par une nullité souvent irréparable, et elle l'était dans les espèces citées, une erreur que l'éloignement, la rareté des communications, et la surannation d'un almanach, peuvent causer tous les jours?

L'erreur de fait suffit pour la rescision d'une transaction, d'un contrat, ou pour la rétractation d'un aveu judiciaire ; comment ne serait-elle point une excuse pour le redressement d'une faute inoffensive, qu'un mot a effacée et dont aucun droit n'a souffert? Il faut qu'il y ait un manquement prévu, une disposition faussée, une garantie éludée, un abus possible, pour qu'une telle sévérité ne soit pas déplacée. C'est ainsi qu'on a décrédité les lois de la procédure, et qu'on leur a donné je ne sais quel air d'une sauvage tracasserie, parce qu'elles ont été mal comprises, j'ai presque dit mal étudiées.

Je dois parler maintenant des énonciations qui servent à faire connaître la personne assignée.

Je ne reproduirai point ici la discussion qui eut lieu, au Conseil d'état, sur le n° 2 de l'article 61, et que l'on a déjà vue ci-dessus, pages 110 et 111 ; il en résulte clairement que le défendeur doit être désigné , comme le demandeur lui-même , par *ses noms* et par *sa demeure*.

On sait que *ses noms* se composent de son nom et ses prénoms , et que *sa demeure* n'est autre chose que son domicile. On sait

Art. aussi que la mention de sa profession n'est point exigée, parce qu'elle peut n'être pas toujours exactement connue. Inutile de revenir là-dessus.

Au temps de saint Louis, on distinguait l'assignation proprement dite, et le *libelle* de la demande. Le poursuivant commençait par ajourner, puis, lors de la comparution devant le juge, il exposait ses prétentions (1). C'était, comme chez les Romains, deux actes séparés : *in jus vocatio, et actionis editio* (2).

> *Age, ambula in jus. — Quid me in jus vocas?*
> *— Illic apud prætorem dicam* (3)....

L'ordonnance de 1539 fit cesser cet usage; l'assignation et le libelle furent réunis dans le même acte (4), et c'est à dater de cette époque qu'on a dit : *exploit libellé.*

Les mêmes dispositions se retrouvent dans toutes les lois qui ont suivi, et dans le Code de

(1) Établissem. de St Louis, liv. 1, chap. 1. Du Cange, v° *Libelli oblatio.*

(2) Cujas a dit que la déclaration de l'action précédait l'appel en justice : *in jus vocationem præcedebat.* Je pense que c'est une erreur.

(3) *Plaut. in Persâ*, s. 9, v. 8.

(4) Art. 16.

procédure : il est nécessaire que l'ajournement
contienne l'objet de la demande, et l'exposé
sommaire des moyens. Notez que ce mot *sommaire* (1) ne s'applique point aux conclusions
qui indiquent l'objet de la demande, mais
seulement à l'exposé des moyens qui lui servent de fondement. Ce fut dans ce sens, et sur
les observations de M. le premier président de
Lamoignon, que l'on corrigea la première rédaction de l'article 1er du titre 2 de l'ordonnance de 1667 (2).

Henri IV ne voulait rien de *sommaire* dans
une assignation. S'il eût eu le temps de mettre
la dernière main à ses règlements sur l'administration de la justice, « l'exploit aurait contenu d'une manière tellement générale les
moyens du demandeur, que celui-ci n'aurait
plus été reçu, après cela, qu'à répondre simplement aux allégations du défendeur (3). »

On ne saurait mettre trop de clarté, trop
d'exactitude et de justesse dans les conclusions
d'un ajournement. L'ambiguïté de l'intention
peut faire naître une foule de doutes sur la na-

(1) *Summarium*, abrégé.
(2) Procès-Verbal, pag. 5.
(3) Mémoires de Sully, année 1609, liv. 26.

ART ture de l'action, sur la compétence du tribunal ; sur le dernier ressort, sur la portée du jugement, et l'on ne serait pas toujours sûr de s'en sauver, en disant avec le jurisconsulte Paul : *Ambigua autem intentio ita accipienda est, ut res salva actori sit* (1).

Pour ce qui touche l'exposé sommaire des moyens , s'ils sortent de la loi, il n'est pas nécessaire d'indiquer leur source ; la loi est le droit de tout le monde ; il suffit d'exprimer que le demandeur agit en vertu de ce droit. Par exemple , je peux régulièrement demander le partage d'une succession ou d'une chose commune, sans que je sois obligé de citer l'art. 815 du Code civil, portant que nul ne peut être contraint à demeurer dans l'indivision.

La demande est-elle fondée sur un titre? je dois l'énoncer , et déterminer les effets que je veux lui faire produire, parce que la personne assignée peut ne pas le connaître, ou ne vouloir pas l'entendre comme moi.

Lorsque l'action se fonde sur un fait imputé soit au défendeur, soit à ceux dont il est civilement responsable, il faut en exposer les circon-

_____

(1) L. 177, § 1, ff. *De regulis juris.*

stances et les suites, car elles composent la
mesure des réparations sur lesquelles les juges
auront à prononcer.

Le droit canonique dispensait l'ajourné de
répondre à une demande dont la cause ne serait pas exprimée : *Cùm actor non vult expri-
mere, in porrecto libello, quare sibi pecunia
debeatur, super hoc reus minimè respondere
tenetur* (1).

Une ancienne coutume, dont l'origine re-
montait vraisemblablement aux premiers âges
de nos pratiques judiciaires, permettait à toute
personne assignée, en matière réelle ou mixte,
de requérir, avant de répondre à la demande,
que son adversaire fût tenu de venir lui faire
voir et montrer du doigt le fonds qu'il voulait
revendiquer, ou sur lequel il prétendait avoir
rente, hypothèque, usufruit ou servitude. Le
juge l'ordonnait ainsi, et désignait l'endroit
d'où l'on devait partir *pour faire les vues
et monstrées.* Cette sorte d'exception dilatoire
fut abrogée par l'ordonnance de 1667 (2). Aujourd'hui l'ajournement indique la nature de
l'héritage, la commune où il est situé, et deux au
moins de *ses tenants et aboutissants.* Si c'est un

Art.

64.

(1) *De Oblat. libelli. Cap. dilecti.*
(2) Tit. 9, art. 5.

Art. domaine, corps de ferme ou métairie, il suffit du nom et de la situation. Pour marquer les confins d'un domaine, il faudrait rechercher les *tenants et aboutissants* de chacune de ses parties, ce qui, ne le faisant pas mieux reconnaître, serait presque toujours une superfluité fort pénible et fort coûteuse.

65.   La loi veut, sous peine de nullité, que la copie du procès-verbal de *non-conciliation*, ou la copie de la mention de *non-comparution*, soit signifiée avec l'exploit d'ajournement, lorsque l'affaire n'est pas de celles dispensées de l'essai du bureau de paix : je l'ai déjà dit. On sait aussi qu'il y faut joindre la copie ou l'extrait des pièces qui servent de base à l'action; mais un manquement à cet égard ne rendrait point l'assignation nulle, car il peut être réparé dans le cours de l'instance; seulement les frais de cette notification tardive resteraient à la charge de l'ajournant, quel que fût en définitive l'événement du procès.

Je répète cela pour ordre, et afin de faire observer que l'ajournement peut, sans inconvénient, être muet sur l'objet et les moyens de la demande, quand ils se trouvent exprimés dans le procès-verbal de non-conciliation, dont la copie signifiée en tête de l'exploit

forme alors tout naturellement le *libelle* de Art.
l'action.

Il importe de ne pas confondre l'énonciation des titres, qui doit se trouver dans
l'ajournement, avec la signification des pièces, qui doit l'accompagner. Ce sont deux
formalités distinctes ; l'une ne dispense pas de
l'autre.

On entend par extrait des pièces la copie de
la clause ou des clauses concernant le procès.
Ainsi vous demandez le paiement d'un legs
particulier : il n'est pas nécessaire de signifier
dans toute leur étendue les nombreuses dispositions que peut contenir le testament, et
qui vous sont étrangères ; la copie de ce qui
a trait à votre intérêt doit suffire.

M. le premier président de Lamoignon
voulait que l'on ajoutât à l'article 6 du titre 2
de l'ordonnance de 1767, *que les copies seraient
bien écrites et lisibles* (1). On lui répondit que
ce devait être un objet de discipline. Je conçois que difficilement on déterminerait par une
loi ce qui constitue la qualité de *lisible et bien
écrit ;* c'est aux tribunaux à le dire, et à
rejeter les copies illisibles : *habeantur pro non*

(1) Procès-verbal des conférences, pag. 11.

Art. *productis* , comme disait Guy-Pape (1). Mais
combien il serait à souhaiter que moins rarement justice fût faite de ces écritures qui
semblent, comme certains édits d'un empereur
romain , avoir été griffonnées tout exprès pour
que ceux auxquels elles sont adressées ne puissent les déchiffrer!

Observez que l'article 23 de la loi du 22 frimaire an VII défend de faire usage, en justice,
de tous actes sous signature privée, s'ils n'ont
pas été préalablement soumis à la formalité
de l'enregistrement; et que l'article 41 prononce une amende de 50 fr. contre l'huissier
qui aurait signifié avec une assignation , ou
tout autrement, des pièces non enregistrées.

Aucune de nos lois, avant celle de 1790 sur
les justices de paix , n'avait imposé l'obligation
d'indiquer dans les ajournements le tribunal
devant lequel la personne assignée devait se
présenter. Dans ce temps-là , les commentaires
et les arrêts de règlement parfaisaient les ordonnances. Imbert avait dit dans sa *Practique* :
« Sergent déclarera le juge par-devant lequel
» il baillera l'ajournement à comparoir (2) , »

(1) *Quæst.* 242, n° 2.
(2) Chap. 5, liv. 1er, n° 1.

et l'on annulait les exploits qui n'y étaient pas
conformes.

Le Code de procédure a consacré ce bon
sens de la jurisprudence. L'indication du tribunal est de la substance de l'ajournement;
car celui qu'on assigne ne peut répondre, s'il
ne sait où il est appelé.

On a conservé assez généralement l'usage
d'ajouter à cette indication celle du local dans
lequel se tiennent les audiences. Le Code n'en
dit rien, parce que dès qu'on connaît le tribunal qui doit juger, il est facile de trouver
le lieu où il juge. Cet usage est une vieille tradition des siècles malencontreux où le brigan-
dage dressait des embûches sur les avenues de
la justice, quand il ne se sentait pas assez fort
pour jeter sa massue dans la balance. On délivrait des mandements portant autorisation
d'assigner devant un juge, *quelque part qu'il
fût;* le parlement les cassait, mais les paladins
indomptés n'en respectaient pas davantage
leur compétence et leur dignité. Cependant
François Ier défendit à tous juges « de prononcer et proférer aucune sentence définitive,
qu'ils ne fussent en plein auditoire de leurs
cours, ès jours et heure accoutumés pour la
tenue des plaids. » Les arrêts vinrent à obtenir

Art. une plus grande autorité, et l'on exigea dans les ajournements l'indication du lieu de la comparution. « Si l'ajournement ne porte le lieu auquel il faut comparoir, l'ajourné ne comparaîtra : aussi le lieu auquel on est tenu de comparoir doit être *libre*, *exempt de péril*, *de sûr accès et honnête* (1). » Telle fut l'origine de cette formalité qui depuis longtemps n'a plus d'objet, excepté dans les cas extraordinaires où la loi permet d'assigner à l'hôtel du juge (2). Toutefois les praticiens qui se piquent de savoir le métier ne manquent jamais d'ajourner devant tel tribunal, *séant en son prétoire*, *enclos du palais de justice*, *à l'heure de dix du matin*, *à laquelle il a coutume de tenir ses audiences*... Heureusement cette inutilité n'est que ridicule, elle ne vicie pas.

La nécessité de l'indication du délai pour comparaître, est écrite, si je puis ainsi m'ex-

---

(1) Bouchel, *Bibliothèque ou trésor du droit français*, avec les additions de Béchefer, tom. 1, p. 37. André Gail, célèbre jurisconsulte de Cologne, avait dit la même chose : *Citatio ratione loci incerta nulla est* : 1° *ut intelligere possit an extra territorium citatur ;* 2° *ut sciat citatus utrum locus assignatus in citatione sit* TUTUS, *an ad eum poteat* TUTUS ACCESSUS. Prat. observ., lib. 1, page 79 et 80.

(2) Comme on le verra au chap. des *Référés*.

primer, dans tous les signes qui composent ce ^{ART.} 61.§5.
mot, *ajournement*.

Le délai *ordinaire* est de huitaine. Il est
franc : le jour de la signification et celui de
l'échéance n'y sont pas compris. Le premier   1033.
s'appelle, dans le langage du droit, *dies à quo*,
et le second *dies ad quem*. Vous êtes assigné le
premier août, vous comparaîtrez le dix ; les
huit jours compris entre les deux termes vous
sont donnés tout entiers pour préparer vos
moyens de défense. Mais ils sont *continus et
utiles*, ce qui veut dire qu'ils doivent être comptés en continuant de l'un à l'autre, quand
même il se rencontrerait quelque jour de dimanche ou de fête, *pour si solennelle qu'elle fût*,
comme s'exprimait Rodier sur l'article 7 du
titre 3 de l'ordonnance de 1667.

L'affranchissement ne s'applique qu'au délai
général des ajournements, des citations, des
sommations qui doivent être signifiées à la
personne ou au domicile d'une partie, afin
qu'elle ait à se présenter ou à répondre ; il ne
s'étend point au temps dans lequel un plaideur
est obligé d'agir, et de faire notifier lui-même
certains actes, tels qu'une opposition à un jugement par défaut, etc. (1).

_____

(1) On a cependant jugé que le délai d'appel était franc,

ART.
157.

Les délais fixés par mois se comptent du quantième de l'un au quantième correspondant de l'autre, sans égard au jour bissextil, ni au trente-unième jour, pour les mois qui l'admettent.

Chacune de ces règles sera expliquée en son lieu, et j'aurai soin de faire remarquer la différence des expressions dont le législateur s'est servi pour tels ou tels cas. Je ne m'occupe ici que des délais de l'ajournement.

On ajoute à la huitaine franche un jour à raison de trois myriamètres de distance, entre le lieu où demeure la personne assignée, et

1033. celui où elle doit comparaître (1).

Voilà le système général pour les plaideurs domiciliés en France.

Un système particulier donne d'autres délais aux personnes qui demeurent hors de la France continentale, et qui peuvent être appelées devant nos tribunaux, soit pour répondre à une action immobilière, soit pour quelque fait de commerce ou de lettres de change.

d'après des motifs particuliers énoncés dans un réquisitoire de M. Merlin. Voy. au *Répert.*, t. 15, p. 115 et suiv. J'y reviendrai en traitant de l'*Appel*.

(1) Voyez ci-dessus, p. 31.

Les habitants de la Corse, de l'île d'Elbe   Art
ou de Capraja, de l'Angleterre et des états   73.
limitrophes de la France, ont deux mois pour
se présenter; ceux des autres états de l'Europe
quatre mois; ceux demeurant hors d'Europe,
en deçà du cap de Bonne-Espérance, six mois;
au-delà, un an.

Mais s'il arrive que l'on trouve et que l'on   74.
assigne en France, pour y comparaître, une
de ces personnes qui ne l'habitent pas, elle
n'aura que les délais ordinaires. Toutefois il
est possible qu'elle ait besoin, pour se défendre, de faire venir des titres, des quittances,
des actes de l'état civil et des papiers dont elle
ne s'est point munie, parce qu'elle n'a pas
prévu le procès qui l'attendait à son débar-
quement; alors le tribunal accorde ou refuse
une prolongation, suivant les circonstances et
la nature de l'affaire (1).

Ces dispositions sont empreintes d'une sage
prévoyance et d'un respect parfaitement cal-

---

(1) Autrefois les personnes domiciliées hors de France,
trouvées et assignées en France, jouissaient des délais
qui leur auraient été accordés, si elles eussent reçu l'a-
journement à leur véritable domicile. La loi du 28 germinal an XII, *relative aux délais des assignations pour les colonies*, avait déjà proscrit cet abus.

culé, pour les garanties de ceux que vient provoquer un cartel judiciaire. Cependant toutes les faveurs ne sont pas réservées pour la défense. Sans parler de ces assignations hâtives et de cette rapidité de mouvement que réclament les matières de commerce, il est des causes civiles où la justice se dénierait elle-même, en s'abandonnant sans réserve au cours des délais ordinaires.

Lorsqu'une affaire requiert célérité, le demandeur peut obtenir du président du tribunal devant lequel il se propose de plaider, une ordonnance qui lui permet d'assigner *à bref délai*. Cette ordonnance est rendue sur une requête signée de l'avoué qui *occupera*. L'abréviation se règle d'après la situation des lieux et des personnes.

On sait que les causes *qui requièrent célérité* sont dispensées de l'essai de conciliation. Or le président du tribunal, en abrégeant les délais à raison de la célérité, prononce nécessairement sur la nature de la cause; il permet donc aussi de franchir le passage du bureau de paix.

Mais une difficulté se présente. L'ordonnance d'abréviation a été donnée sur les dires du demandeur; son adversaire n'a point été ap-

pclé pour discuter un exposé qui pouvait n'être Art.
pas, fidèle. Un principe gravé sur tous les
monuments de notre législation, consacre le
droit d'opposition en faveur de toute partie
dont les intérêts ont été compromis, sans qu'il
lui ait été possible de se défendre ; et ce principe doit s'appliquer surtout à un acte émané
d'un seul juge. Rendu devant le tribunal entier, le plaideur assigné à bref délai, privé
des chances d'un essai de conciliation, ne
pourra-t-il pas remontrer que le président a
été trompé sur la nature de la cause, et qu'il
n'y avait pas lieu à rétrécir pour lui le cercle
des garanties ordinaires? A mon avis, rien de
plus légitime qu'une opposition en pareille
circonstance (1).

Cependant les opinions sont partagées. Il
en est qui veulent que le Code ait exclusivement conféré au président le pouvoir de juger
les cas de célérité, et d'accorder les dispenses
qu'ils comportent. La Cour de Colmar a donné
cette interprétation à l'article 72. Son arrêt
ne contient aucun motif, si ce n'est que cela
doit être ainsi. M. Dalloz, en le rapportant (2),

(1) Voyez dans ce sens un arrêt de la Cour de Rome,
du 2 mai 1841, Sirey, t. 2 — 298.
(2) *Jurisp. génér.*, v° *Conciliation*, t. 3, p. 747.

II.   I I

Art. s'est cru obligé de convenir *qu'il pourrait être justifié par le silence de la loi* (1) : c'est le contraire qu'il fallait dire. A qui n'a pu se faire entendre, le droit commun ouvre la voie d'opposition ; elle ne peut être fermée que par un texte exprès , et par une dérogation précise , comme dans l'article 809.

Mais, en parlant de cet article 809, je ne dois point oublier que le rédacteur du *Journal des Avoués* s'en est emparé, pour appuyer le système que je combats. Voici comme il raisonne :

« Une partie n'est responsable que des nul-
» lités qui proviennent de son fait, ou du
» fait des officiers ministériels qui rédigent les
» actes en son nom. Ici l'ordonnance émane
» du juge ; l'assignation est donnée en vertu
» de cette ordonnance, et par conséquent ces
» actes ne peuvent être déclarés nuls, sans
» qu'on impute une sorte d'excès de pouvoir
» au magistrat que la loi a revêtu d'un carac-
» tère spécial. »

Je réponds à ce premier argument, que l'ordonnance de bref délai a été provoquée par l'exposé de la partie, qui seule doit être res-

(1) *Jurisp. gén.*, t. 3, p. 717, à la note.

ponsable de l'erreur dans laquelle le déguise- **Art.**
ment ou la supposition de quelques circonstances
ont entraîné le juge ; que c'est le cas du vieil
axiome : *Factum judicis, factum partis ;* et
que la faute doit être réparée aux dépens de
celui qui l'a causée.

Voyons ce qui suit :

« On peut ajouter que, dans tous les cas
» où le Code attribue le droit de juger au pré-
» sident du tribunal, il établit un premier
» degré de juridiction, et qu'alors la voie de
» l'appel doit seule être ouverte aux parties.
» L'article 809 renferme une telle disposition
» à l'égard des ordonnances sur référé. L'or-
» donnance que le président rend en référé
» n'est pas suceptible d'être réformée par le
» tribunal ; et cependant, si l'ordonnance par
» laquelle il peut, aux termes de l'article 808,
» autoriser l'assignation à heure indiquée,
» pouvait elle-même être annulée, de même
» que l'assignation qui en est la suite, l'or-
» donnance rendue sur le fond se trouverait
» nécessairement frappée de nullité, comme
» rendue sur une procédure irrégulière et
» nulle. Si l'on est ainsi conduit à penser qu'en
» matière de référé, l'ordonnance qui permet
» d'assigner à bref délai, n'est pas suceptible

Art. » d'être réformée par le tribunal , il n'existe
» aucun motif d'adopter une opinion contraire,
» dans le cas de l'article 72. »

M'abuserai-je trop si je dis que la réfutation de ce raisonnement n'est pas difficile ?

Je ne veux point transporter ici mes explications sur les *Référés ;* je me contenterai de
faire observer que c'est une sorte de juridiction
dévolue au président d'un tribunal civil de
première instance , pour l'aplanissement provisoire des obstacles qui viennent embarrasser
le cours d'une opération judiciaire , telle qu'une
apposition de scellés , un inventaire , etc. , ou
lorsqu'il s'agit de statuer sur des incidents
relatifs à une saisie de meubles , à l'exécution
d'une contrainte par corps , et , en général ,
quand il y a imminence d'un préjudice que
la marche de la justice réglée et l'attente
d'une audience ordinaire pourraient rendre
irréparable. Dans ces cas , le président est à
lui seul tout son tribunal ; il permet d'assigner
à son hôtel , sans distinction d'heures ni de
jours ; mais il ne juge que *parties ouïes , ou
dûment appelées.* Il repousse celles qui l'ont
trompé par de fausses allégations d'urgence,
ou bien , s'il se reconnaît compétent , il résout
les difficultés qui lui sont soumises. L'appel

Aᴿᴛ.

est l'unique recours ouvert contre ses décisions : la loi le dit particulièrement, et la nature des choses le voulait.

Or je cherche vainement une ombre de parité entre cette juridiction extraordinaire *des Référés*, et la simple fonction qui consiste à mettre au bas d'une requête *non vérifiée* la permission d'abréger les délais ordinaires de l'ajournement. Cette permission ne ressemble point à un jugement. S'est-on jamais avisé de prétendre que l'ordonnance du président, qui autorise un homme, se disant créancier, à faire saisir les deniers ou les effets de son débiteur, était un jugement anticipé sur la validité de la saisie? Non; ces ordonnances, octroyées sans connaissance de cause, sont *aux risques et périls* de ceux qui les demandent, sauf l'opposition des intéressés, et l'examen du tribunal entier. Autrement il faudrait admettre que, sur l'exposé d'une seule partie, le président peut renverser toutes les règles de la procédure, et que son erreur est irrévocable, parce que le mensonge qui l'a causée est inattaquable.

En résumé sur ce point, je distingue deux cas :

Une ordonnance de bref délai a été obtenue

Art. pour l'introduction d'une affaire dispensée de l'essai de conciliation, soit parce qu'elle intéresse un mineur, soit parce qu'il y a plus de deux défendeurs, etc. ; mais, au vrai, elle ne requérait point célérité. L'opposition est permise ; cependant le tribunal n'annulera point l'ajournement, parce que l'indication d'un délai trop court n'est pas une cause de nullité (1) : il se bornera à remettre les parties dans les termes du délai ordinaire.

48. Que si les personnes et la matière du litige devaient préalablement passer par le bureau de paix, alors l'action ne sera pas reçue. La loi le veut ainsi, et l'ordonnance du président n'a pu y déroger. Loin que ce soit porter atteinte à l'autorité de ce magistrat, c'est punir la fraude et l'imposture, qui sont venues le surprendre.

L'ajournement donné à un terme plus long que celui fixé par la loi est-il nul ? Cette question fut controversée sous l'ordonnance de 1667, parce qu'il y était dit : « Le délai de l'assignation sera au moins de huitaine, et ne pourra être plus long de quinzaine (2). »

(1) Voyez ci-après, p. 168 et suiv.
(2) Tit. 3, art. 2.

M. Merlin lui-même, dans l'ancien Répertoire, ART.
tenait pour la nullité ; mais l'opinion contraire
était plus généralement adoptée (1). Elle est
inconstestable aujourd'hui ; car le Code ne s'est
point approprié les expressions restrictives de
l'ordonnance.

Les délais de l'ajournement, la manière de
les compter, leur augmentation à raison des
distances, tous ces points ont été réglés en
considération de la personne assignée, pour
lui donner le temps de préparer sa défense,
et de la faire présenter. Je suppose qu'au lieu
des huit jours francs du Code, l'ajournement
porte quinzaine; cette personne sera-t-elle bien
venue à dire, se plaignant d'une faveur trop
grande, qu'il y a contravention à la loi et nullité de l'exploit? Elle seule offenserait la loi,
en lui prêtant ce ridicule esprit.

On objectera que le défendeur peut avoir intérêt à ne pas attendre l'expiration de cet excédant de délai, pour comparaître et répondre.
J'en conviendrai. Qu'il vienne l'anticiper
alors ; que son avoué poursuive l'audience
contre celui que le demandeur a dû constituer

_____

(1) Voyez Rodier, sur les art. 3 et 4 du tit. 3 de l'Ordonn.; quest. 5.

Aᴿᴛ. dans l'ajournement. Je ne connais rien qui s'y oppose.

Maintenant je retourne la question. Si le délai de l'assignation est plus court que celui de la loi, n'y aurait-il point nullité? Les avis sont plus divergents, la solution est donc plus difficile.

Il faut d'abord interroger les textes.

L'article 61 du Code exige, à peine de nullité, qu'un délai soit indiqué. Je le conçois ; cela tient à la substance de l'acte qui, sans l'indication d'un jour pour comparaître, ne serait plus un *ajournement*.

Vient ensuite l'article 72 qui fixe à huitaine le délai ordinaire. Mais pourquoi n'y trouve-t-on plus ces mots : à peine de nullité? C'est que le plus ou le moins, dans l'indication du délai, n'altère point la substance de l'acte. Que l'on assigne à trois, à huit ou à quinze jours, ce sera toujours un ajournement.

Cependant la loi a-t-elle eu la folle confiance de s'en rapporter à la discrétion des plaideurs, pour l'observation des délais qu'elle a fixés? Quelles garanties offrira-t-elle contre les surprises et la brusquerie d'une attaque qui ne laisserait pas à la défense le temps de se recon-

naître et de s'armer? Le droit le plus sacré Art.
n'aurait donc point de sanction?

La sanction de la loi et les garanties de la
défense vont se découvrir dans les différentes
phases de la comparution, si l'on veut bien
me passer cette expression.

Vous avez été assigné à trois jours, au lieu
de la huitaine franche que vous donne le Code.

Première hypothèse : vous comparaissez ;
vous vous trouvez prêt à répondre ; vous ne
réclamez point contre la brièveté du délai ;
vous débattez le fond de la cause. Il est inutile alors de parler des garanties que la prévoyance de la loi voulait vous assurer, car vous
avez été libre de renoncer au droit établi en
votre faveur. Cette liberté ne compromet ni
l'ordre public, ni les bonnes mœurs.

Seconde hypothèse : vous comparaissez ; vous
vous plaignez de ce que le délai ordinaire ne
vous a point été donné, et vous prétendez que
l'assignation est nulle. Toutefois le nombre des
jours qui composent ce délai n'est pas prescrit,
à peine de nullité, par l'article 72, et l'article
1030 défend aux juges de déclarer nul un exploit ou un acte de procédure, si la nullité n'en
est pas formellement prononcée par la loi. Ils
vous rendront ce qui vous manque, ils renver-

Art.
ront la cause à l'échéance du terme légal : *oc-
casio rapienda est quæ præbet benignius respon-
sum* (1). La nullité de l'ajournement, dans
cette circonstance, serait-elle de quelque intérêt pour vous, ou pour la justice? Aucune-
ment (2).

Troisième hypothèse : vous vous présentez,
non pas, comme ci-dessus, dans le délai trop
bref que portait l'assignation, *in nimis coarc-
tato sistendi tempore*, mais après l'échéance du
terme que votre adversaire aurait dû vous donner, *termino congruo*. Une distinction doit
être faite :

Si les choses sont restées entières, si aucun
jugement n'a été rendu, si aucun avantage n'a
été pris contre vous, quelle serait la cause raisonnable de vos plaintes? De toutes les nullités que les articles de la loi prononcent, il n'en
est pas une qui ne se rapporte à un motif plus

(1) L. 168, ff. *De div. reg. jur.*

(2) Ce n'est pas moi qui fais cette réponse, c'est le législateur lui-même, puisque, encore une fois, il n'a pas
cru devoir attacher la peine de nullité à l'inobservation
qui rendrait incomplet le nombre des jours fixés par
l'article 72. Je prie que cette remarque me soit permise,
afin qu'on ne m'accuse pas de contredire ici les principes
que j'ai déjà eu l'occasion d'établir dans ce chapitre,
pour des cas où la nullité était prononcée.

ou moins éloigné, plus ou moins perceptible. Art.
Pourquoi vous serait-il permis, dans la situation où je vous suppose, de conclure à la nullité de l'ajournement? Vous avez pris vous-
même les jours que l'on aurait dû vous laisser
pour comparaître ; on vous a attendu, et la
procédure, restée stationnaire jusqu'à votre
apparition, n'a plus qu'à prendre son cours
suivant l'ordre accoutumé.

Mais si votre adversaire s'est hâté, dans votre
absence, et avant que le temps de la loi fût accompli, d'obtenir quelque condamnation, ou
quelque préjugé favorable à sa cause, les voies
de recours ne vous manqueront pas pour la
mise au néant de tous ces fruits d'une insidieuse
obreption (1). Ce n'est pas à dire que la nullité
affectera particulièrement l'assignation et son
délai trop bref ; je le répète encore : l'article
72 ne contient pas de peine contre cette irrégularité, considérée en elle-même et pure de
toute espèce de dommage ; mais la justice en-
veloppera dans la proscription de l'instance,
et l'ajournement qui en fut le principe, et les
actes qui en ont été la fin. Vous me demande-

(1) La marche à suivre sera expliquée, lorsque je
traiterai des Oppositions aux jugements par défaut et
des Appels.

Art. rez de quelle loi je tire ma conclusion ? Je répondrai de la loi de nature, qui veut que 'nul ne puisse être condamné s'il n'a été entendu ou appelé, *ut is cujus interest se defendat* (1), et des lois organiques de cette loi de nature, qui, en fixant les délais de l'ajournement, réputent non appelée, quand elle ne se présente point, la partie à laquelle ces délais n'ont pas été donnés (2).

Assigner *dans les délais de la loi*, est-ce remplir le vœu de l'article 72, dont le § 5 exige, à peine de nullité, *l'indication du délai pour comparaître ?* M. Carré dit que l'affirmative de cette question, qui fut douteuse dans les premiers temps du Code de procédure, est devenue certaine aujourd'hui, et qu'elle se fonde sur un grand nombre d'arrêts. Toutefois

(1) Voyez ci-dessus, page 65, et la note.
(2) Voyez le Répertoire de Jurisprudence, et les autorités qu'il cite, *v° Délai*, sect. 1ʳᵉ, § 1, n° 5. Presque tous les arrêts qui, dans l'ancienne jurisprudence, ont déclaré nulles des assignations à trop bref délai, ont été rendus en matière de *Retrait*, où toutes les formalités devaient être observées avec une rigueur extrême, soit qu'elles eussent été établies pour le retrait même en particulier, soit qu'elles fussent communes aux autres matières.

le savant professeur ajoute que, *sans ces déci-* Art.
sions, il n'eût pas cru suffisante la formule
qu'elles ont consacrée (1).

Je ne les ai point comptées, mais j'ai osé les
contre-pesér avec l'autorité du texte, et, c'est
peut-être trop de témérité, j'ose encore dire
que je les ai trouvées légères.

Voici l'analyse de leurs motifs :

« Nul n'est censé ignorer la loi. Le défendeur, assigné à comparaître *dans les délais de.
la loi*, connaît donc les articles qui fixent la
mesure de ces délais, les cas où ils doivent être
augmentés, et ceux où ils doivent être dimi-
nués. C'est à lui de faire le calcul des jours
qui lui sont accordés pour se présenter.

» L'article 456 porte que l'acte d'appel contiendra assignation dans les délais de la loi ;
et si personne ne peut contester que l'exploit
introductif d'une instance d'appel ne soit
soumis à toutes les formalités d'un ajournement ordinaire, les doutes doivent être levés
sur le vrai sens de l'article 61.

» Enfin, c'était autrefois une coutume généralement approuvée que d'assigner *dans les
délais de l'ordonnance.* »

M. Merlin développa cette doctrine, en

(1) *Lois de procéd.*, t. 1, p. 161 et 163, aux notes.

Art. 1811, avec cette abondance de citations qui distinguait ses réquisitoires, et il fit casser un arrêt de Turin qui avait jugé le contraire. Depuis lors, l'usage d'assigner *dans les délais de la loi* a prévalu. Cependant les auteurs se croient encore obligés d'avertir qu'il serait imprudent d'y avoir trop de confiance : « Malgré les solutions qui résultent de la jurisprudence de la Cour de cassation, dit M. le président Favard de Langlade, il est toujours utile d'indiquer d'une manière précise le délai pour comparaître (1). »

Cette jurisprudence, si commode pour les demandeurs, me paraît, de tout point, opposée à la lettre et à l'esprit du Code.

Mais, avant d'entreprendre de justifier mon opinion, il faut que j'explique pourquoi les anciens arrêts et les anciens auteurs admettaient, comme valable, l'énonciation vague d'une assignation dans les délais de l'ordonnance.

C'est qu'il n'y avait pas de loi qui prescrivît l'indication du délai pour comparaître. Un ajournement, sans aucune mention d'un délai quelconque, n'était pas nul, parce que, disait-

(1) T. 1er, p. 139 ; M. Carré, *Lois de procéd.*, t. 1, p. 163 ; le Praticien Français, t. 3, p. 208, et le Journal des Avoués, t. 3, p. 249.

on , l'assigné *devait comparoir au plus prochain* Aᴿᴛ.
jour plaidoyable (1).

L'ordonnance de 1667 fixa les délais de comparution devant les justices royales ; mais, sur la nécessité de les indiquer , elle resta muette, comme celles qui l'avaient précédée.

« Le mot *ajournement* semble bien signifier qu'il faut assigner à certain jour , écrivait Rodier, mais il semble aussi que le délai des assignations étant réglé par l'ordonnance , il n'est pas nécessaire, *sous peine de nullité*, que l'exploit *indique* le délai ; il n'y a qu'à observer celui fixé par l'ordonnance ; et , *puisqu'elle n'enjoint nulle part d'indiquer ce délai dans l'exploit* , il n'y a pas de contravention à l'omettre (2). »

Telles étaient aussi les raisons de Valin (3) et de Pothier (4).

Rodier n'en conseillait pas moins d'*indiquer* le délai ; car, je le répète, cette doctrine n'a jamais paru très-sûre à ceux qui l'ont exposée, et ce n'était pas sans avoir été critiquée, soit

(1) Carondas, Code Henri, p. 137 ; Boucheul sur Poitou, t. 2, p. 463 et 464.

(2) Sur l'art. 2, tit. 3 de l'ordonn., quest. 2.

(3) Sur la Rochelle, t. 2, p. 73 et 74.

(4) *Des Retraits*, n° 270.

Art. avant, soit après l'ordonnance, qu'elle avait obtenu de passer en usage.

« Faut noter, disait Fontanon, que, pour la validité de l'ajournement, il est requis qu'il soit fait à jour certain. Encore que quelques-uns aient tenu que l'omission du jour ne le rend nul, toutefois la plus saine opinion a tenu le contraire (1). »

Un autre interprète de Mazuer s'exprimait dans le même sens : *Tutiùs est autem diem certum præfigere ; ac sic, sine disputatione et cavillatione causæ possunt expediri* (2).

Je pourrais citer encore d'Argentré : *Juris-consulti inquirunt an, si citatione dies nulla comprehensa sit, valeat tamen, veluti et consuetudine supplenda sit. Valere quidem existimant. Melior sententia negat* (3).

Le Parlement de Toulouse, par arrêt du 25 janvier 1725, déclara nulle une assignation dont le délai n'était pas *indiqué* dans la copie (4).

_____

(1) Traduct. de la Prat. de Mazuer, tit. 1er, n° 5, p. 4.

(2) Castritius Darmstatinus, *apud Mazuer.* n° 4, p. 3.

(3) *In art.* 25, *gloss.* 3, n° 3, p. 87.

(4) Journal du Palais, par de Juin, t. 4, p. 289.

L'un des plus savants collaborateurs de Prost Art.
de Royer, laissant de côté les arrêts pour et
contre, après en avoir rapporté un grand
nombre, résumait la question en ces termes :
« Quant à nous, notre avis est que l'assignation
donnée simplement *dans les délais de l'ordonnance*, ne doit pas être plus valable que l'assignation donnée *sans expression de jour à comparoir ;* et nos motifs sont les mêmes : 1° Quoique l'ordonnance ne prononce pas la nullité,
elle la suppose ; elle ne prononce pas non plus la
nullité de l'assignation sans date, et cependant
nous avons prouvé que l'omission de la date
rendait l'assignation nulle. 2° C'est précisément
parce que l'ordonnance fixe les délais d'une manière certaine, qu'on doit les énoncer dans l'exploit d'une manière certaine Cette énonciation
n'est pas moins de l'essence de l'acte, que ne
l'est l'indication du juge qui doit connaître le
différend…. (1). »

Cette dernière considération se trouve encore
plus vraie aujourd'hui ; car l'article 61 du Code
met sur la même ligne, et sous la même sanction, la nécessité d'*indiquer* le tribunal qui doit
juger, et le délai pour y comparaître.

Mais, à part tout ce que je pourrais trouver

(1) *Dict. de Jurisp. et des Arrêts*, t. 7, p. 748.

ART. dans les anciens livres, pour l'opposer à Rodier, à Valin et à Pothier, je me réduis à faire observer que leur opinion était principalement motivée sur ce que l'ordonnance n'enjoignait nulle part d'indiquer le délai de la comparution.

Or le Code de procédure est venu exiger cette indication, à peine de nullité; je suis donc autorisé à conclure que, si l'ordonnance eût offert une disposition semblable, ces auteurs auraient autrement parlé.

La jurisprudence d'aujourd'hui n'est qu'une tradition échappée des ruines de l'ancienne législation. C'est un effet qu'on a laissé survivre à sa cause.

Je reviens à mon texte : l'ajournement doit contenir l'indication du délai pour comparaître. Si vous m'assignez dans le délai de la loi, vous ne l'indiquez pas; car *indiquer*, c'est montrer, c'est enseigner à quelqu'un ce qu'il ne connaît point (1). Vous ne m'indiquez rien quand vous me renvoyez à un dédale d'articles : est-ce m'indiquer mon chemin que de me dire de le chercher?

Mais nul n'est censé ignorer la loi !

_____

(1) Dict. de l'académie.

Je réponds qu'ici la fiction est inapplicable ,
puisque vous devez m'*indiquer* ce qu'il y a dans
la loi.

Et c'est bien ainsi que l'entendaient ceux qui
ont fait le Code. Lisez les paroles de l'orateur
du Gouvernement, lorsqu'il présenta au Corps
législatif le titre des Ajournements :

« Il faut que celui qui est assigné *sache*
pourquoi il est cité, par quel motif, à quel tribunal , *à quelle époque*, quel est l'avoué qui
doit accuper pour le demandeur. *L'exploit doit
le dire.* »

Vous le voyez : ce n'est point dans la loi que
le défendeur doit aller chercher le jour de sa
comparution , c'est dans l'exploit qu'il doit le
trouver : L'EXPLOIT DOIT LE DIRE ; *qui agit certus esse debet, cùm sit in potestate ejus quando
velit experiri* (1).

Ces mots répondent à tous les arguments du
système contraire ; ils forment, en faveur du
droit de défense, une de ces innombrables exceptions que reçoit la maxime, *Nul n'est censé
ignorer la loi.*

S'il faut faire aux gens que l'on assigne les
honneurs de cette effrayante fiction , il ne sera
donc plus besoin d'indiquer, dans un ajournement, le tribunal qui devra juger ; car, tout

(1) L. 42, ff. *De div. reg. jur.*

ART.

défendeur étant censé connaître la loi, il ne doit pas lui être permis d'ignorer les règles de compétence que la loi a déterminées. Il suffira donc de l'ajourner devant *le tribunal compétent?* M. Dalloz s'est laissé aller jusqu'à cette conclusion : « On peut se demander, a-t-il dit, si l'assignation devant le tribunal compétent équivaudrait à l'indication exigée par l'article 61 du Code? La jurisprudence n'a pas eu à se prononcer sur cette question, et *nous pensons qu'une semblable indication serait suffisante.* On pourrait, pour la justifier, s'étayer des raisons qui valid018ent l'assignation à comparaître *dans le délai de la loi*, sans autre indication plus précise (1). »

C'est le cas de dire que les conséquences sont la pierre de touche des principes. L'estimable jurisconsulte que je viens de citer n'a pas songé aux impossibilités de celles qu'il risquait de subir. Je ne répéterai point ce que j'ai dit sur l'assignation dans le délai de la loi; je ne dirai point qu'assigner devant le tribunal compétent, ce n'est pas *indiquer le tribunal qui doit connaître de la demande*, c'est-à-dire, indiquer quel est le tribunal compétent; je ne rappellerai point ce principe, qu'en gé-

(1) *Jurisp. génér.*, t. 7, p. 757.

néral tous les renseignements qui concernent Art.
l'action doivent être fournis par l'exploit :
propriis verbis instrumenti, non extrinsecùs (1).
Mais je ferai observer qu'en matière mixte ,
il est loisible d'assigner , soit devant le juge de
la situation de la chose litigieuse , soit devant le
juge du domicile du défendeur , et qu'en matière personnelle, s'il y a plusieurs défendeurs,
le demandeur peut les ajourner tous , à son
choix, devant le tribunal de l'un d'eux. Or
vous faites assigner , en matière personnelle ,
trois ou quatre défendeurs *devant le tribunal
compétent, et dans le délai de la loi ;* veuillez
me dire à quel tribunal et à quelle époque
chacun d'eux devra se présenter ? car il y aura,
pour comparaître , trois ou quatre tribunaux
compétents, ce qui fera trois ou quatre délais
différents , à raison des distances.

59.

En l'an x, on agita devant la Cour de Colmar la question de savoir si , dans une assignation donnée à un domicile élu , l'augmentation du délai devait être calculée d'après la
distance de ce domicile au lieu de la comparution , ou d'après celle du domicile réel.
L'arrêt décida que c'était d'après la distance
du domicile élu. Il y eut pourvoi , et la Cour
de cassation le rejeta.

(1) Voyez ci-dessus, p. 149.

Art.

La même question se présenta en l'an XII devant la Cour de Paris , qui jugea dans le sens opposé. Il y eut pourvoi , et la Cour de cassation le rejeta.

M. Merlin, qui rapporte ces deux arrêts (1), fait observer entre eux cette différence, que le premier déclare en termes exprès que l'assignation a pu être donnée au domicile élu , pour comparaître dans le délai qui suffisait, eu égard à ce domicile; tandis que le second décide seulement qu'en jugeant le contraire , la Cour de Paris *n'a violé aucune loi.* « En effet, ajoute-t-il , *la loi ne s'explique pas positivement sur ce point;* et dès là il était impossible de casser l'arrêt de Paris. »

« Le Code de procédure ne s'expliquant pas mieux, à cet égard, que l'ordonnance de 1667, je prie que l'on me permette encore cette question : Si vous assignez à domicile élu, pour comparaître *dans les délais de la loi* , quelle loi consultera le défendeur pour connaître ces délais? Il n'y en a pas qui s'explique positivement là-dessus. Interrogera-t-il la jurisprudence ? Il y a arrêt pour et contre. Il faut croire, me répondra-t-on, qu'il trouvera la solution, sinon dans les termes, au moins

(1) *Répert.*, vº *Consuls*, tom. 3, p. 20 et 21.

dans l'esprit de la loi : *quasi hoc legibus inesse* Arv.
credi oportet (1). C'est donc à dire que le temps
qui lui est donné pour rechercher ses titres,
préparer sa défense, et venir la faire présenter,
devra être employé à courir çà et là pour feuilleter les livres, compiler les arrêts, et faire parler à ses risques et périls cette loi qui se tait ?
Non ; c'est au demandeur à montrer et à mesurer la route que devra tenir la personne
assignée : *qui agit certus esse debet.* Dans le
doute c'est à lui de se consulter ; il peut, s'il
veut s'assurer mieux de la validité de son
ajournement, donner quelques jours de plus,
cùm sit in potestate ejus quando velit experiri.
Enfin il faut suivre le texte : *L'ajournement*
contiendra L'INDICATION *du tribunal qui doit*
connaître de la demande, et du délai pour com-
paraître, à peine de nullité.

Reste l'objection tirée de cet autre texte :
« L'acte d'appel contiendra assignation dans   456.
les délais de la loi. »

Je ne me bornerai point à répondre, avec
M. Pigeau (2), que, si cet article n'exige pas,

_____

(1) L. 27, ff. *De legibus.*

(2) *Comment.* t. 1, p. 182. Tous les arrêts recueillis
sur la question n'ont été rendus que pour des actes
d'appel.

comme l'article 61 , l'indication précise du délai, c'est peut-être parce que celui qui est assigné en appel, plus aguerri après la victoire
qu'il vient de remporter, doit mieux connaître
la loi qui lui a été déjà appliquée, ou qu'il a
déjà appliquée lui-même à son adversaire, dans
le premier engagement de la lutte.

Je ne crois pas qu'une pareille concession
doive être faite.

Autrefois il n'était point nécessaire qu'un
acte d'appel contînt ajournement ; c'était une
simple déclaration de recours au tribunal su-
périeur. On *relevait* l'appel par un autre exploit, en assignant pour *procéder sur icelui*,
et faire juger les griefs.

Cette distinction n'a pas été admise dans le
système du Code de procédure. L'acte d'appel
est devenu un véritable ajournement, comme
tout exploit introductif d'une instance. Voilà
le principal motif de la rédaction de l'article
456. Il était convenable d'y mettre que l'assignation serait donnée *dans les délais de la loi*,
afin de ne pas répéter tout ce qui avait déjà été
dit sur les délais. Remarquez d'ailleurs , ce qui
n'a peut-être pas été assez aperçu, que ces
mots, *les délais de la loi* (1), ne se rapportent

(1) M. Merlin , dans son réquisitoire du 18 mars

pas seulement aux articles 72, 73 et 74, mais Art.
encore à beaucoup d'autres dispositions particulières qui se trouvent, soit dans le Code,
soit en dehors, et dont il eût été impossible de
faire là une espèce de table. Ainsi les délais de
l'assignation, dans un acte d'appel, ne se cal-
culent pas toujours suivant la règle générale,
lorsqu'il s'agit d'incidents sur la poursuite
d'une saisie immobilière (1). Il en est de même,
quand on demande l'affirmation d'un jugement
qui a rejeté une opposition à mariage (2). Les
appels de justice de paix, en matière de
douanes, doivent porter assignation à trois
jours devant le tribunal civil (3). Inutile de
multiplier les exemples. Il est évident que l'on
n'a point entendu donner, dans l'article 456,
une simple formule d'appel, mais que l'on a
voulu éviter l'embarras d'un classement de
cas spéciaux, en renvoyant d'un mot à *la*

1811, argumente de l'art. 456, comme s'il y avait,
dans LE DÉLAI *de la loi ;* c'est une erreur, il y a : *dans*
LES DÉLAIS *de la loi.* V. le Répert., t. 15, p. 174.

(1) Art. 734 et 736 ; art. 4 du décret du 2 février
1811. Voyez Sirey. — 11. — 1. — 406, et 15. — 1.
— 359.

(2) Code civ., art. 78. Voyez le *Répert.,* t. 17, p. 251.

(3) L. du 14 fructidor an III, art. 6.

loi que l'appelant devra consulter et suivre.

Les règles établies pour les tribunaux inférieurs doivent être observées en appel, sauf les clauses de dérogation expresse, et les résistances d'une incompatibilité manifeste. Certes rien ne s'oppose, dans toute l'économie du Code, à ce que l'assignation contenue dans un acte d'appel indique les délais de comparution, comme le veut expressément l'article 61.

Je termine par une observation qui doit, ce me semble, mettre à découvert la pensée que le législateur a voulu exprimer en disant : *L'acte d'appel contiendra assignation dans les délais de la loi.*

L'article 437, au titre *de la procédure devant les tribunaux de commerce*, porte aussi que l'opposition à un jugement *par défaut contiendra assignation dans le délai de la loi.* Or le délai de l'assignation, en matière commerciale, est d'un jour *au moins* (1), ce qui veut dire que le délai ordinaire de huitaine, déterminé par l'article 72, peut décroître au gré du demandeur, jusqu'à un seul jour. Par conséquent *le délai de la loi* flotterait incertain dans cet espace de temps, si l'assignation ne

(1) Art. 416. Ce jour est franc.

Art.

le fixait pas, en *indiquant* pour la comparution, ou l'un des jours extrêmes, ou l'un des jours intermédiaires.

Il résulte de ce rapprochement que les expressions de l'article 456 sont loin de déroger à l'obligation d'indiquer le délai des ajournements, puisque les mêmes expressions écrites dans l'article 437 la font voir plus indispensable encore.

Je passe à la remise des exploits.

L'ancienne Gazette des Tribunaux rapporte deux arrêts, l'un du Parlement de Paris, l'autre du Parlement de Dijon, qui annulèrent des procédures dans lesquelles les mêmes individus avaient assigné comme huissiers, occupé comme procureurs, prononcé comme juges, puis, reprenant leur premier rôle, avaient signifié et mis à exécution la sentence. On croira peut-être qu'il a fallu remuer les décombres du moyen-âge pour trouver des traits de ce genre. Point du tout; le premier de ces arrêts est de 1779, et le second a été rendu le 9 août 1787 : il n'y a guère que cinquante ans (1). A ne considérer la justice que dans son adminis-

_____

(1) Gaz. des Trib., tom. 7, p. 241, et t. 24, p. 209 et 210.

Art. tration subalterne, vous diriez qu'il y a trois ou quatre siècles de civilisation entre cette époque et celle où nous vivons aujourd'hui.

L'exercice du ministère d'huissier est incompatible avec toute autre fonction publique salariée (1).

Les huissiers sont tenus de se renfermer dans les bornes de leur ministère (2) et de leur compétence.

Celui qui ne remet pas lui-même, soit à *personne*, soit à *domicile*, l'exploit ou la copie des pièces qu'il a été chargé de signifier, doit être condamné, par voie de police correctionnelle, à une suspension de trois mois, et à une amende qui ne peut excéder 2,000 fr. En cas de dessein frauduleux, il y a lieu de le poursuivre criminellement comme coupable de faux (3).

66. Un huissier ne peut, à peine de nullité, instrumenter pour ses parents et alliés, et ceux de sa femme, en ligne directe à l'infini, ni pour ses parents et alliés collatéraux, jusqu'au degré de cousin issu de germain inclusivement. A plus forte raison doit-il lui être interdit de

(1) Décret du 4 juin 1813, art. 40.
(2) *Ibid.*, art. 39.
(3) *Ibid.*, art. 44 et 45.

faire aucuns exploits dans les affaires où il a Art.
intérêt personnel. On a même jugé qu'un
huissier n'avait pu signifier un appel à la requête d'une partie qui l'avait constitué son
mandataire général et spécial (1).

Le Code ne lui défend pas d'exploiter *contre*
ses parents et alliés : c'est apparemment parce
qu'il n'y a plus sujet de craindre, en ce cas,
les tentations du sang et de l'affinité ; ou bien
n'a-t-on pas voulu supposer qu'il pût exister
un huissier assez dépourvu de pudeur, pour
aller assigner ou contraindre son père, sa mère
et ses proches.

Il est dit dans une ordonnance que fit le
Dauphin au mois de mars 1356, pendant la
captivité du roi Jean : « que les huissiers, en
allant faire leurs exploits, menoient grand état
et fesoient grande dépense , aux frais des
bonnes gens pour qui ils exploitoient ; qu'ils
alloient à deux chevaux pour gagner plus grand
salaire , quoique , s'ils alloient pour leurs
propres affaires, ils iroient souvent à pied. »
C'était un abus non moins ruineux pour les
pauvres gens ajournés , saisis, exécutés, expul-
sés, ou poursuivis de toutes autres façons, que
le privilége accordé à certains huissiers d'in-

(1) Dalloz, *Jurisp. génér.*, t. 7, p. 699 et 700.

Art. strumenter dans des juridictions immenses, et même par tout le royaume. Le coût de leur transport était souvent au dessus de la valeur du procès.

Les lois nouvelles ont réduit les attributions de tous les huissiers au droit d'exploiter dans le ressort du tribunal de l'arrondissement où ils résident. Hors de ce territoire, un huissier n'est plus qu'un particulier ordinaire. Il faut qu'il justifie, dans ses actes, de ses pouvoirs et de sa compétence, en y énonçant ses noms, 6r, §2. sa demeure et son immatricule (1).

Tout huissier qui charge un huissier d'une autre résidence d'instrumenter pour lui, à l'effet de se procurer un droit de transport qui ne lui aurait pas été alloué s'il eût instrumenté lui-même, est puni d'une amende de 100 fr., sans préjudice de la restitution du droit indûment perçu. Celui qui prête sa signature encourt la même peine (2).

Le règlement du 4 juin 1813 veut qu'il soit établi, autant que les localités le permettent, des huissiers dans les chefs-lieux de canton, ou dans l'une des communes les plus rapprochées ; et, pour empêcher que le demandeur ne puisse

(1) Voyez ci-dessus, p. 29, à la note.
(2) Décret du 14 juin, art. 36.

multiplier les frais, en faisant marcher sans nécessité un huissier éloigné du domicile de son adversaire, la loi ne passe, dans les cas de transport, qu'une journée, au plus, pour tous frais de déplacement (1).

ART, 62.

« Quant au salaire des sergents, disait Carondas, parce qu'ils sont limités par les ordonnances, ils le doivent mettre en leurs exploits, tant afin que la partie les puisse répéter, si elle obtient gain de cause, que pour avoir recours contre le sergent qui aura trop pris, si tant ne lui est taxé ; car ce que le sergent prend outre ce qui lui est permis par les ordonnances, et ne le met à son exploit, est réputé *exaction* : et souvent pour telles causes, j'ai vu condamner des sergents à rendre le surplus et en l'amende (2). » Ces motifs de nos anciennes ordonnances sont encore ceux de l'article 67 du Code : « Les huissiers seront tenus de mettre à la fin de *l'original* et de la *copie* de l'exploit, le coût d'icelui, à peine de cinq francs d'amende. »

67.

Si l'huissier trouve, en quelque endroit que

____

(1) Voyez le tarif du 16 février 1811, art. 23 et 66. La journée est de cinq myriamètres (dix lieues anciennes).

(2) Code Henri, liv. 5, tit. 1, art. 4.

ce soit, la personne qu'il est chargé d'assigner, il lui remet à elle-même l'ajournement, et il en fait mention sur l'original et sur la copie de l'exploit. C'est ce qui peut arriver de plus rassurant pour la justice.

Il faut pourtant bien se garder de croire que cette bonne fortune puisse dispenser des autres énonciations que la loi commande, et qui doivent dissiper tous les doutes sur l'identité.

Par exemple : l'huissier ajourne une personne qu'il a trouvée hors de son domicile ; il la désigne par ses prénoms, par son nom , et , si l'on veut, par sa profession ; il remet l'assignation à elle-même ; je suppose plus encore : cette personne , à l'instant où elle a reçu l'exploit, a déclaré, sur l'interpellation qui lui a été faite, que ces prénoms et ce nom étaient les siens , que cette profession était la sienne : mais la désignation de sa demeure a été oubliée. L'exploit sera-t-il nul ?

Je sais qu'il a été jugé , en pareil cas, que le vœu de la loi était rempli , et que la certitude était complète , soit par la remise directe de l'assignation , soit par les déclarations qui l'avaient accompagnée (1).

(1) Jurisprudence de la Cour supérieure de justice de Bruxelles, année 1821 , p. 125.

C'est un nouvel abus de la doctrine des équi- Art.
pollences ; car il n'est pas impossible qu'il y
ait dans le royaume deux individus portant les
mêmes prénoms, le même nom, et exerçant
la même profession. Cette mention de la profession de l'assigné, que la loi n'exige pas, ces
interpellations et ces réponses, ne peuvent jamais suppléer à la désignation de la demeure,
qui offre quelque chose de plus sûr, et que la
loi prescrit pour tous les cas, à peine de nullité (1).

La Cour de Liége demandait, dans ses Observations sur l'article 61, « qu'on n'obligeât
pas le demandeur à insérer dans son exploit la
demeure du défendeur, lorsque l'assignation
était donnée à lui-même. » Le Conseil d'état
n'y eut aucun égard (2).

J'ai dit que l'huissier pouvait remettre l'a-
journement au défendeur, *en parlant à sa personne*, en quelque endroit que ce fût. Cette
proposition eût été trop générale autrefois. Les
coutumes et les arrêts avaient créé des exceptions, qui furent d'abord admises dans le projet du Code. On y lisait : « Aucun exploit ne

_____

(1) Voyez les Questions de droit de M. Merlin, t. 7,
p. 450 et 451.

(2) Voyez ci-dessus, p. 110 et 111.

Art. pourra être signifié dans les lieux publics des-
tinés aux cultes, aux heures des offices ; dans
le lieu et pendant la séance des autorités con-
stituées ; dans les bourses, pendant leur tenue ;
le tout à peine de nullité (1). » L'article fut
781. retranché ; on a laissé subsister quelques-unes
de ses dispositions, pour l'exercice de la contrainte par corps seulement, à cause du tumulte, presque toujours inévitable, que pro-
duisent l'arrestation ou la résistance du débiteur.

Je puis donc le répéter : aujourd'hui les exploits sont valablement remis en tous lieux,
pourvu qu'ils le soient aux mains de ceux auxquels ils s'adressent, sans préjudice toutefois
des peines que l'huissier pourrait encourir, si,
par quelque inopportunité ou par quelque ir-
révérence, il excitait du trouble et du scandale.

Mais la personne qu'il s'agit d'assigner n'a
été trouvée ni chez elle, ni dehors. L'ajournement n'a pu être donné *in faciem,* il faudra le
68. laisser *ad domum.*

La diversité des coutumes donnait jadis une

(1) Esprit du Code de procéd., par M. Locré, t. 1,
p. 159.

grande importance aux questions de domicile. Art.
C'était sur leurs limites un combat opiniâtre,
où tous les droits civils se trouvaient engagés.
Aujourd'hui, si vous en exceptez ce qui touche
aux publications et à la célébration des ma-
riages, tout l'intérêt de ces questions se rattache à l'exercice des actions judiciaires ; elles
sont entrées dans le domaine de la procédure.

On distingue le domicile réel et le domicile
élu.

Le domicile réel de tout Français, quant à
l'exercice de ses droits civils, car je ne dois pas
m'occuper ici des droits politiques, est au lieu
où il a son principal établissement, où il a fixé
sa demeure, le centre de ses affaires, le siége
de sa fortune ; au lieu d'où il ne s'éloigne
qu'avec le désir et l'espoir d'y revenir, dès
que la cause de son absence aura cessé (1) :
*Ubi quis larem, rerumque ac fortunarum sua-
rum summam constituit ; undè cùm profectus
est, peregrinari videtur ; quò si rediit, peregrinari jàm destitit* (2).

Ce n'est pas la propriété, c'est l'habitation qui
fait le domicile : *Sola domus possessio quæ in
alienâ civitate comparatur, domicilium non*

(1) Cod. civ., art. 502, et exposé des motifs.
(2) *L.* 7, *Cod. De incolis*, etc.

Art. *facit* (1). On peut avoir son domicile dans une maison louée. Le soldat invalide a le sien dans cet hôtel royal consacré au repos de ses vieux jours, et le pauvre orphelin n'en a pas d'autre que l'hospice où il reçut un berceau : *Domum accipimus, sive in propriâ domo quis habitet, sive in conductâ, sive gratis, sive hospicio receptus sit* (2).

Notre ancienne jurisprudence avait admis, à l'instar du droit romain, la possibilité légale d'un double domicile (3). C'était une source immense de difficultés, que le Code civil a heureusement tarie. L'unité du domicile réel est devenue la conséquence nécessaire de la disposition qui le fixe au lieu du principal établissement. « Désormais, disait M. Tronchet au Conseil d'état, les questions de domicile ne s'élèveront plus que relativement aux actions, et pour savoir devant quels juges elles devront être intentées. Or, sous ce rapport, un individu ne peut avoir qu'un domicile (4). »

---

(1) *L.* 17, § 13, *ff. Ad municipalem.*

(2) *Inst. lib.* 4, *tit.* 4, *De injuriis*, § 8.

(3) Voyez Faber, *Cod. lib.* 1, *tit.* 2, *definit.* 45, *page* 12 ; Boucheul, tom. i, p. 467 et 786 ; Rodier sur l'art. 3 du tit. 2 de l'Ordonn., quest. 7.

(4) Législ. civ., par M. Locré, t. 2, p. 45.

Le changement de domicile s'opère par *le* _{ART.}
fait d'une habitation réelle dans un autre lieu,
joint à *l'intention* d'y fixer son principal établissement (1) : *cùm neque animus sine facto,
neque factum sine animo, ad id sufficiat* (2).

Le fait n'est autre chose qu'une notoriété à
constater.

La preuve de l'intention est plus facile encore, lorsque celui qui transfère son domicile
a suivi le sage conseil de la loi, en faisant une
déclaration expresse, tant à la municipalité du
lieu qu'il laisse, qu'à celle du lieu auquel il
veut appartenir (3).

Si l'intention n'a point été manifestée de cette
manière, on sera réduit à la chercher dans une
foule de circonstances, qui reçoivent de leur
réunion ou de leur isolement plus ou moins de
force, et dont l'appréciation est abandonnée
aux lumières des magistrats. Le service de la
garde nationale ; le paiement des contributions
personnelles ; l'acquisition d'une maison, ou
d'un fonds de commerce ; l'énonciation de la
demeure dans un contrat, ou dans quelques
actes judiciaires donnés ou reçus sans réclama-

(1) Cod. civ., art. 103.
(2) D'Argentré.
(3) Code civ., art. 104.

Art. tion ; telles sont, entre autres, les considérations qui peuvent servir à résoudre les difficultés de ce genre.

Dans le doute, l'intention s'explique par le
fait de l'habitation, car le fait parle. S'il y a
incertitude sur le fait, il faut croire à l'esprit
de retour, et se décider pour le domicile d'origine. *Nec Ulysses totis duodecim annis sine domicilio fuit, cùm Ithacam semper cogitaret* (1).

Une infinité de cas peut être prévue, beaucoup de questions peuvent être agitées, pour
l'application de ces principes à la remise d'un
ajournement. Leur solution dépend presque
toujours de l'exactitude de l'huissier, du soin
avec lequel il a dû prendre des informations,
et du jugement à porter sur la bonne ou la mauvaise foi des parties (2). Si durant l'instruction
du procès, ou dans l'intervalle de la sentence à
l'appel, l'une d'elles changeait de domicile,
sans notifier à l'autre ce changement et les déclarations qui ont dû en être faites, conformément à l'article 104 du Code civil, il est certain que les significations laissées à l'ancien
domicile n'en seraient pas moins valables. On

(1) D'Argentré.
(2) Voyez Rodier, art. 3, tit. 2, quest. 7, § 15; et M.
Carré, Lois de la procéd., t. 1er, p. 182.

n'est point obligé de s'enquérir à chaque pas, Art.
quand on marche sur la voie que l'adversaire a indiquée lui-même pour qu'on puisse le trouver.

Il y a des changements de domicile qui s'opèrent de plein droit, et qui se déclarent eux-mêmes à tous les yeux. Ainsi, « l'acceptation de fonctions conférées à vie emporte translation immédiate du domicile du fonctionnaire dans le lieu où il doit exercer ses fonctions (1). » Cette translation est indépendante d'une volonté contraire, manifestée par l'établissement que le fonctionnaire ferait ailleurs de ses foyers et du siége principal de sa fortune. Mais ces mots, *fonctions conférées à vie*, doivent uniquement s'entendre des fonctions qui ne sont ni *temporaires* ni *révocables*, comme celles d'un juge de première instance, ou de Cour royale, par exemple. Les fonctions qui, pour n'être point temporaires, n'en sont pas moins révocables, telles que celles d'un percepteur nommé à vie, n'attirent point le domicile du titulaire au lieu où il les exerce, quelque longtemps qu'il y ait résidé (2).

(1) Code civ., art. 107.
(2) Voyez l'arrêt du 11 mars 1812 rapporté au Répert. v° *receveur des contrib. direct.*

Art. Les majeurs qui servent ou travaillent ha-
bituellement chez autrui, ont *de droit* le même
domicile que la personne qu'ils servent, ou
chez laquelle ils travaillent, *lorsqu'ils demeurent avec elle dans la même maison* (1). Ce
service et ce travail journalier, qui forment
leur existence, qui constituent leur état, et qui
les retiennent chez le maître, y représentent
leur principal établissement.

Toutefois cette fiction de la loi ne va point
jusqu'à donner le domicile du maître à une
femme qui sert dans une maison que n'habite
pas son mari, car la femme mariée ne peut avoir
d'autre domicile que celui de son mari (2).
Cette règle ne reçoit point d'exception, soit
que la femme n'ait jamais paru au domicile
du mari, soit qu'il y ait entre les époux séparation de biens, soit que, mariée sous le régime
dotal, elle ne possède que des biens paraphernaux. Les priviléges qui lui sont accordés pour l'administration et pour la conservation de sa fortune, laissent tout entière la
dépendance de sa personne. *Item et similiter
sufficeret adjornare uxorem in domicilio viri,*

(1) Code civ., art. 109.
(2) Code civ., art. 108.

etiam pro rebus adventitiis et parapherna- ^{Art.}
libus (1).

Quant à la femme *judiciairement* séparée
de biens et d'habitation, M. de Lamoignon
avait fait un arrêté qui la réputait domiciliée,
en quelque lieu qu'elle demeurât, là où était le
domicile de son mari, à l'époque de la demande
en séparation (2). Mais cette décision n'était
suivie ni par les auteurs, ni par les arrêts.

« La femme séparée de corps, disait Pothier,
a le droit de s'établir où elle voudra, dans un
autre domicile que celui de son mari. » Le
silence des Codes a laissé la carrière ouverte
aux controverses. M. Merlin y est entré seul
pour soutenir l'avis de M. de Lamoignon (3).
On juge et on enseigne généralement que la
séparation de corps, affranchissant la femme
de l'obligation d'habiter avec son mari, lui
donne le droit de se choisir un domicile.

Les personnes qui ne peuvent exercer leurs
droits que par le ministère d'un administrateur légal, ont le même domicile que lui. Le
mineur non émancipé a le domicile de son
père, de sa mère, ou de son tuteur. Le

(1) Mazuer, t. I, n° 18.
(2) Arrêtés, tit. 1, art. 16.
(3) Répert, t. 17, pag. 187.

Art. majeur interdit a celui de son tuteur (1).

Le domicile du condamné aux travaux forcés ou à la reclusion, durant l'interdiction qui le frappe, est celui du curateur qui lui a été nommé (2).

Le prisonnier, le banni, ne perdent point le domicile qu'ils avaient lorsqu'ils en ont été enlevés.

L'émancipation donne au mineur qu'elle dégage des liens de la tutelle, la faculté de se donner un domicile particulier.

On disait autrefois : le domicile d'un soldat est sous son drapeau, et celui du marin à bord de son vaisseau ; c'était comme un adage harmonieux où il y avait plus de trait et de poésie que de vérité. Le soldat et le marin conservent le domicile qu'ils avaient en partant.

Mais il est des personnes dont le véritable domicile est inconnu en France ; leurs courses vagabondes en ont effacé la trace. La résidence qu'elles font tantôt ici, tantôt là, constitue donc pour elles autant de domiciles qui se succèdent. Telle est la gent cosmopolite des colporteurs, des empiriques, des bateleurs et des comédiens ambulants.

(1) Code civ., art. 108.
(2) Code pénal, art. 29.

Cet aperçu de principes, en ce qui con- Art.
cerne le domicile réel, suffit pour que l'on voie
où l'ajournement doit être régulièrement porté.
Il convient maintenant de savoir comment et
à qui l'huissier le donnera, si celui qu'il s'agit
d'assigner ne s'y trouve pas.

Ici viennent se montrer toutes les susceptibilités de la loi, sur ce que les praticiens
appellent *le parlant à*, et toutes ses sollici-
tudes pour donner sûreté à la conscience des
juges, en cas de non-comparution.

L'exploit ne peut être laissé qu'à quelqu'un
de la famille, *alicui ex familiâ* ; ce qui veut
dire aux parents et aux serviteurs qui *demeurent
avec la personne à laquelle il est destiné* (1).
On distingue deux classes de serviteurs ou
domestiques : les uns dont les fonctions élevées
au dessus de l'acception vulgaire du mot n'ont
rien que d'honorable, comme les bibliothé-
caires, les précepteurs, les secrétaires, les
commis, les intendants ; les autres dont les
services supposent une dépendance plus absolue, tels que sont les valets, les servantes,
les portiers, etc. (2).

---

(1) Voyez ci-après, pag. 213 et suiv.

(2) Voyez la Comp. des juges de paix, par M. Henrion de Pansey, chap. 30.

Art. Un étranger trouvé dans la maison, un locataire (1), les gens de ce locataire sont au moins suspects d'indifférence ; ils n'offrent point, pour l'exactitude de la remise à l'assigné, ces garanties que donnent une communauté d'intérêts, des liens étroits et des rapports journaliers d'habitation.

Et remarquez bien que c'est *in domo* seulement, qu'il est permis à l'huissier de déposer l'expoit entre les mains des commensaux, parents ou domestiques. La femme, les enfants, les serviteurs trouvés dans un autre lieu, n'auraient plus de capacité pour le recevoir (2). La confiance que la loi leur accorde au dedans, s'évanouit au dehors, parce qu'il peut arriver qu'ils égarent ce papier, qu'ils le perdent dans leur chemin, qu'ils l'oublient à leur retour, ou qu'ils diffèrent trop de le remettre.

« Il faut aussi, disaient les anciens auteurs, que le sergent prenne garde diligemment que l'exploit qu'il fait au domicile, le soit en

___

(1) A moins qu'on ne considère le locataire comme voisin ; mais alors il y aurait à remplir les formalités dont il sera parlé plus loin.

(2) Rodier sur l'art. 3 de l'Ordon., quest. 1.

parlant à une personne d'âge suffisant (1). »   Art.

Cette obligation doit être toujours sous-entendue dans la loi. L'âge suffisant est l'âge de discernement que le Code exige dans un témoin, pour que sa déposition puisse faire foi : quinze ans révolus. Outre le danger qu'il y aurait à laisser entre les mains d'un enfant un acte dont il ne sent pas l'importance, il est possible que des difficultés s'élèvent sur l'heure, sur le jour, sur le lieu auxquels l'exploit aurait été apporté, et qu'une enquête devienne nécessaire.

Le système ne serait point complet, si l'huissier n'était pas tenu de faire mention, dans son exploit, de la personne à laquelle il l'a déposé, de la qualité de cette personne, et de ses rapports avec celle qu'il est venu assigner. Cependant, il y a quelques années, cette sage précaution était à peu près tombée en désuétude, et les tribunaux eux-mêmes semblaient favoriser un relâchement qui laissait dans le vague toutes les garanties. On se contentait de dire que l'ajournement avait été laissé à *un domestique*, à *un salarié*, à *un commis*, sans se mettre en peine d'énoncer que ce domestique, ce salarié, ce commis, apparte-

61.§2.

68.

(1) Fontanon sur Mazuer, tit. 1, n° 5.

naient à la maison de l'assigné. Très-souvent
on y apportait moins de façons encore, c'était
à *un homme* ou à *une femme y trouvés ;* et cela
passait sans difficulté. En l'an VII, la Cour de
cassation réveilla, pour ainsi dire, les échos
des anciennes ordonnances, et rendit à leurs
dispositions une vigueur salutaire ; elle frappa
de nullité un exploit signifié pour le mineur
de Roquelaure, le 8 avril 1789, à la veuve
Sirey, *en son domicile au couvent de l'Assomp-*
tion à Paris, en parlant à une tourière. Il fut
jugé que ce mot *tourière* désignait, non une
personne, et ses rapports particuliers avec
madame Sirey, mais simplement une qualité
qui pouvait s'appliquer à plusieurs, qui ne
signalait rien individuellement, et n'assurait
pas que cette tourière fût une des femmes
attachées au couvent. Les vieux praticiens
murmurèrent, et la jurisprudence eut quelque
peine à sortir de l'ornière, pour rentrer dans
la bonne voie. Le Code est venu la fixer invariablement.

Ce n'était point une vaine dispute de mots,
c'était une question fort sérieuse, eu égard à
ses conséquences et à la gravité des intérêts
qu'elles pouvaient compromettre : je vais en
donner une idée. Vous avez été condamné

sur la foi d'un ajournement qui ne vous fut [Art.
jamais remis, et qui, si l'on s'en rapportait
aux énonciations qu'il contient, aurait été
laissé chez vous, soit à *un homme*, soit à *une
femme*, sans autres désignations, ou bien à
un commis, ou à *un domestique.* — Vous voulez
vous inscrire en faux; il vous sera facile de
prouver que l'huissier n'a vu ni interpellé
aucune personne de votre maison, que vous
n'aviez ni commis ni domestiques, ou qu'ils
étaient absents. Preuves inutiles! l'huissier sera
sûr de l'impunité, car il ne s'est pas aventuré
à dire, dans son rapport, que ces gens in-
connus et trouvés sur le seuil de votre porte
fussent à vous, ou que le domestique auquel
il prétend avoir parlé fût le vôtre. Vous voyez
maintenant que la nullité de l'exploit est le
meilleur frein qui puisse réprimer ces coupables combinaisons, parce qu'on ne s'expose
pas à les pratiquer quand il n'y a point de
succès à espérer ; et si la nullité n'était pas
toujours imminente en pareil cas, j'avoue
que je ne sais plus où serait votre sauvegarde.

Cependant il a bien fallu prévoir que, dans
l'absence de la personne qu'il s'agit d'assigner,
on pourrait ne trouver à son domicile ni
parents ni serviteurs, pour recevoir l'ajour-

Art. nement. Les lois romaines voulaient, en ce cas, qu'on attachât le libelle à la porte de la maison : *Est tamen tutiùs libellum ad ipsas œdes proponere ; fieri enim potest ut ità monitus defensor existat* (1). Nos lois, dans leur premier âge, n'en exigeaient pas davantage. Ensuite on adopta l'usage de montrer aux voisins l'exploit qui venait d'être attaché, en leur recommandant de le faire voir à l'assigné. De tout temps, le voisinage a été considéré comme une sorte d'affinité ; Térence mettait au même rang les rapports de deux voisins entre eux, et le commerce de deux amis :

Vicinitas,
Quod ego in propinquâ parte amicitiæ puto,
Facit ut te audacter moneam et familiariter (2).

L'ordonnance de 1667 ajouta l'obligation de faire signer l'exploit par le plus proche voisin, et, en cas que celui-ci ne pût ou ne voulût signer, de faire intervenir le juge du lieu, ou le plus ancien praticien, pour y apposer son paraphe. Rodier nous apprend que fort rarement, en pareille circonstance, l'ajournement arrivait à sa destination ; que les huissiers se contentaient de certifier qu'ils avaient attaché l'exploit à la porte, après avoir

(1) *L.* 4, § 6, *ff. De damno infecto.*
(2) *Heautontimorumenos, act.* 1, *scen.* 1, *vers* 4.

averti le plus proche voisin , lequel n'avait Art.
voulu signer ni dire son nom , quoique de tout
cela ils n'eussent rien fait , et qu'ils dédai-
gnaient même de se munir du paraphe du
juge ou du praticien. « De sorte, ajoutait notre
auteur, qu'il était fort aisé à une partie mal-
intentionnée de parvenir à avoir un exploit
signifié, sans que l'autre en sût rien. »

Cette manière d'afficher à la porte n'était
donc, à vrai dire, qu'une formalité tout illu-
soire. Le Code ne l'a point conservée.

« Si l'huissier ne trouve au domicile , ni la 66.
partie, ni aucun de ses parents ou serviteurs ,
il remettra de suite la copie à un voisin qui
signera l'original ; si ce voisin ne peut ou ne
veut signer, l'huissier remettra la copie au
maire ou adjoint de la commune , qui
visera l'original sans frais. L'huissier fera
mention *du tout*, tant sur l'original, que sur la
copie. »

Ces dispositions sont prescrites à peine de 70.
nullité ; elles indiquent *graduellement* à l'officier ministériel la marche qu'il doit suivre
pour offrir à la justice le meilleur résultat possible.

Le voisin peut refuser de prendre et de
signer l'exploit, parce que c'est un office de

bienveillance qui lui est demandé; le maire ne le peut pas , parce que c'est un devoir qui lui est imposé.

A quelle distance cette dénomination de *voisin* va-t-elle s'effacer et se perdre?

Il serait trop ridicule d'appliquer à la remise des exploits tout ce que les auteurs ont écrit sur le voisinage. Suivant les uns , il s'étendrait jusqu'au point où la voix de celui qui appelle peut encore se faire entendre : *illi dicuntur vicini qui vocem acclamantis audire potuerunt* (1). Suivant les autres, on regarderait comme voisines toutes les habitations qui peuvent être frappées du son de la même cloche : *distantia atque vicinitas considerantur non ratione itineris , sed in aere* (2). Tout cela ne pouvait concerner que les cas *d'aide et de secours* , et la responsabilité civile qui y était attachée (3). On conçoit sans peine que, lorsqu'il s'agit de la remise d'un exploit, c'est au plus proche

(1) Barthole.

(2) Alexand., *consil.* 22. Voyez le Traité du Voisinage, par M. Fournel, t. 1, p. 7 et 12.

(3) L'art. 89 de la coutume de Bretagne portait: « Quand on lève gros bois d'une maison, chacun voisin , qui est requis, y doit aller aider. » Et l'art. 90 :

voisin que l'huissier doit proposer de le prendre Art.
et de s'en charger. S'il y a refus, il peut
frapper à telle autre porte dont la proximité
offre l'aspect ordinaire du voisinage, et l'idée
de ses relations naturelles. Au surplus, toutes
les questions de convenance et de bonne foi
que les localités peuvent faire naître à ce sujet,
sont abandonnées à la sagesse des tribunaux.

En signant l'original de l'ajournement, le
voisin qui reçoit la copie s'engage à la faire
parvenir à sa destination. Il n'est donc pas
permis de la laisser à celui qui ne sait, ou qui
ne peut, ou qui ne veut signer.

L'huissier n'est autorisé à porter l'exploit au
maire ou à l'adjoint, qu'après *avoir fait men-*
tion de l'impossibilité où il s'est trouvé de le
déposer chez un voisin, soit parce qu'il n'y en
avait pas dans la distance convenable, soit
parce que ceux auxquels il a parlé, et *qu'il doit*
désigner, n'étaient pas aptes ou disposés à le
recevoir.

La loi dit : « Si l'huissier ne trouve au domi-   59.

« Aussi quand on crie au feu ou au meurtre, chacun
voisin est tenu d'y aller sans espoir de salaire. »

Voyez la loi du 10 vendémiaire an IV, sur la responsabilité des communes à raison des attentats commis sur
leur territoire.

)

ART. cile ni la partie, ni aucuns de ses parents ou serviteurs, il remettra de suite la copie à un voisin.... » Notez qu'elle ne répète point ici : *ou à un parent, ou à un domestique de ce voisin.* Cependant le rédacteur du Journal des Avoués croit que les parents et serviteurs du voisin n'étant pas expressément exclus, il est permis de leur laisser la copie de l'ajournement, comme à ceux de la partie, pourvu qu'ils apposent leur signature sur l'original. Cette opinion ne doit pas être suivie. La remise au voisin est une exception à la règle générale qui veut que *les exploits soient faits à personne ou domicile*, et tout le monde sait qu'il faut rigoureusement restreindre les exceptions dans leurs termes. Il est évident, d'ailleurs, que les parents et les domestiques du voisin ne peuvent offrir ni la garantie de soins et d'intérêt que fait présumer un échange habituel de services entre les chefs de deux maisons, ni la responsabilité qu'entraînent l'acceptation de l'exploit et l'engagement de le transmettre. Pour écarter cette dernière considération qu'il a prévue, l'auteur que je viens de citer dit que, dans tous les cas, *le voisin sera responsable pour lui et pour ceux dont il doit répondre, et qu'ainsi la même garantie existera pour l'assigné* (1). Il y aurait là de quoi effrayer les maîtres de maison ; fort heureusement, le Code civil ne les a déclarés responsables que du dommage causé par leurs domestiques et préposés, *dans les fonctions auxquelles ils les ont employés* (2), et ce serait, à mon avis, rare merveille que des commis ou des domestiques gagés tout exprès pour recevoir les assignatious du voisinage.

« Les significations aux personnes qui ont leur résidence habituelle dans les palais, châteaux, maisons royales et leurs dépendances, sont faites en parlant aux suisses ou concierges, auxquels il est enjoint de les remettre incontinent à ceux qu'elles concernent (3). »

J'ai voulu présenter dans leur ensemble les règles relatives à la remise des exploits, avant de revenir sur une proposition que je m'étais

(1) Journal des Avoués, nouv. édit., t. 13, p. 48.

(2) Code civ., art. 1384. Ni cet article, ni celui qui le précède, ne rendent le mari responsable du dommage causé par la femme. Cette responsabilité n'a lieu que pour les délits ruraux, parce qu'alors elle entre dans l'exception établie par l'art. 7 du tit. 2 de la loi du 28 septembre 1791. Voyez les Quest. de Droit de M. Merlin, t. 6, p. 532.

(3) Ordonn. du roi du 20 août 1817, art. 1er.

contenté d'énoncer dans la première édition de ce volume, et dont la vieille autorité ne me semblait plus avoir besoin, pour se maintenir, de développements et de preuves. C'est celle-ci : « L'exploit ne peut être laissé qu'à quelqu'un de la famille, *alicui ex familiâ*, ce qui veut dire aux parents ou aux serviteurs *demeurant avec la personne à laquelle il est destiné* (1). »

Dès l'année 1813, la Cour royale de Poitiers avait ainsi appliqué l'article 68 du Code de procédure. Depuis, en 1834, elle a eu l'occasion de se prononcer encore sur cette matière. La justesse du point de vue sous lequel le second arrêt a placé la question, mérite d'être remarquée.

« Attendu que, d'après le texte précis des articles 68 et 456 du Code sus cité, l'exploit doit, à peine de nullité, être remis à personne ou domicile : *à personne*, parce que c'est là sa véritable destination ; *à domicile*, parce que, après la remise directe à la partie intéressée, nul motif de sécurité, nulle garantie plus grande que la remise à domicile ne pouvait être offerte à l'assigné qui, à quelque instant qu'il re-

(1) Voyez ci-dessus, page 203.

vienne à ce domicile, sera certain d'y trouver
l'exploit qu'il n'a pas reçu directement ;

ART.

» Attendu qu'il résulte évidemment de là ,
que les personnes désignées par la loi comme
ayant qualité pour recevoir l'exploit que la
partie devra trouver à domicile , à son retour,
doivent être des personnes *domiciliées* avec
l'assigné, quelque autre caractère que la loi
leur assigne d'ailleurs , et non pas des personnes qui ne se trouvent qu'accidentellement
en la demeure de la partie citée;

» Attendu, en effet, que si la loi n'eût eu
en vue que l'intérêt que peuvent porter à l'assigné son *parent* ou son *serviteur*, elle n'eût
pas préféré le simple voisin , l'étranger demeurant non loin de la partie citée , au parent ou
au serviteur trouvé *hors* du domicile de cette
dernière ; cependant cette préférence est écrite
dans la loi, ce qui démontre clairement qu'en
exigeant la remise à domicile et en indiquant
ceux qui pourront régulièrement y recevoir
l'exploit, la pensée du législateur s'est portée
sur leur qualité de *domiciliés* autant que sur
celle de parents ou serviteurs ; que, par conséquent, l'exploit d'appel dont il s'agit n'a pas été
régulièrement délaissé. »

Cependant cet arrêt a été déféré à la Cour

Art. suprême, et, contrairement aux conclusions de M. l'avocat général Laplagne-Barris, la cassation a été prononcée :

« Attendu que l'article 68 du Code de procé-
» dure civile contient une disposition géné-
» rale, d'après laquelle la copie de l'exploit
» peut être remise au domicile de la partie
» assignée, à un de ses parents ou serviteurs,
» et qu'elle ne prescrit pas, à peine de nullité,
» que le parent auquel cette copie est remise,
» soit domicilié au même lieu que la partie
» assignée ; qu'ainsi, en décidant que ledit
» article 68 ne s'applique au parent de la partie
» assignée qu'autant qu'il demeure avec elle,
» la Cour royale a ajouté à la disposition de la
» loi, et violé les articles ci-dessus référés. »

On doit regretter que la Cour de cassation n'ait point appuyé sa décision sur des motifs plus complétement expliqués ; car juger simplement qu'il n'est point nécessaire que le parent auquel la copie d'un ajournement est remise, au domicile de la partie assignée, soit lui-même un des habitants de ce domicile, ce n'est pas réfuter les raisons de ceux qui tiennent pour le système opposé ; ce n'est pas éclairer la question, c'est de prime saut en faire un principe.

Malheureusement, la jurisprudence n'a pas assez de vues d'ensemble. Par exemple, vous voyez aujourd'hui quelque relâchement dans l'application des règles relatives à la remise des exploits, et demain vous remarquerez une excessive rigueur pour ce qui concerne la *péremption* ou *l'exécution* des jugements par défaut (1). Cependant c'est à la même pensée qu'appartiennent les unes et les autres de ces dispositions. Elles ont toutes été faites afin de prévenir les suites funestes de la prévarication, de la négligence, ou de l'omission des officiers ministériels chargés de porter les ajournements et de signifier les jugements. Ainsi le mal est négligé, et les sévérités sont réservées pour l'application du remède !

La filiation de notre article 68 du Code de procédure se peut facilement établir. Elle remonte à l'article 22 de l'ordonnance de 1539, qui enjoignait expressément aux huissiers de laisser la copie des exploits aux ajournés, *ou à leurs gens et serviteurs*.

L'ordonnance de 1667 se contenta de dire que tous exploits d'ajournement seraient faits à personne ou domicile, et qu'il serait fait mention, en l'original et la copie, *des personnes*

_____

(1) Voyez le t. 3, chap. 9.

Arr. auxquelles ils auraient été laissés (1). Evidemment, l'ordonnance de 1667, n'indiquant pas la qualité que devaient avoir *les personnes* qui recevraient l'exploit en l'absence de l'ajourné, se référait à l'ordonnance de 1539, pour ce qui concernait l'énonciation de cette qualité.

Les dispositions des deux ordonnances ont été reproduites dans les articles 61 et 68 du Code de procédure. Les rédacteurs du Code n'ont pas dit, comme en 1539 : *leurs gens ou serviteurs;* ils ont dit : *leurs parents ou serviteurs*, parce que le mot *gens*, qui indiquait alors les membres de la famille demeurant sous le même toit, avait trop vieilli; on l'a remplacé par l'expression de *parents*, laquelle étant mise sur la même ligne que celle de *serviteurs*, désigne les membres de la famille qui, de même que les serviteurs, habitent avec l'ajourné.

Ces mots, *à leurs gens ou serviteurs*, étaient ainsi traduits par les anciens auteurs : *alicui ex familiâ;* et l'on sait que, dans le langage du droit, *familia* s'entendait de la réunion des parents, serviteurs et domestiques qui vivaient dans la même maison. *Ratio hujus textûs*, disait

(1) Titre 2, art. 3.

Rebuffe, *est quare citatio* IN DOMICILIO *fieri debet,* ART. *non inventâ citandi personâ, tunc ut* ILLI DE DOMO *nuntient citato* (1).

Il est manifeste que le Code de procédure a compris sous la même et unique dénomination de *parents*, la femme et les enfants, le père ou la mère demeurant avec la partie assignée, puisqu'elle n'en fait aucun détail. Or, quand après le mot *parents*, viennent immédiatement ceux-ci, *serviteurs*, il ne peut rester le moindre doute sur la condition de co-demeurance. *Et hoc probat etiam textus*, disait encore Rebuffe, en son langage mi-parti, *in his verbis* : OU A LEURS GENS; *nam vulgò famulos et omnes nobiscum habitantes vocamus* NOS GENS (2).

C'est encore aujourd'hui la même pensée, avec son rajeunissement d'expression : lorsque la personne assignée n'est pas à son domicile, l'exploit ne peut être laissé qu'à un commensal, parce que des relations non interrompues de cohabitation lui doivent plus fréquemment rappeler l'obligation de le remettre à sa destination.

L'opinion que je soutiens ici est celle de

(1) *Tract. de citationibus*, art. 2, *glos.* 3.
(2) *Ibid.*

Art. M. Favard (1), de M. Dalloz (2), de MM. Bioché et Goujet (3). Elle a été consacrée par la Cour de Colmar (4). On oppose un arrêt de Bruxelles du 15 février 1832 ; mais cet arrêt n'a point jugé la question en thèse, et ne l'a côtoyée que par une transition fort secondaire.

Voyez les conséquences de la doctrine que la Cour de cassation a préférée !

Tout parent, jusqu'au degré le plus éloigné, qui se trouvera par hasard avec l'huissier, soit en entrant, soit en sortant, à la porte de la maison de la personne assignée, pourra recevoir l'ajournement, quand même il demeurerait à cinquante lieues de là. Cependant la femme de l'ajourné ne serait pas légalement apte à recevoir l'exploit, si l'huissier la rencontrait à quelques pas du domicile commun !

Il suffira donc que l'assignation soit remise au premier venu qui se dira parent, et qui se présentera sur le seuil de la maison, quoiqu'il y soit étranger ! et l'huissier ne sera pas tenu de s'informer si la femme, le fils, le commis,

(1) *Répert.* t. 1, p. 143.
(2) *Jurisp. génér.* t. 7, p. 730.
(3) *Dict. de procéd.* t. 1, p. 195.
(4) *Journal des avoués*, t. 13, p. 105.

le secrétaire, le serviteur ou autres commen- **Art.**
sau x , sont ou ne sont pas là !

Supposez que ce parent demeure comme
locataire dans la maison de la personne assignée, ou qu'il habite une maison contiguë ; il
ne sera, dans l'un et dans l'autre de ces cas,
considéré que comme voisin, et ne pourra recevoir l'exploit qu'en signant l'original, comme
tout voisin, parent ou non. Mais si ledit parent est trouvé au domicile de l'ajourné, le
voilà tout-à-coup dispensé de signer !

J'ose ne pas croire que ce nouveau système
puisse se maintenir.

Je résume en deux mots le vrai sens de l'article 68.

L'huissier n'a-t-il pu rencontrer la personne
qu'il est chargé d'assigner ? C'est toujours au
domicile de cette personne, que l'exploit doit
être laissé entre les mains de ses *gens* ou serviteurs, comme disait l'ordonnance de 1539 ,
ou de ses *parents* ou serviteurs , comme dit le
Code ; ce qui signifie toujours *alicui ex familiâ, ex domo.*

Ces mots *parents* et *serviteurs* accolés ainsi ,
sans désignation particulière de l'épouse , des
enfants , et des autres commensaux ordinaires,
énoncent clairement que , dans l'article 68, il
s'agit de *gens codemeurants.*

ART.   La loi veut que l'exploit soit laissé au *domi-cile*. Le parent qui ne cohabite pas l'emporte, peut l'oublier, et le perdre. Le parent qui cohabite ne l'emporte pas; l'exploit reste au *domicile*, où la personne assignée le retrouve, lorsqu'elle revient.

S'il n'y a, au domicile, ni la personne assignée, ni aucun des cohabitants, la maison du voisin fait, pour ainsi dire, fonction de *domi-cile*; et le voisin, pourvu qu'il signe l'original de l'exploit, fait fonction de commensal.

J'ai dit que l'on distinguait le domicile réel et le domicile élu : je vais m'occuper de ce dernier.

Le domicile d'élection est le domicile spécial qu'une partie se constitue *volontairement*, soit pour l'exécution d'un contrat, soit pour la poursuite d'une instance. C'est encore celui qu'elle est *tenue* de se constituer, pour certains actes de procédure à la validité desquels la loi attache cette condition.

Je parlerai de ce genre particulier de domicile dont l'élection est obligée, à mesure que j'arriverai aux articles du Code qui l'exigent. Le titre des Ajournements ne m'offre de rapports qu'avec l'élection conventionnelle.

Vous demeurez à Poitiers, et vous contractez

avec une personne dont le domicile est à Paris ; Art.
prévoyant qu'il pourra s'élever des contestations sur l'exécution du contrat, et voulant
éviter l'embarras d'assigner et de plaider à
Paris, vous exigez que cette personne élise
un domicile à Poitiers. Voilà l'élection conventionnelle.

Elle renferme un consentement réciproque
des parties à être traitées, en tout pour l'exécution de l'acte, comme si elles demeuraient
réellement au lieu convenu. Son effet est de
rendre valables toutes significations, demandes
et poursuites qui y seront faites, et d'en attribuer
le jugement au tribunal dans le ressort duquel
il se trouve situé.

L'élection conventionnelle ne peut être ré-
voquée que par le concours de tous les con-
tractants, parce qu'elle est une des clauses constitutives du contrat (1). Toutefois, si elle a
été convenue en faveur du créancier seulement,
celui-ci sera libre d'y renoncer, d'assigner et

(1) Il ne faut pas en conclure qu'il soit interdit à
l'une des parties de transporter son domicile d'élection
d'une maison dans une autre, lorsque la nouvelle maison indiquée est située dans la même commune. Arrêt de
cassation du 19 janvier 1814. Dalloz, nouv. Collect.,
t. 6, p. 391.

de poursuivre au domicile réel du débiteur, car chacun est maître de ne pas user du privilége établi en sa faveur.

Le domicile de convention subsiste, nonobstant le décès de la personne chez laquelle il avait été élu. De même l'élection avec tous ses effets se transmet, tant activement que passivement, aux héritiers et aux représentants des parties qui l'ont stipulée. Et cela est vrai, lors même qu'ayant élu domicile dans leur propre demeure, pour l'exécution d'un acte, elles auraient depuis porté leur principal établissement et leur habitation en d'autres lieux.

Elire domicile hors de chez soi, c'est renoncer au droit d'être assigné et jugé chez soi. Or, la renonciation à un droit quelconque ne se présume jamais ; par conséquent l'élection de domicile doit toujours être expresse. Aussi, en matière civile, la simple indication d'un lieu, pour le paiement d'une obligation, n'autoriserait-elle pas le créancier à y faire des poursuites, et à distraire le débiteur de ses juges naturels.

Il a pourtant été décidé par la Cour de cassation, que le pouvoir donné à un mandataire d'élire domicile, avait autant de vertu contre

le mandant, qu'une élection effective dans ART.
la demeure du mandataire, quoique celui-ci
n'eût fait aucun usage du pouvoir. On cite un
pareil arrêt comme on signalerait un écueil.
M. Merlin qui le rapporte, se contente de dire
pour tout commentaire : *Legibus non exemplis*
judicandum (1).

L'art. 23 de l'ordonnance de 1539 voulait que
tous plaidans et litigans fussent tenus, au jour
de la première comparution, de déclarer ou
élire leur domicile dans le lieu où les procès
seraient pendants, sous peine d'être repoussés
comme non recevables, et déboutés de leurs
demandes.

Ces dispositions ne furent point observées
dans les tribunaux où le ministère des procureurs était nécessaire; elles y seraient également inutiles aujourd'hui, puisque l'élection
de domicile, durant le cours de l'instance, est
de droit chez l'avoué constitué, à moins d'une
élection contraire, laquelle est de pure faculté.
Mais on ne manquait pas d'élire domicile au
siége des juridictions où les causes s'expédiaient
sans l'assistance des officiers ministériels : c'est
ce qui se fait encore dans les tribunaux de
commerce. Autrement, et l'affaire ne se ju-   456.

(1) Répert., t. 16, p. 194 et 196.

II.   15

Art. geant pas à la première audience, l'éloignement du domicile réel des parties pourrait entraver les significations, produire des retards
funestes, et rendre les incidents interminables.
L'art. 15 du Code y a pourvu, en ce qui touche
les justices de paix. Cela s'expliquera mieux
dans les chapitres suivants.

L'élection transfère fictivement le domicile
réel au domicile élu, mais elle ne change rien
à la manière d'assigner. Toutes les formalités
prescrites pour la remise des exploits doivent
être observées dans l'un comme dans l'autre (1).

Des cohéritiers, ou des coïntéressés faisant cause commune, ont élu un domicile
commun ; une seule copie de l'exploit remise
à ce domicile suffira-t-elle pour tous ? Non,
il faudra y laisser autant de copies qu'il y aura
de parties. Cessant l'élection de domicile, l'exploit n'eût-il pas dû être porté séparément au
domicile de chacune d'elles, pour que chacune
d'elles fût assignée ? Leur migration fictive au
domicile d'emprunt qu'elles ont désigné, ne
dispense que de la peine d'aller frapper à leur

_____

(1) Voyez l'arrêt de la Cour de cassation, rapporté au
Répert. de Jurisp. de M. Merlin, v° *ajournement*, n° 9.

domicile réel. C'est ainsi que deux époux ART.
obligés par le même acte à une même dette,
demeurant ensemble, mais *séparés de biens*,
doivent, si le créancier les poursuit, recevoir
au domicile conjugal chacun une copie de l'exploit, parce que l'engagement qui les lie solidairement ne laisse pas moins distincts et leurs
intérêts et leurs droits (1).

On objecterait vainement qu'une seule copie
suffit, comme je le dirai bientôt, lorsqu'on
assigne des créanciers unis, dans la personne
de leur syndic, ou des commerçants associés,
dans la personne de leur gérant. La différence
est grande : le syndic, le gérant, représentent
seuls ces êtres moraux que l'on appelle *l'union*
ou la *société* ; seuls ils doivent être assignés,
en leur qualité, parce que seuls ils doivent paraître dans l'instance, et défendre la cause de
leurs commettants qui s'effacent derrière eux.

(1) Si le mari et la femme sont en communauté, une
seule copie suffit. Voyez ci-dessus, page 10. Cependant
il en faudrait une à l'un et à l'autre des époux, même
communs, s'il s'agissait d'un droit qui leur serait individuellement accordé, tel, par exemple, que celui de
former opposition au mariage de leurs enfants. Les assignations en mainlevée et toutes autres significations
devraient, en ce cas, être faites par copies séparées, et
délivrées à chacun d'eux.

Art.   **En suivant toujours cette fiction qui transporte le domicile réel au domicile élu, on ré-
soudra facilement la question de savoir s'il
faut calculer le délai pour comparaître sur une
assignation donnée au domicile élu, d'après la
distance de ce domicile, ou d'après celle du
domicile réel, au lieu où siége le tribunal? A
mon avis, quiconque s'est soumis à être réputé
habitant du lieu où il a élu un domicile, ne
peut réclamer, pour tout ce qui concerne
l'objet de l'élection, que le délai marqué par
la distance de ce lieu au prétoire des magistrats dont il a en même temps accepté la juridiction. La facilité de l'assignation, l'accour-
cissement des délais, en cas de litige, forment
le plus souvent tout l'intérêt d'une clause
d'élection de domicile. Cette solution ne con-
trarie point la lettre de la loi, et elle entre
parfaitement dans son esprit.**

Observez que l'exploit signifié à un domicile
élu n'en doit pas moins indiquer le domicile
réel du défendeur. On n'admet plus de fictions
lorsqu'il s'agit de la désignation de la personne assignée (1).

_____

(1) On trouvera d'autres questions touchant l'élection

Il a fallu créer des domiciles spéciaux à cer- Art.
taines parties, et y placer des représentants
auxquels il fût possible de s'adresser , pour la
délivrance des exploits. 69.

Ainsi l'assignation donnée à l'État, lorsqu'il
s'agit de domaines et droits domaniaux, est remise à la personne ou au domicile du préfet
du département dans lequel siége le tribunal qui 69.§1.
doit connaître de l'affaire en première instance (1). On entend ici par le domicile du préfet, non celui qu'il aurait comme particulier,
mais son domicile de dignité.

Les assignations au trésor public sont laissées à la personne ou au bureau de l'agent; 69§2.
celles aux administrations ou établissements
publics sont remises en leurs bureaux, lorsqu'elles sont faites au siége principal de l'admi- 69§3.
nistration ou de l'établissement, et dans les
autres lieux, à la personne ou au bureau de leur
préposé.

de domicile volontaire ou forcé, pour la signification de
certains actes de procédure, dans les chapitres ou je
parlerai de ces actes.

(1) Par exemple, lorsqu'on réclame comme patri-
monial un domaine que possède l'État ; ou si quelque
héritier revendique une succession dont l'État s est emparé à titre de déshérence.

Les communes sont assignées en la personne ou au domicile de leur maire. A Paris, c'est à la personne ou au domicile du préfet, parce que la ville est divisée en plusieurs mairies.

69.

Dans tous ces cas, l'original de l'exploit est visé par le fonctionnaire qui le reçoit. Est-il absent? refuse-t-il? l'apposition du visa se fait soit par le juge de paix, soit par le procureur du roi, auquel il faut alors laisser la copie.

Je placerai ici une remarque importante : l'assignation donnée à une commune doit être laissée au maire et visée par lui, et la loi ne dit point qu'en cas d'absence ou de refus, l'huissier s'adressera à l'adjoint, mais : *soit au juge de paix, soit au procureur du roi.* La Cour de cassation avait constamment annulé les exploits reçus et visés par l'adjoint. Des Cours royales s'étaient élevées contre cette doctrine, et quelques auteurs déclaraient qu'il leur était impossible de donner une raison pour l'expliquer. J'essayai, dans ma première édition, de chercher cette raison, et je la déduisis des principes qui régissaient alors l'organisation des communes et les attributions des corps municipaux.

Voici comme je raisonnais : Le maire administre seul, et représente seul la commune; il

consulte ses adjoints, quand il le juge à propos, Art.
et il a faculté de leur déléguer, au besoin, une
partie du pouvoir municipal (1). Mais un adjoint ne peut remplacer le maire, par la seule
vertu de son titre, à moins que la loi elle-
même ne l'y autorise pour quelques actes
spéciaux, comme dans l'art. 68, par exemple.
Et vous remarquerez que, dans cet article
et autres semblables, il ne s'agit point d'une
assignation signifiée à la commune.

Tout ce qui concerne les procès à intenter ou
à soutenir, pour l'exercice et la conservation
des droits de la commune, se rattache essentiellement aux attributions du conseil municipal, qui seul peut en délibérer (2). Mais,
comme il serait trop difficile et trop dispendieux
d'assigner tout un conseil municipal, le maire,
qui le préside, a reçu la mission de le représenter, pour faire donner ou pour recevoir des
assignations. Or les adjoints ne font pas partie
du conseil municipal, ils n'y ont pas même
droit d'entrée (3) ; sous cet autre aspect, ils
n'ont ni titre ni prétexte pour se faire consi-

---

(1) Loi du 28 pluviôse an viii, art. 13, et arrêté du
gouvernement du 2 pluviôse an ix, art. 7.

(2) Loi du 28 pluviôse an viii, art. 15.

(3) Arrêté du 2 pluviôse an ix.

Art. dérer comme ses mandataires, et par conséquent aucune capacité pour prendre et pour
viser les exploits signifiés à la commune.

L'adjoint remplace bien le maire au conseil
municipal, quand il n'y a pas de maire, ou
quand le maire ne peut exercer ses fonctions,
mais alors il est considéré comme le maire
lui-même.

La loi du 21 mars 1831 sur l'organisation
des communes a produit un autre ordre d'idées.
Aujourd'hui les maires et les adjoints sont
choisis parmi les membres du conseil municipal, *et ne cessent pas pour cela d'en faire
partie* (1). La jurisprudence a dû suivre la direction nouvelle. Le 8 mars 1834, en audience
solennelle, la Cour de cassation, abandonnant
le système de ses précédents arrêts, a consacré
comme il suit le principe de la permanence
des fonctions, et de cette action incessante de
l'autorité, qui fait que le pouvoir est un et
perpétuel :

« Attendu que les pouvoirs et les fonctions
de maire d'une commune passent de plein
droit, en cas d'absence ou de vacance, à l'adjoint qui exerce temporairement ces fonctions

_____

(1) Art. 3.

et ces pouvoirs ; que , dès lors , toutes les fois Art.
que l'absence d'un maire est légalement et régulièrement constatée, l'assignation donnée à
la commune , au domicile et en la personne de
l'adjoint, attendu l'absence du maire , reçue
et visée par cet adjoint qui le remplace , est
valablement donnée ;

» Que la disposition de l'article 69 du Code
de procédure, relative au visa du juge de paix
ou du procureur du roi, est générale ; qu'elle
ne s'applique pas exclusivement aux assignations données aux communes ; qu'il faut en
conclure que ce visa n'est obligatoire qu'en cas
d'absence des fonctionnaires publics , dont il
s'agit dans tout l'article, et de leurs suppléants
naturels et légaux ;

» Attendu qu'en jugeant, dans l'espèce, que
l'assignation donnée à la commune d'Ambutrix,
reçue et visée par l'adjoint après que l'absence
du maire avait été régulièrement constatée,
est valable , la Cour royale de Grenoble n'a
point contrevenu à la loi (1). »

Cependant les esprits avides de réformes sont
toujours empressés d'étendre au plus loin les
conséquences de celles qui viennent à surgir.
L'on n'a donc pas manqué d'induire du nouvel

(1) Sirey, 34 — 1 — 89.

Art. arrêt que l'adjoint était la seule personne ayant qualité, en l'absence du maire, pour recevoir les significations faites à la commune ; que, dans ce cas d'absence du maire, l'huissier ne pouvait point de suite porter l'exploit au juge de paix ou au procureur du roi ; qu'il était tenu de le présenter auparavant à l'adjoint, et que procéder autrement, c'était franchir un des degrés qui devaient être successivement parcourus.

Il a fallu qu'un second arrêt vînt faire comprendre que l'aptitude de l'adjoint pour recevoir et viser, en l'absence du maire, une signification qui s'adresse à une commune, n'est point exclusive ; qu'il est toujours permis de remettre directement cette signification soit au juge de paix, soit au procureur du roi, et qu'il y a faculté de choisir, et non pas obligation de préférer.

« Attendu que, d'après l'article 69 du Code de procédure, les communes doivent être assignées en la personne ou au domicile du maire ; que, dans l'espèce, l'huissier s'est transporté au domicile du maire de Garches pour y faire la notification de l'arrêt d'admission ; que, s'il est vrai qu'en l'absence du maire, son adjoint aurait eu qualité pour recevoir la signification, l'huissier n'était obligé ni de s'informer si l'absence du maire était telle que ses fonctions se trouvassent dévolues à l'adjoint, ni de chercher le domicile de cet adjoint, et qu'il s'est littéralement conformé à ce que prescrit la loi, en remettant au procureur du roi l'exploit destiné au maire absent de son domicile. »

On a vu ci-dessus (1) que les communes et tous les établissements publics devaient, avant de former une demande en justice, se faire autoriser. L'autorisation leur est également indispensable pour soutenir les procès qui leur sont intentés. La nullité que produirait le défaut de cette formalité est d'ordre public, elle peut être proposée en tout état de cause (2).

Le demandeur qui veut plaider contre une commune (3) est donc obligé d'adresser préalablement un mémoire au préfet, afin d'obtenir, pour lui, l'autorisation d'assigner,

(1) Page 137.

(2) Sirey, t. 5—1—246.

T. 11—1—121.

T. 13—1—125.

T. 27—1—55.

(3) Les mèmes règles s'appliquent aux hospices et fabriques, etc.

Art. et pour la commune , celle de comparaître et de se défendre (1).

Je reviendrai plus tard aux questions dont on a surchargé cette partie de la jurisprudence. Je me contenterai de faire observer ici que l'autorisation dont il faut se munir , avant d'assigner , n'a pour objet que de mettre l'administration en mesure d'empêcher la commune de soutenir un procès injuste et onéreux , et d'y couper court , en avisant aux moyens de satisfaire à la demande. Mais ce n'est pas à dire pour cela que le conseil de préfecture puisse refuser l'autorisation au créancier, sous le prétexte que son action serait mal fondée. La compétence administrative ne va point jusque-là.

Le Roi, pour ses domaines , devient le justiciable des juges qu'il a institués. C'est une de nos vieilles traditions , « que l'on a justice et » raison à l'encontre du Roi, aussi bien qu'à » l'encontre des sujets, en matières civiles (2). »

(1) Édit du mois d'août 1785 ; loi du 14 décembre 1789 ; arrêté du 17 vendémiaire an x ; loi du 18 juillet 1837 sur l'administration municipale, art. 51 et suiv.

(2) *De la Monarchie française* , par Claude Seyssel , p. 14 , édit. de 1540.

Son privilége dans les tribunaux n'est autre. A<small>RT.</small> que celui *de plaider par procureur*, parce qu'il serait messéant què le nom du prince vînt se mêler aux débats de l'audience.

Les actions judiciaires, à la charge du Roi, sont exercées, et les jugements sont prononcés contre le ministre de sa maison, ou l'intendant par lui commis; mais les assignations sont toujours données *en la personne* (1) du 69§4. procureur du roi de l'arrondissement. Nous pouvons adresser à nos princes ces paroles de Pline à Trajan : *Dicitur actori atque etiam procuraturi tuo :* IN JUS VENI, SEQUERE AD TRIBUNAL, *nam tribunal quoque excogitatum est par cæteris, nisi illud litigatoris amplitudine metiaris* (2).

L'article 14 de la loi du 8 octobre 1814 ajoute que les procureurs du roi, dans les tribunaux, et les procureurs généraux, dans les Cours, seront tenus de défendre les causes du Roi. Cette disposition était bonne autrefois, parce qu'on ne faisait pas de distinction entre le domaine du Roi et le domaine de l'État ; ils se confondaient l'un dans l'autre ; et comme

---

(1) La loi ne dit pas : *ou au domicile ;* c'est à la personne du procureur du roi que l'exploit doit être remis.

(2) *Panegyr.* 36.

Art. ·le ministère public exerçait seul les actions du domaine, en général, lui seul devait nécessairement les défendre. Mais aujourd'hui qu'il est étranger à la conception et aux préliminaires des procès concernant les domaines privés du Roi, l'obligation qui lui est imposée de les plaider et de les défendre, peut-elle bien se concilier avec l'impartialité de ses belles fonctions, dans l'administration de la justice (1)? La critique a été plus loin encore : on a demandé comment cette obligation serait remplie, dans les juridictions où il n'y a pas de ministère public ; dans les justices de paix, pour les actions possessoires, et dans les tribunaux de commerce, pour les actions à exercer contre les souscripteurs des traites qui peuvent être fournies en paiement des achats de bois de la couronne (2)? Ces difficultés ont été senties ; il a été reconnu que les termes de la loi laissaient aux agents du prince la faculté d'employer, dans ses causes, le ministère d'un avoué et d'un avocat. C'est ce qu'on a fait, et le Code n'y est point contraire. Il fut observé, en discutant au Conseil d'État cette partie de

_____

(1) Voyez mon premier vol., chap. 18, p. 548.
(2) Voyez au Répert. de M. Favard, l'art. *Liste civile*, par M. Quéquet, conseiller à la Cour de cassation.

l'article 69 : *le Roi sera assigné pour ses do-*   Art.
maines en la personne du procureur du roi,
qu'il pourrait arriver que le souverain voulût
être défendu par un avocat ; le rapporteur
répondit que l'article ne concernait que l'assignation.   •

Tant qu'une société existe, tous les associés
sont réputés habitants du lieu où elle est établie ; c'est là qu'elle doit être assignée. S'il
n'y a pas de maison sociale, l'assignation est   69§6.
donnée en la personne ou au domicile de l'un
des associés.

Les unions et directions de créanciers sont
assignées en la personne ou au domicile de l'un
des syndics ou directeurs.   69§7.

Les personnes qui n'ont aucun domicile connu en France, sont assignées à leur résidence   69§8.
actuelle.

Pour celles dont la résidence n'apparaît nulle
part, l'exploit doit être affiché à la principale
porte de l'auditoire du tribunal où la demande
est portée, et l'huissier en donne une seconde   69§8.
copie au procureur du roi, lequel vise l'original.

Les assignations aux habitants du territoire
français, hors du continent, et à ceux établis

chez l'étranger, sont données au domicile du procureur du roi près le tribunal indiqué par l'exploit. Ce magistrat vise toujours l'original, et la loi le charge d'envoyer la copie qu'il reçoit, pour les premiers, au ministre de la marine, et pour les seconds, au ministre des affaires étrangères.

Le Code ne parle point *expressément* des assignations à donner *aux étrangers*. Cependant ils peuvent être justiciables de nos tribunaux, soit en matière réelle pour leurs immeubles situés en France (1), soit en matière personnelle, pour l'exécution des obligations contractées avec un Français, en France, ou en pays étranger (2). Mais il y a une analogie si parfaite, quant à la remise de l'exploit, entre l'étranger et l'individu établi chez l'étranger, qu'il est impossible de supposer que la pensée du législateur, mal exprimée sans doute, n'ait pas compris l'un et l'autre dans la même disposition (3).

Le défaut de visa qui doit être apposé sur

(1) Cod. civ., art. 3.

(2) Cod. civ., art. 14. Il y a exception pour les Suisses, par le traité d'alliance du 24 vendémiaire an xii.

(3) Si on ne l'entendait pas ainsi, il faudrait assigner l'étranger conformément à l'ordonnance de 1667, c'est-

l'original de l'ajournement, par le fonction- Art.
naire qui reçoit la copie, rend l'exploit nul. Il
n'est pas besoin d'avertir que cette rigueur ne
s'appliquerait point au cas où l'officier du ministère public aurait négligé d'envoyer au 70.
ministre de la marine, ou à celui des affaires
étrangères, l'assignation destinée à un habitant
des colonies ou des pays étrangers. Comment
pourrait-on rendre les parties responsables de
la faute du magistrat de qui seul dépendait
l'accomplissement de la formalité prescrite ?

Les soupçonneuses précautions du législateur, pour assurer la remise des exploits, ont
dû surtout le tenir en garde contre les embûches de la nuit.

« Aucune signification ne peut être faite,
depuis le premier octobre jusqu'au trente et
un mars, avant six heures du matin et après 1037.
six heures du soir, et depuis le premier avril
jusqu'au trente septembre, avant quatre heures
du matin et après neuf heures du soir. » On retrouve ici, sauf la majesté de l'expression, ce beau

à-dire au domicile du procureur général de la Cour dans
le ressort de laquelle la cause devrait être jugée. L'ordonnance n'exigeait ni le visa, ni l'envoi de l'exploit au
ministère des affaires étrangères.

ART. débris de la loi des Douze Tables : *sol occasus suprema tempestas esto* (1). La justice s'interdit à elle-même l'entrée du domicile des citoyens pendant les heures que la nature a consacrées au repos. « Ce mot *ajournement* vient de *in diem dictio quasi in solem*, dit Bornier; c'est pour cela que, comme il a le soleil pour terme et pour témoin, il ne se peut pas faire de nuit, et dans l'obscurité des ténèbres (2). »

63.

La loi veut aussi « qu'aucun exploit ne puisse

1037. être donné les jours de fêtes légales, si ce n'est en vertu de la permission du président du tribunal, dans le cas où il y aurait péril en la demeure. »

Les constitutions des Empereurs avaient fait du dimanche un jour de trève pour les plaideurs : *taceat apparitio, advocatio delitescat... præconis horrida vox silescat, respirent à controversiis litigantes, et habeant fœderis intervallum* (3).

---

(1) Des barbares voulaient qu'on lût : *sole occaso.* Aulu-Gelle leur répondit : *sole occaso non in suavi venustate est, si quis aurem habeat non sordidam nec proculcatam. Lib.* 17, *cap.* 2.

(2) Sur l'art. 1er du titre 2 de l'ordonn.

(3) L. 11, § 1, Cod. *De feriis.*

Sous les deux premières races de nos rois,
on battait de verges ceux qui se permettaient
de donner des assignations, et de faire des
actes judiciaires les jours de fêtes (1). Mais, du
temps de Beaumanoir, ces lois n'étaient plus
observées que dans les tribunaux ecclésiastiques. « En la Cour de chrétienté, l'en ne
semond pas en jour de fête... Chette costume
ne tenons nous pas en Cour laye. » Cependant
l'auteur ajoute que ce doit être *entendu pour
bien*. Et voici comment : les roturiers étant
ajournés le matin pour comparaître le soir,
on faisait le même jour l'assignation et le jugement ; « adoncques grief seroit advenu à
povres hommes qui avoient à plaider pour
petite querelle, s'il en eust démené les plaids
aux jours ès quels ils doivent gaigner leur pain,
et fère leurs labourages. Et qui pour chette
cause fesoit semonce en jour de fêtes, et tenoit
ses plaids, la cause estoit bonne (2). » Par la
suite, la voie étant ouverte, on prit l'accou-
tumance d'y entrer, et bientôt il ne fut plus

(1) Voyez la loi des Visig., liv. 2, tit. 1, chap. 11, et
le capitul. de Charlemagne de l'année 789, chap. 18.
Baluze, t. 1, p. 253.

(2) Chap. 3, p. 22. Voilà le type de l'art. 8 du Code
de proc., au livre des Justices de paix.

Art. question de savoir *si la cause était bonne*, pour assigner en jour de fête. L'usage fut trouvé commode, parce qu'il était plus aisé de rencontrer, ces jours-là, les gens auxquels on avait des significations à faire (1). On perdit de vue le principe, les conséquences se mirent à sa place, et l'opinion presque générale dans le royaume, fut que les ajournements étaient bons et valables, nonobstant qu'ils eussent été faits en jour férié, sans permission de juge.

En 1722, les religieux bénédictins de Bernay, en Normandie, firent signifier au curé de la même ville une assignation qui lui fut donnée le jour de Pâques, au sortir de son église. Le clergé en fut grandement ému, et adressa des représentations au roi et à son conseil. L'affaire eut beaucoup d'éclat, l'exploit fut déclaré nul, et l'huissier interdit pour six mois, avec défense de récidiver, sous plus grandes peines.

Depuis cette époque, les arrêts du parlement de Paris et les auteurs de son ressort avaient progressivement penché vers le système de la prohibition. Le Code l'a adopté.

Mais aujourd'hui ce système porte-t-il avec soi la peine de nullité ?

(1) Fontanon sur Mazuer, tit. 1, n° 11.

L'affirmative ne résulte pas nécessairement
des termes *prohibitifs* dans lesquels sont conçus
les articles 63 et 1037 ; car ils ne prononcent
pas la nullité , et l'article 1030 défend alors de
l'appliquer. La peine de la contravention tom-
berait tout entière sur l'huissier , qui s'est
exposé à une amende de cinq francs au moins ,
et de cent francs au plus.

On peut considérer, d'un autre côté , que
les règles établies comme conditions de l'exercice d'un pouvoir , sont constitutives de ce
pouvoir , et que leur violation emporte nullité
de *plein droit.* Or la loi disant qu'aucune signification ne pourra être faite les jours de fête
légale, l'huissier, en exploitant, ne commet-il
pas un excès de pouvoir, puisque, durant ces
jours, la loi suspend le pouvoir qu'elle lui a
conféré, sauf les cas d'urgence pour lesquels le
juge peut lui permettre d'en reprendre l'exercice? Autre considération : la défense d'exploiter
aux jours de fête n'a pas eu pour objet l'intérêt
des parties , son motif vient de plus haut. C'est
un hommage rendu à la religion de l'Etat,
c'est une disposition d'ordre public. Ici encore
la nullité n'a pas besoin d'être textuellement
prononcée. Si l'on objectait que l'huissier sera
condamné à l'amende , et qu'il y aura double

peine, je répondrais que, dans ce cas, l'amende infligée à l'huissier, pour avoir méprisé l'autorité du juge sans laquelle il ne lui était pas permis d'instrumenter, peut, à bon droit, concourir avec la nullité de l'acte. Cette opinion me semble préférable.

J'y trouve la raison de donner une solution différente pour les exploits signifiés aux heures de nuit, parce que la disposition de la loi, à cet égard, ne concerne que l'intérêt de la personne assignée, qui peut refuser d'ouvrir sa porte et de recevoir l'exploit. Si cette personne le prend, je crois qu'elle ne sera plus recevable à venir en demander la nullité; ce qui n'empêchera point que l'huissier ne soit amendable, à cause de sa contravention.

On répétait autrefois au palais ce vieux brocard ; *à mal exploiter point de garant;* mais la justice ne s'y arrêtait pas toujours. En vain disait-on que les plaideurs se devaient imputer à eux-mêmes, lorsqu'ils avaient à souffrir de quelque nullité, de n'avoir pas choisi un huissier plus habile et mieux expérimenté dans sa charge; le bon sens répondait qu'il était impossible de faire subir examen à un officier ministériel, avant de l'employer; qu'il suffisait de le voir en possession de son

office, et de connaître son caractère légal,
pour qu'on dût lui supposer la capacité de signifier valablement une assignation.

Le Code a levé tous les doutes. Il condamne
l'huissier à supporter seul les frais d'un exploit 1031.
déclaré nul *par son fait* (1), sans préjudice des
dommages et intérêts qu'il peut encourir, suivant les circonstances, c'est-à-dire, dans le cas
d'une déchéance ou d'une prescription que la
nullité aurait laissée venir à terme.

L'huissier est tenu de faire enregistrer
l'original de l'exploit, soit au bureau de sa résidence, soit au bureau du lieu où il a instrumenté, dans les quatre jours à partir de la date (2).
Cette expression, *dans les quatre jours*, indique que le jour où l'acte a été fait est seul
excepté du délai, et que celui de l'échéance y
est compris. Ainsi un exploit signifié le 1er octobre doit être enregistré le 5, au plus tard.

Un exploit non enregistré est nul, et l'huis-

---

(1) On sent bien que si la nullité provenait du fait
de la partie, d'une fausse indication, par exemple,
qu'elle aurait donnée à l'huissier, sur le domicile de la
personne assignée, il ne devrait pas en être responsable.

(2) Lois des 19 décembre 1790, art. 8, et 22 frimaire
an VII, art. 20.

ART. sier est responsable de la nullité envers la partie (1).

L'enregistrement, ou le contrôle, comme on disait autrefois, n'appartient point à la substance de l'acte. Le but de cette formalité est de rendre sa date plus certaine ; elle a remplacé, pour les exploits, l'assistance des recors (2).

L'extrait de l'enregistrement peut-il suppléer à la représentation de l'original d'un exploit ? Je n'ai jamais conçu que cette question ait sérieusement été agitée. L'accomplissement des formalités prescrites ne peut se vérifier que par l'acte lui-même, *non extrinsecùs*. L'enregistrement constate bien qu'un exploit a été enregistré, mais il ne prouve pas que cet exploit a été régulièrement rédigé et signifié.

L'exploit fait foi en justice, jusqu'à inscription de faux, des faits que l'huissier y a constatés. Cela doit s'entendre uniquement *des faits de son ministère*, comme de son transport, du *parlant à*, du refus qu'un voisin aura fait de signer, de tout ce qui tient à la remise maté-

(1) Loi du 22 frimaire an VII, art. 34.
(2) Voyez ci-dessus, pag. 94 et 95.

rielle de l'acte ; et non pas des opinions parti-   Art.
culières qu'il a exprimées , et des conséquences
qu'il a déduites de ce qu'il a vu ou entendu.
Par exemple : l'huissier trouve au domicile de
la personne qu'il vient assigner, un individu
qu'il y voit travailler ; il en conclut que c'est
un associé de cette personne , et il l'écrit dans
son exploit. Foi ne lui sera pas due relativement à cette conjecture, parce qu'il n'a pas
été institué pour conjecturer , mais pour certifier des faits.

La première rédaction de l'art. 61 du Code
portait : « L'ajournement contiendra les noms
et demeure du défendeur, et *ses réponses.* »
Cette disposition fut retranchée. Une réponse
improvisée, à la réception d'un exploit, est souvent dangereuse, parce qu'elle peut être surprise, mal réfléchie, mal saisie, mal rendue ;
elle est toujours inutile , lorsque ce n'est ni un
commandemeut, ni une sommation, mais une
simple assignation que l'huissier apporte. Il
ne doit ni la solliciter , ni l'écrire.

L'ajournement produit plusieurs effets. Le
principal est d'obliger les parties de comparaître , l'une pour présenter sa demande, et
l'autre pour y répondre.

ART.

Le défendeur n'est pas dispensé de se présenter, sous le prétexte de l'incompétence du tribunal devant lequel il a été assigné; il faut qu'il vienne pour demander son renvoi, *ut hoc ipsum sciatur, an jurisdictio ejus sit* (1), car c'est toujours au juge qu'il appartient de prononcer sur sa compétence : *si quis ex alienâ jurisdictione ad prætorem vocetur, debet venire, prætoris enim est estimare an sua sit jurisdictio* (2).

L'ajournement tient en suspens les poursuites du demandeur, pendant la durée du délai fixé pour la comparution : *citato acquiritur jus, ut pendente termino præfixo ad comparendum, per ipsum tempus expectari debeat* (3).

Il détermine la valeur de la demande et le taux du premier ou du dernier ressort (4).

Il fait courir les intérêts (5).

Il fait cesser la bonne foi du possesseur, qui

(1) L. 2, ff. *Si quis in jus vocatus*, etc.
(2) L. 5, ff. *De judiciis.*
(3) Rebuffe, *Tract. de citat., in præfat.*, nº 126.
(4) Voyez mon premier vol., chap. 13.
(5) Cod. civ., art. 1153, 1154, 1155, 1207, 1479, 1682, 1904.

pouvait ne pas connaître les vices de son
titre (1).

Il interrompt la prescription (2).

Ce chapitre est fort long; mon excuse sera dans la nature du sujet.

L'ajournement est le pivot sur lequel tourne, pour ainsi dire, l'axe du procès. C'est au titre de l'Ajournement que se trouvent le détail des formalités dont se composent tous les exploits en général (3), et le type de ces garanties données pour protéger la destination, et pour assurer la remise de toutes les significations juridiques.

Je puis marcher maintenant, sans que je sois obligé de m'arrêter et de disserter à chaque pas, quand viendront se mettre sous ma plume les mots de *significations*, de *notifica-*

---

(1) Cod. civ., art. 549 et 550.

(2) Cod. civ., art. 2244.

(3) Il y a des formalités particulières à certains exploits. Par exemple, l'indication du délai pour comparaître, et du tribunal qui doit juger, ne doit se trouver que dans les expoits qui contiennent *assignation*; et il n'y a point d'avoué à constituer, dans l'ajournement, devant une juridiction qui n'admet pas le ministère des avoués.

tions , de *dénonciations* , de *sommations* , et tous ces termes dont on se sert pour exprimer des actes de procédure qui se font par exploit.

C'est ainsi qu'après avoir parlé , dans mon introduction , des différentes espèces d'actions, je me trouve dispenssé d'y revenir , pour dire devant quel tribunal chacune d'elles doit être portée.

Tout le monde connait la maxime : *actor sequitur forum rei ;* deux mots suffiront pour faire voir comment elle se combine avec la division des actions.

59.

L'action personnelle est adhérente à la personne ; il est tout naturel qu'elle soit exercée devant les juges du domicile de la personne , ou devant le tribunal de sa résidence , si elle n'a pas de domicile.

Les meubles n'ont pas de situation fixe , ils suivent celui qui les détient ; l'action réelle-mobilière est donc également portée devant le tribunal du domicile du défendeur.

S'il y a plusieurs défendeurs , l'unité de l'instance exige qu'ils soient tous assignés devant

59 §2.   les juges du domicile de l'un d'eux , au choix du demandeur.

Par l'action réelle-immobilière , ce n'est plus une personne que l'on poursuit ; c'est une

chose ou un droit réel sur cette chose, que
l'on revendique et que l'on va chercher au lieu
où elle est assise : *res non persona convenitur*.
Le possesseur, quel qu'il soit, n'est appelé que
pour servir de contradicteur, et l'assignation
lui sera toujours donnée devant le tribunal
de la situation de l'objet litigieux, *in forum*
rei sitœ (1).

L'action mixte étant marquée du double signe de l'action personnelle et de l'action réelle-
immobilière, on a encore le choix de la porter
devant le tribunal du domicile du défendeur,
comme une action dirigée contre la personne,
ou devant le tribunal de la situation de l'objet
litigieux, comme une action dirigée sur la
chose.

Il suffit de se rappeler que le domicile d'une
société, tant qu'elle existe, est au lieu de son
établissement, pour dire quels juges devront
connaître des contestations qui s'élèvent entre
les associés, ou qui sont élevées par des tiers
contre la société.

On sait aussi que le domicile d'une succession subsiste au lieu où elle s'est ouverte,
jusqu'à ce qu'elle soit partagée. Ce domicile est
indivis, comme les biens dont l'hérédité se

(1) Voyez ci-dessus, pag. 26.

ART.

59 §6.

compose : c'est à cette espèce de chef-lieu que se trouvent les registres, les titres, les papiers ; c'est donc au tribunal du ressort qu'il faudra assigner, sur les demandes des héritiers entre eux (1), sur les demandes des créanciers, et sur celles des légataires.

Mais il n'y a plus d'associés quand la société est dissoute ; plus d'héritiers, plus de masse, quand la succession est divisée ; l'être moral s'est évanoui ; chacun jouit à part de ce qu'il a recueilli, il le confond dans son patrimoine, et chacun alors doit être traduit devant ses juges naturels (2).

Vous voyez toujours sous l'enveloppe transparente de ces fictions, la maxime : *actor sequitur forum rei ;* elle n'éprouve véritablement ici ni exceptions ni dérogations, ce ne sont que des modes divers de son application.

Est-ce une action réelle-immobilière qu'un tiers veut intenter contre une société ou contre une succession ? Il traduira l'être moral devant les juges de la situation de l'objet litigieux, comme s'il avait affaire à un détenteur ordinaire.

(1) Cod. civ., art. 822.
(2) Voyez ci-dessus, pag. 26 et 27.

Le Code dit qu'en matière de faillite, le défendeur sera assigné devant les juges du domicile du failli. Cette rédaction un peu trop vague pourrait faire croire qu'elle donne au tribunal de l'ouverture de la faillite, l'attribution de toutes les causes qui s'y rattachent, soit qu'elles proviennent d'actions dirigées contre les syndics, soit que les syndics eux-mêmes y figurent comme demandeurs. Si cette interprétation était la meilleure, force serait bien d'y reconnaître une exception à la règle : *actor sequitur forum rei.*

Mais je ne pense pas que la loi doive être entendue dans ce sens : il est toujours dangereux de supposer des exceptions qui détruisent l'unité de la règle, et qui font perdre sa trace. Quand l'ouverture d'une faillite est déclarée, il faut un domicile à cette masse d'intérêts que représentent les syndics, comme il a fallu en faire un pour la masse indivise d'une succession. C'est au domicile du défunt que la succession habite; de même, c'est au domicile du failli que vous trouverez la faillite; et si vous avez des droits à exercer contre elle, vous n'assignerez point les syndics devant le tribunal de leur propre domicile, mais devant celui dans le ressort duquel réside le siége de leur administration.

Art. 59§7.

Vous êtes au contraire le débiteur de la faillite ? C'est chez vous que la faillite devra vous attaquer et vous poursuivre. N'est-ce pas là que le failli, avant sa chute, serait venu vous chercher ? Par quelle vertu, la réunion de ses créanciers, en prenant sa place, y trouverait-elle le privilége exorbitant de vous distraire de vos juges naturels ? Que les créanciers fassent vérifier leurs titres au tribunal de la faillite, que l'on y porte toutes les contestations sur les rapports à la masse des valeurs perçues par un créancier, au détriment des autres ; je conçois parfaitement cette compétence. C'est ainsi que les héritiers et les associés plaident entre eux au tribunal de la succession ou de la société. Mais pour les actions personnelles à intenter contre des tiers, et pour des actions réelles à diriger sur des immeubles, il faut toujours suivre le *forum personæ*, et le *forum rei sitæ*.

J'ai déjà parlé du *forum contractûs*, ou de la juridiction du domicile élu ; je n'ai qu'un mot à ajouter pour confirmer les principes que j'ai posés sur ce point. La section du Tribunat, en proposant au Conseil d'État la rédaction de l'article 59, telle qu'elle est passée dans le Code, s'exprima en ces termes : « Au reste la section entend que l'élection de domicile,

pour l'exécution d'un acte, tient toujours, Art.
quoique celui chez qui le domicile a été élu
soit décédé, et que les héritiers des parties
contractantes sont compris dans l'article, aussi
bien que les parties elles-mêmes. »

Le garant doit être appelé devant le tribunal 59 §8.
saisi de la demande originaire, parce que l'action en garantie est un accessoire qui suit le
sort du principal. Si la garantie n'est réclamée
qu'après le jugement de la demande originaire,
alors elle devient elle-même une action principale et introductive d'une instance nouvelle,
et le garant ne peut plus être traduit que
devant les juges de son domicile.

« Les demandes formées pour frais par les 60.
officiers ministériels sont portées au tribunal
où les frais ont été faits. Elles sont dispensées
de l'essai de conciliation. » Voilà bien une ex- 49 §5.
ception formelle à la maxime : *actor sequitur
forum rei*, mais elle était commandée par la
nature des choses. C'est au tribunal qui a,
pour ainsi dire, vu faire les frais, qu'il appartient de les taxer ; à lui seul aussi doit
appartenir la connaissance des contestations
qui peuvent s'ensuivre.

Il résulte de là que le paiement des frais d'une instance d'appel sera poursuivi, de prime saut, et *omisso medio*, par l'avoué auquel ils sont dus, devant la Cour royale qui a jugé l'affaire. L'ordre public lui-même n'est-il pas intéressé à ce que les officiers ministériels ne soient point détournés de leurs fonctions, pour aller au loin solliciter en justice le paiement de leurs avances et de leurs honoraires ?

Tout cela se doit entendre, non-seulement des avoués, mais encore des notaires, des greffiers, des huissiers, des commissaires-priseurs, car leurs frais sont également taxés par le président du tribunal de leur ressort, et l'art. 9 du 4e décret du 16 février 1807, qui sert de complément à l'art. 60 du Code, dit expressément que ses dispositions s'appliquent aux demandes des avoués et *autres officiers ministériels*, en paiement de frais, contre les parties pour lesquelles ils auront *occupé* ou *instrumenté*.

Ce serait donner trop de portée à ces propositions, que de pousser leurs conséquences au dehors de la juridiction ordinaire. Il ne faut pas en conclure, par exemple, qu'un tribunal de commerce serait compétent pour statuer sur l'action d'un huissier réclamant le salaire des

exploits qu'il a signifiés, à l'occasion d'un   Art.
procès qui fut soumis à ce tribunal. Les juges
de commerce sont des juges spéciaux, et les
significations d'un huissier ne sont pas des
actes de commerce.

Les officiers ministériels sont tenus de donner, avec leurs assignations, copie du mémoire
des frais dont ils demandent le paiement (1).
Il est particulièrement ordonné à tous les
avoués d'avoir un registre coté et paraphé par
le président du tribunal auquel ils sont attachés, et sur lequel ils inscrivent eux-mêmes,
suivant l'ordre des dates, et sans aucun blanc,
toutes les sommes qu'ils reçoivent de leurs
clients. Ce registre doit être représenté toutes
les fois qu'ils en sont requis, et notamment
lorsqu'ils agissent en condamnation de frais,
sous peine d'être déclarés non recevables dans
leurs demandes (2). La même règle se trouvait
déjà dans la fameuse ordonnance donnée par
Charles VII, au mois d'avril 1453, « pour ce
que souventes fois advenoit que après le tré-
passement des procureurs, les héritiers demandoient grandes taxes et salaires, et ainsi
demandoient ce qui avoit été payé aux dicts
procureurs. »

(1) Décret du 16 février 1807, art. 9.
(2) *Ibid.* art. 151.

Art.   Une question fort délicate se présente à
propos de cette ordonnance. L'article 44 portait : « Défendons aux procureurs qu'ils ne
retiennent les lettres et titres des parties,
soubz couleur de leurs dicts salaires ; et s'aucuns des familiers, ou procureurs, retiennent
ou veulent retenir les dicts titres, nous voulons
diligente inquisition et punition en estre faicte,
par privation de leurs offices, et autres grandes
amendes, tellement que ce soit exemple à tous
autres. » La sévérité de ces dispositions pouvait être justifiée, dans ce temps-là, par les
excès des gens de justice. Mais la lettre de
l'ordonnance ne put tenir contre le soulève-
ment de tous les intérêts qu'elle vint irriter.
On supposa que son esprit permettait aux
procureurs de retenir les pièces de la procédure, comme un gage, jusqu'au paiement de
leurs avances et salaires, et qu'elle ne les
obligeait qu'à remettre les titres et les actes
qu'ils avaient reçus des parties, pour attaquer
ou défendre. Cette interprétation, qui d'abord
ne fut point admise par tous les auteurs et par
tous les arrêts (1), prévalut à la longue, et même,
lors de la nouvelle organisation judiciaire, les

(1) Voyez Coquille, t. 2, Quest. 197, et Boniface,
T. 1, tit. 19, n° 9.

procureurs retenaient les titres et les pièces Art.
de la procédure jusqu'à satisfaction entière.
Il n'était plus question de l'ordonnance de
Charles VII que dans les vieux livres.

Cependant arriva la loi du trois brumaire
an II, qui supprima les avoués, et renouvela,
dans son article 17, les défenses fulminées par
l'article 44 de l'ordonnance de 1453. Il y est
dit : « Les avoués ne pourront pas retenir les
pièces par le défaut de paiement des frais, et
ils seront tenus de les rendre aux parties, sauf à
exiger d'elles une reconnaissance authentique
du montant desdits frais, après qu'ils auront
été taxés. »

M. le président Favard de l'Anglade pense
que cette disposition est *conforme aux véritables principes* (1). On soutient, d'un autre
côté, que le décret du 3 brumaire an II n'avait
été qu'une loi de circonstance ; qu'en suppri-
mant tout-à-coup les avoués, il était convenable de ne pas mettre dans l'impossibilité de
se défendre, un plaideur qui n'avait pas le
moyen d'acquitter de suite un mémoire de frais
pour retirer son dossier ; mais que, cette considération n'existant plus, il faut revenir à ce
qui se pratiquait auparavant.

(1) T. 4, v° *Officier ministériel*, p. 30.

Art. Certes il y a beaucoup à dire en faveur des avoués. Ce droit de rétention qu'ils invoquent peut être fort juste ; mais sur quels textes le fondent-ils ? C'est comme si un tuteur voulait se maintenir en possession des biens qu'il administre, parce qu'il a fait de fortes avances pour son pupille. La loi ne reconnaît de gage, de nantissement et de privilége, que dans les cas et sous les conditions qu'elle détermine.

Pourquoi l'art. 17 de la loi du 3 brumaire n'aurait-il été qu'une conséquence spéciale de la suppression des avoués, plutôt qu'une occasion toute naturelle de rappeler l'ancienne disposition de l'ordonnance de 1453 ? Ce qui me paraît incontestable, c'est que cette disposition n'a jamais été abrogée, ni expressément, ni tacitement, et que le régime actuel n'a rien qui ne puisse se concilier avec son exécution (1).

M. Carré voudrait qu'il fût permis aux avoués, comme autrefois, de retenir, jusqu'au paiement de leurs avances et émoluments, sinon les titres, dont ils ne sont que dépositaires, au moins les pièces de la procédure qu'ils ont faite (2).

(1) La Cour de Rennes l'a ainsi jugé le 24 juillet 1810. *Journal des Avoués*, t. 5, p. 293.

(2) *Lois d'organisation et de compétence*, t. 1, p. 293.

Le rédacteur du Journal des Avoués fait des vœux pour que la jurisprudence consacre cette opinion. Je crois qu'il ferait mieux de les adresser au législateur.

Voyez pour la prescription de l'action des avoués ; en paiement de leurs frais , l'art, 2275 du Cod. civ.

———————

CHAPITRE III.

CONSTITUTION D'AVOUÉS, ET DÉFENSES.

(Liv. 2, tit. 3, art. 75—82 du Cod. de Proc.)

Art. 61.
L'ajournement est donné; il contient le nom de l'avoué que le demandeur a dû constituer.

Or, il est nécessaire que l'autre partie indique, à son tour, l'officier ministériel qui la représentera devant le tribunal. Son choix doit être déclaré dans le cours des délais qui lui sont accordés pour comparaître. Plus tard, elle s'exposerait à trouver un jugement déjà rendu.

Rien n'est plus simple que la forme de cet agencement préalable. L'avoué du défendeur se légitime lui-même vis-à-vis de l'adversaire qui l'attend, en lui déclarant, *par un simple acte*, qu'il a reçu de son côté la mission d'*occuper*, et de répondre à l'attaque.

Ce *simple acte*, que l'on nomme aussi *acte d'avoué à avoué*, comme toutes les communications du même genre, est une sorte d'exploit que les huissiers préposés au service de l'audience ont seuls le droit de signifier. On ne l'entoure point de toutes les précautions que la loi prescrit, pour la remise ordinaire des exploits à la personne ou au domicile des parties elles-mêmes. Les relations habituelles des avoués entre eux, les rapports qu'ils ont tous les jours avec les huissiers audienciers, rendent inutiles la mention de l'immatricule de ceux-ci, et ces désignations de profession, et ces indications de demeure, qui abondent déjà dans l'exploit d'ajournement. Au bas de l'original et de la copie de l'écrit rédigé et signé par l'avoué requérant, l'huissier se contente de certifier qu'il en a fait la signification à l'autre avoué, en parlant soit à lui, soit à l'un de ses clercs; il date, il signe, et cela suffit.

Mais lorsqu'il y a ajournement à bref délai, il est quelquefois difficile que la personne assignée puisse avoir le temps de vaquer à tout ce que sa position exige, d'aviser un avoué, et de lui remettre les pièces assez à point, pour qu'il se fasse judiciairement connaître avant l'époque de la comparution. Dans ce cas, qui

Art.
75.

Art. n'a point échappé aux prévisions de la loi, il est permis à l'avoué de se présenter à l'audience, de prime abord, et de déclarer, au moment où la cause est appelée, qu'il se constitue pour le défendeur. Un jugement intervient qui lui en donne acte.

Ne croyez pas, toutefois, qu'à la faveur de cette exception d'urgence, l'avoué soit dispensé de faire sa constitution par écrit ; il doit la réitérer et la faire signifier, le jour même, suivant le mode ci-dessus indiqué. S'il négligeait d'accomplir ce devoir, le jugement qui lui a donné acte de sa présentation à l'audience, serait levé à ses frais ; car on doit sentir combien il importe, pour la suite de l'instance, que tous ces préliminaires soient authentiquement assurés.

Voilà comment s'opèrent, entre les représentants des parties, l'échange et la vérification de leurs pouvoirs respectifs.

Le mandat *ad lites* se contracte par le consentement réciproque du client qui le donne, et de l'avoué qui l'accepte (1).

Le mandat du demandeur est écrit dans

(1) Coquille pense que c'est plutôt un contrat de louage qu'un véritable mandat : *magis spectat locationem operarum.*

l'ajournement; celui du défendeur peut n'être
que verbal; il résulte de la simple remise des
pièces.

L'avoué qui reçoit et qui retient les pièces
de l'une ou de l'autre des parties, soit pour
aller en avant, soit pour se constituer et défendre, accepte le mandat, et se rend tacitement responsable de tous les dommages que
pourrait entraîner son inexécution.

Je parlerai plus amplement au chapitre *du
désaveu*, de la nature du mandat *ad lites*, et,
si je puis m'exprimer ainsi, de la sphère d'activité légale dans laquelle procèdent les avoués.

Je ferai seulement observer ici que le
mandat *ad lites* est révocable, comme tout
autre mandat, et que l'obligation de se faire
représenter en justice n'est point un lien in-
dissoluble qui enchaîne la partie à son avoué.
Rien de plus juste, en matière de confiance,
que de donner toute liberté au discernement,
aux susceptibilités, et même aux caprices des
plaideurs. Mais il convenait aussi d'en régler
l'exercice, et de veiller à ce que les gens menacés d'un jugement trop prompt à leur gré,
ne pussent trouver dans la faculté de révoquer,
un moyen d'arrêter le cours de l'instance, en
y laissant vide la place de leur avoué. On a

donc exigé que la constitution d'un nouvel
avoué fût contenue dans la révocation du
premier. C'est ce nouvel avoué qui déclare,
par un simple acte, à celui de l'autre partie,
qu'il est chargé d'occuper au lieu de l'avoué
précédemment constitué, lequel demeure révoqué.
De cette manière, la marche du procès ne peut
jamais être suspendue par la volonté de l'un
des intéressés ; car, s'il notifie une révocation
toute sèche, sans un remplacement immédiat,

75.   les procédures faites et les jugements obtenus
contre l'avoué révoqué, dont le ministère devient alors purement passif, sont aussi valables
que s'il n'y avait pas eu de révocation.

Maintenant les communications sont établies, et l'instruction peut commencer.

L'instruction consiste à donner au juge la
notion du litige et à préparer la décision :
omnia, quæcumque causæ cognitionem deside-
rant, per libellum expediri non possunt (1).
Elle se réduit aux éléments les plus simples,
ou elle se complique de discussions et de vérifications, suivant la nature du procès et la
variété des incidents qui se succèdent.

Il y avait un double excès à éviter, en po-

(1) *L.* 71, *ff. De regulis jur.*

sant les bases d'un système pour l'instruction ART. des causes civiles : l'excès de célérité qui donne à l'une des parties le bien de l'autre sans examen, et l'excès de lenteur qui les ruine toutes les deux à force d'examiner.

Le Code a fait de l'instruction *ordinaire* la règle générale ; il l'a placée au milieu de deux exceptions, dont l'application est confiée à la sagesse des tribunaux.

Dans les affaires qui ne sont point traversées par des enquêtes, des expertises, des visites de lieux, etc., l'instruction ordinaire est réduite à un mémoire, ou *requête*, que l'avoué du défendeur fait signifier, pour répondre au libelle de l'ajournement, et à des observations que le demandeur fournit à son tour. Les faits s'exposent et s'éclaircissent dans ces mémoires, qui sont d'ailleurs de pure faculté ; les questions s'y élaborent, et la tâche de l'audience en devient plus facile.

Pour les causes qui exigent une prompte décision, pour celles dont les points tout simples n'ont pas besoin d'explications préliminaires, ou dont la mince valeur ne supporterait pas le déchet des frais, l'instruction est *sommaire* ; on n'y fait point d'écritures ; elle est, si je puis ainsi dire, toute parlée.

Art.   Mais il est d'autres procès qui se composent d'un si grand nombre de chefs, qui se grossissent d'un si grand nombre de titres et de pièces, qu'il serait impossible d'en saisir les détails, s'ils n'étaient pas écrits. Irez-vous étaler sur le barreau des branches d'un vieil arbre généalogique, et consumer inutilement le temps des audiences à plaider un long lignage? Vos paroles feraient-elles comprendre les chapitres de recette et de dépense d'un compte rendu, les factures et les quittances, les chiffres et les calculs? Il faut à des affaires de ce genre une instruction *par écrit*, ainsi nommée parce qu'on y remplace les plaidoiries orales par des discussions écrites.

La nouvelle loi de procédure civile, pour le canton de Genève, a conservé ces trois espèces d'instruction; mais elle les a rangées dans un autre ordre. Elle admet comme *règle* notre instruction sommaire, c'est-à-dire la plaidoirie immédiate à l'audience qui suit l'expiration du délai de l'ajournement. L'instruction ordinaire et l'instruction par écrit forment des *exceptions*, que les juges autorisent suivant les exigences de chaque cause. « Il est plus naturel, disait M. le professeur Bellot dans son exposé, de remonter du simple au complexe, que de descendre du complexe au simple (1). »   Art.

Notre méthode peut n'être pas aussi rationnelle que celle-là ; mais, en résultat, les effets
sont à peu près les mêmes. A Genève, le tribunal
décide, à l'entrée de la cause, qu'elle sera instruite, s'il y a lieu, c'est-à-dire, qu'on écrira
avant de plaider. Chez nous il décide qu'elle ne
sera point instruite, s'il n'y a pas lieu, c'est-à-
dire, qu'on n'écrira point avant de plaider (2).

En vérité, la différence ne vaut pas le bruit
périodique qu'on en a fait, dans ce qui s'appelle aujourd'hui *des articles de doctrine*.

Cette doctrine tranche beaucoup plus souvent qu'elle n'approfondit. Elle propose, par
exemple, de supprimer toute espèce d'instruction, attendu que ces longues écritures,
enflées par la cupidité des officiers ministériels,
ne contiennent que des inutilités, et que les
juges ne les lisent jamais.

Aggraver les frais de procédure est un grand
mal, sans doute; c'est, comme l'a dit Bentham,
violer la promesse qu'on a faite de sanctionner
les contrats, et rendre la justice d'un accès

(1) Exposé des motifs de la loi sur la procéd. civ.,
pour le canton de Genève, 1re partie, tit. 4, p. 46.

(2) Dans le langage habituel du palais, *instruire* c'est
écrire.

Art. trop difficile aux pauvres gens, c'est-à-dire, à ceux qui en ont le plus grand besoin. Toutefois, lorsque les abus ne sont point dans la loi, ce n'est pas raisonner juste que de s'en prendre à la loi. Si les avoués font des écritures trop longues, si leurs requêtes n'offrent rien qui serve à l'intelligence des causes, les juges ont tort de ne pas les rejeter de la taxe, et de ne pas en laisser le coût à la charge de leurs auteurs. Si les juges ne les lisent jamais, ils ont encore tort, car ce n'est qu'en les lisant qu'ils peuvent connaître le degré d'utilité de ce qui a été écrit, et veiller au maintien des règlements sur ce point. C'est une exagération malavisée que de vouloir toujours abattre, quand il n'y aurait qu'à élaguer.

Loin de proscrire l'instruction, il serait bon peut-être que l'on n'eût point, dans les causes ordinaires, la faculté de n'en pas faire. Il faudrait obliger chacune des parties à donner des explications écrites sur les faits, avant de venir à l'audience. La plaidoirie en serait plus franche, on y discuterait mieux, on y disputerait moins ; l'attention des juges aurait un objet arrêté, et ne s'épuiserait pas de fatigue dans les sinuosités d'un interminable débat.

Ceux qui ont vu le palais, sous l'empire de

la loi du 3 brumaire an II, savent ce que Art. c'était que cette procédure toute nue, qui se faisait sur le barreau. On venait brusquement se heurter, sans avoir reconnu le terrain, et sans aucune communication préalable. La justice se laissait surprendre, sous prétexte d'économie ; ou bien le temps se perdait à alléguer, à dénier, à éluder. Combien ne fallait-il pas de renvois et de jugements préparatoires, pour que l'on sût à quoi s'en tenir, et pour arriver chèrement au point où quelques lignes d'instruction auraient seules fixé l'issue de l'affaire?

Les lois positives ont plus ou moins d'imperfections ; tout le monde sait cela. Mais un coup d'œil réformateur, jeté rapidement sur les articles d'un Code, ne suffit pas pour bien voir leur engrenage, pour saisir leurs rapports, et pour apprécier leur utilité relative. Ces doctrines improvisées ne sont pas sans quelque danger ; elles sèment de vagues préventions, elles détachent de la loi, elles lui donnent un aspect ridicule ; en attendant mieux, on ne l'étudie pas, et l'on s'expose à mal procéder et à mal juger.

Je demande grâce pour ces réflexions. Si l'expérience n'était que du talent, j'aurais trop de désavantage à m'en prévaloir contre

Art. les rêves de nos jeunes hommes de bien.

Il n'est pas rare d'entendre des plaideurs malheureux accuser la loyauté des officiers ministériels, et confondre les frais de la procédure avec les taxes du fisc. Faudrait-il attribuer à l'influence d'un pareil embrouillement les doctrines antipathiques contre les avoués et les requêtes ?

La méthode de procéder, les garanties qu'elle a fondées, les règles qu'elle a tracées, pour assurer la défense et pour éclairer les magistrats, ne tiennent, par aucune nécessité, ni aux droits d'enregistrement, de timbre et de greffe, ni à la surtaxe du budget de 1816, ni au décime de guerre qui se perçoit encore après une longue paix, ni aux tarifs qui fixent le nombre de syllabes à la ligne, et le nombre de lignes à la page. On a fait d'un procès une matière imposable; mais il n'y a pas plus d'affinité entre le système de la procédure, et les impôts indirects mis sur la procédure, soit avant, soit après le Code, que vous n'en trouverez entre la contribution des portes et fenêtres, et les propriétés de l'air et de la lumière.

Dites que l'énormité des taxes forme un déplorable contre-sens, avec l'intention des lois

qui promettent appui et secours au faible
contre le puissant ; dites que les exigences fiscales auxquelles une pauvre partie est hors
d'état de satisfaire, sont comme un déni de
justice ; dites que l'excès des droits n'est pas
plus profitable aux caisses de l'État, que
l'excès des peines ne l'est au repos de la société : je vous comprendrai parfaitement, et
si ma voix pouvait avoir quelque crédit, je ne
refuserais point de la joindre à la vôtre.

J'expliquerai plus loin les formes de l'instruction par écrit, et la classification des matières sommaires. Je dois seulement m'occuper,
dans ce chapitre, de la marche toute unie
d'une instance que nul incident ne vient embarrasser.

Je reviens à quelques détails.

C'est dans la quinzaine à compter du jour 77.
où il s'est constitué, que l'avoué de la personne
assignée doit signifier ses défenses, et offrir de
communiquer les pièces à l'appui.

La communication se fait, entre les avoués,
de la main à la main, et sous *récépissé*. Elle se
fait aussi par la voie du greffe. Dans ce dernier
cas, les pièces à communiquer sont d'abord
déposées au greffe, où celui qui reçoit la communication peut aller les voir et les inspecter,

Art.   sans déplacement, et sous la surveillance immédiate du greffier. Ce mode est surtout employé lorsqu'il s'agit de pièces originales, ou de titres précieux (1).

Il fallait bien fixer un délai pour la signification des défenses, autrement la durée du procès eût été abandonnée à la discrétion de celle des parties qui, le plus souvent, est intéressée à faire différer le jugement. Cependant le délai n'est pas fatal, c'est-à-dire qu'après la quinzaine les défenses peuvent encore être signifiées, jusqu'à ce que le demandeur ait donné une sommation pour venir plaider. Remarquez en même temps que le demandeur ne pourrait pas poursuivre l'audience, et prendre un jugement avant l'expiration du délai, parce que ce délai est une des principales garanties auxquelles la justice doit veiller. Le jugement serait nul, de nullité substantielle (2).

78.   Huit jours sont accordés à l'avoué du demandeur pour répondre aux défenses. Ce délai n'est pas plus fatal que le premier, tant que l'audience n'est point sollicitée.

La raison de l'inégalité du délai tient à la

_____

(1) Voyez ci-après le chap. 9 des *exceptions*, § 5.
(2) Arrêt de la Cour de Paris. Sirey.—29—2—321.

différence de position où se trouvent respecti- Art.
vement les parties.

Le défendeur que l'on vient attaquer a besoin
d'un plus grand nombre de jours, pour rechercher ses titres, se consulter, arranger et présenter ses moyens. Il n'en faut pas tant au
demandeur pour répondre ; il avait pris
son temps avant de commencer ses hostilités; il a dû prévoir ce qui pourrait lui être
opposé, et se préparer d'avance à le repousser.

La loi ne permet point de signifier des répliques.

Voilà donc, en définitive, à quoi se réduit l'instruction ordinaire des procès d'audience (1), qui marchent sans accidents, et
ne réclament ni enquêtes, ni vérifications,
ni interrogatoires, etc. Chacune des parties a
la faculté de signifier *une requête*.

Aucunes autres écritures ni significations
ne peuvent entrer en taxe. Dans la discussion
du Code au Conseil d'état, quelqu'un demanda que, pour mieux assurer l'effet de cette
disposition, il fût interdit à l'avoué de répéter, même contre son client, les écritures

(1) On se sert de cette expression pour les distinguer
des procès par écrit. Voyez ci-après, chap. 6.

ART: qui ne seraient point entrées en taxe. Cette rigueur, appliquée à tous les cas, eût été d'une extrême injustice. On répondit qu'une partie venant à s'apercevoir, après sa requête . signifiée, qu'elle a oublié de faire valoir quelques-uns de ses moyens, ou de produire toutes les pièces nécessaires à sa cause, doit conserver la faculté de réparer cette omission, *à ses frais*, par une nouvelle signification ; c'est-à-dire que les frais de cette signification ne pourront, en aucun cas, être répétés contre l'adversaire. Mais on fit observer aussi que cette partie n'en devra pas moins payer à son avoué l'addition d'écritures qu'elle lui aura fait faire.

Autrefois on accusait quelques procureurs de signifier des copies de requête par extrait, et d'intercaler plus tard, dans la *grosse* ou *original*, un énorme remplissage de rôles, lorsque la sentence leur faisait gagner les dépens. Cet abus n'est plus possible ; car les avoués sont obligés de déclarer, au bas des originaux et des *copies de toutes leurs requêtes* 104. *et écritures*, le nombre de rôles dont elles se composent, à peine de rejet.

Enfin il est libre aux plaideurs de faire ou 80. de ne pas faire d'instruction. Le défendeur

peut demander audience, et plaider aussitôt Art.
qu'il a un avoué constitué. De son côté, le demandeur peut aussi poursuivre le jugement,
dès que les défenses de son adversaire lui ont
été signifiées, et dédaigner d'y répondre.

L'acte par lequel l'un des avoués poursuit
l'audience contre l'autre s'appelle *un à venir
plaider*, ou tout simplement *un à venir*. Dans
l'ancienne pratique, on les multipliait exces-
sivement; on se donnait cinquante rendez-
vous à l'audience, avant de songer sérieusement à y paraître, et à y faire trouver les
avocats. Aujourd'hui, le Code ne permet d'admettre en taxe qu'un *à venir* pour chaque
partie.

C'est peut-être une prévention trop favorable, mais je crois qu'il eût été difficile de
mettre, dans l'instruction ordinaire des causes, plus de réserve, plus d'économie, et une
nécessité plus stricte; d'y ménager mieux le
temps, et d'y laisser moins de prise aux abus.
Comparez la marche de la procédure, en
France, avec la complication des formes chez
les Anglais, avec l'entortillement de leurs
diverses espèces de *writs*, la variété de leurs
fictions, leurs *rejoinder* et leurs *sur-rejoinder*,

leurs *rebutter* et leurs *sur-rebutter*, et tous ces mille détours que les plaideurs sont obligés de parcourir, avant d'arriver à l'issue générale et au jugement du pays (1)! Comparez notre système d'instruction judiciaire avec celui de l'Allemagne, où l'on écrit tout, où rien n'est public, où le sac d'une lente et dispendieuse procédure est renvoyé, par le juge saisi de l'affaire, à l'examen secret de la Faculté de Droit d'une Université, pour y faire rendre la sentence, laquelle revient cachetée à ce juge, qui la prononce à huis-clos devant les parties (2)! Comparez, et je m'assure que vous serez moins tenté de déprimer l'œuvre de nos législateurs.

Reporterez-vous vos doléances sur les désordres de la pratique? je vous dirai de les adresser aux magistrats. La loi se confie à leur sagesse et à leur fermeté pour le maintien de ses dispositions. En matière de procédure et de frais, il faut retourner cette maxime, que tout ce qui n'est pas défendu est permis. Il faut redire sans cesse que tout ce qui n'est pas permis est défendu.

(1) Voyez mon premier volume, chap. 10.
(2) Instit. judic. de M. Meyer, t. 4, chap. 14.

CHAPITRE IV.

DE LA COMMUNICATION AU MINISTÈRE PUBLIC.

(Liv. 2, tit. 2, art. 83-84 du Code de Proc.)

La loi du 24 août 1790 avait dit : « Au ci- ᴀʀᴛ.
vil les commissaires du roi exerceront leur ministère, non par voie d'action, mais seulement
par celle de réquisition, dans les procès dont
les juges sont saisis (1). »

Cette règle était trop absolue. Le Code civil,
notamment, est venu réclamer un grand
nombre d'exceptions, et nos institutions judiciaires ont dû se conformer à ses exigences.
Elles ont donc admis la modification suivante :
« En matière civile, le ministère public *agit*
d'office dans les cas spécifiés par la loi (2).»

(1) Tit. 8, art. 2.

Voyez dans mon Introduction, chap. 18, ce que j'ai
écrit touchant l'origine du ministère public , et ses fonctions en général.

(2) Loi du 20 avril 1810 , art. 46.

Art.   Lorsque le ministère public procède par voie
d'action, il prend dans la cause le nom de
partie principale.

Lorsqu'il reste dans sa sphère de surveillance, pour maintenir l'observation des lois,
requérir, et conclure, il est *partie jointe.*

Je ne dois le considérer ici que sous ce dernier aspect. Il s'agit des causes qui doivent être
communiquées au ministère public, c'est-à-
dire, des causes auxquelles il n'a pris aucune
part active, avant cette communication ; et
l'on conçoit aisément qu'il n'est pas besoin de
lui communiquer un procès où il plaide, comme
partie principale, et pour lequel il a déjà fourni son contingent d'instruction.

Il fallait à la justice un guide, à la faiblesse
un appui, à la société tout entière une sorte
de représentant, et surtout aux lois d'intérêt
général un organe, une sauvegarde contre les
prétentions toujours renaissantes de l'intérêt
particulier. Mieux valait prévenir les infrac-
tions à ces lois, que d'attendre qu'elles eussent
été commises, pour casser les jugements.

Telle est l'utilité de la communication au
ministère public. Il se fait *partie jointe* dans

certaines causes, mais il ne se joint ni à l'un
ni à l'autre des plaideurs, il ne prend parti que
pour la loi.

« Deux hommes viennent d'épuiser dans
leurs débats toute la sagacité de l'intérêt et tout
le pouvoir de la science. Un troisième orateur
se lève : recueillez-vous pour l'entendre , écou-
tez-le sans défiance et avec respect. Il n'a d'autre but que la vérité ; il retrace, il apprécie
tout ce qu'on vient de dire ; ensuite il motive
le jugement de sa conscience. Quelquefois ,
apercevant le bien public compromis dans cette
contestation privée , il élève en sa faveur une
voix prédominante , et la justice est sans cesse
ramenée au principe qui consacre tous les
droits particuliers, en les réglant d'après l'intérêt général (1). »

Je n'essaierai point de mesurer l'immensité
de la carrière ouverte au ministère public. A
le considérer seulement comme *partie jointe*,
j'éprouverais encore trop d'embarras , pour
exprimer l'idée que je me fais de cette abon-
dante érudition qui répand la lumière sur les
points les plus obscurs, de cette pénétration
qui saisit la fraude au milieu de ses plus subtils

(1) Répert. de jurisp., v° *ministère public*, § 5.

Art. détours, de cette prudence qui ne hasarde rien, de ce calme qui se reconnaît à l'exactitude de l'examen, à la candeur des motifs, à la simplicité des développements dans les preuves, de cette éloquence, langue naturelle des grandes pensées, et de tous ces talents qu'il est si beau de compter parmi ses devoirs !

Cependant on peut, à vingt-deux ans *atteints*, remplir dans les tribunaux les fonctions du ministère public. Cela me rappelle un mot que j'ai vu quelque part : Le roi, tout puissant qu'il est, ne peut faire ni un orateur ni un jurisconsulte.

83.   Le procureur du roi doi être entendu dans toutes les affaires qui tiennent à l'ordre public.

A cette règle générale établie par l'art. 83 du Code de procédure, viennent se rattacher, comme autant de conséquences, une infinité de dispositions éparses dans nos lois et dans nos règlements (1).

(1) Voyez les articles 53, 99, 114, 184, 200, 360, 471, 515, du Code civil; et les art. 47, 227, 249, 251, 311, 359, 372, 385, 389, 498, 668, 762, 782, 795, 805, 856, 858, 863, 879, 885, 886, 891, 892, 900, 1039, du Code de procédure civile. Voyez aussi le règlement du 30 mars 1808.

Dans les causes où la loi exige la communication au ministère public, il y a nullité s'il n'a pas été entendu, et si le jugement a été rendu contre celle des parties à raison de laquelle la communication devait être faite. Cette nullité forme un grief d'appel, pour les cas de premier ressort, et une ouverture de requête civile, lorsqu'il s'agit d'un arrêt ou d'un jugement souverain.

Il importe donc d'expliquer les doutes que pourraient faire naître quelques-unes des généralités de l'article 83.

Je n'insisterai point sur ce qui concerne l'Etat, le domaine, les communes, les établissements publics, les dons et legs faits aux pauvres, les tutelles, les mineurs, les interdits, les personnes présumées absentes. On y sent palpiter l'intérêt de la société tout entière.

Les récusations, les prises à partie, les renvois pour cause de parenté ou d'alliance, touchent de trop près à la dignité de la justice et à la sécurité des justiciables, pour que l'intervention du ministère public n'y soit pas commandée.

Il faut en dire autant des règlements de juges, et des déclinatoires sur incompétence, dans lesquels le principe des juridictions se trouve toujours engagé.

Mais on a voulu distinguer entre l'incompétence à raison de la matière, qui tient à l'ordre public, et celle à raison de la personne, qui peut être couverte parce qu'elle n'a trait qu'à des droits privés. On a prétendu que la première était seule communicable.

C'était à tort. Il m'est libre sans doute de ne point quereller la compétence d'un tribunal dont je ne suis pas justiciable ; alors il n'y a point de déclinatoire. Mais, si je conclus à être renvoyé devant mes juges naturels, une question de juridiction territoriale va être agitée ; l'ordre public, que je pouvais ne pas éveiller, sera invoqué, et le ministère public ne devra pas rester muet. Le projet du Code portait : « Seront communiqués au procureur du roi..... les déclinatoires sur incompétence *à raison de la matière.* » Le Tribunat fit observer que les incompétences à raison de la personne devaient également être comprises dans l'article, parce qu'elles tenaient à l'ordre public, dès qu'il y avait déclinatoire. Le Conseil d'état supprima ces mots, *à raison de la matière*, afin d'étendre la nécessité de la communication à l'une et à l'autre espèce d'incompétence (1).

(1) *Esprit du Code de proc.*, par M. Locré, t. 1er, pag. 195.

La loi du 14 août 1790 avait joint le ministère public à toutes les causes des femmes , soit
qu'elles fussent autorisées par leurs maris ,
soit qu'elles le fussent par la justice. C'était
une trop grande extension, et une surcharge
de communications inutiles. La femme pou-
vant, dans le droit commun , hypothéquer ,
aliéner ses biens , avec l'autorisation de son
mari , et sans l'intervention de la justice , il
n'est point à craindre qu'ils abusent l'un et
l'autre de formes judiciaires, pour pratiquer
indirectement ce qu'il leur est libre de faire
directement et à découvert.

Le système du Code a reproduit la nécessité
de la communication , pour les causes des
femmes *non autorisées par leurs maris*. Il en
résulte que le procureur du roi doit être entendu, toutes les fois qu'une femme se trouve
en instance , sous l'autorisation de la justice
seulement.

À l'égard des femmes qui plaident avec l'autorisation de leurs maris , l'intervention du
ministère public n'est exigée *que lorsqu'il s'agit
de leur dot, et qu'elles sont mariées sous le régime dotal*. L'inaliénabilité de la dot est le
principe fondamental de ce régime; c'est un
moyen offert aux familles, pour leur conser-

Art. vation, pour assurer le sort des enfants, pour protéger la femme contre sa propre faiblesse, et contre l'influence de son mari. *Interest rei publicæ mulieres dotes suas salvas habere* (1). Mais les époux pourraient conspirer contre leur avenir, exposer la dot aux atteintes d'une contestation réelle ou fictive, et négliger les moyens qui empêcheraient la consommation du sacrifice. La loi y a pourvu; elle a chargé le ministère public de veiller, et de combattre à la fois, le mari, la femme elle-même, s'il le faut, et leurs adversaires, pour sauver le fonds dotal.

Que si l'aliénabilité de la dot a été stipulée par le contrat de mariage, comme le permet l'art. 1557 du Code civil, ou si les biens sont paraphernaux, on rentre alors dans le droit commun, dont j'ai parlé plus haut. Où serait le motif de surveiller en *jugement* ce que les époux ont toute liberté de faire *hors jugement?*

C'est en distinguant de la sorte, que doit être appliquée cette autre disposition de l'art. 83, qui rend communicables toutes les affaires où l'une des parties est défendue par un curateur.

(1) L. 2 ff. *De jure dotium.*

Les fonctions de ce curateur se réduisent-elles à des actes d'administration ou d'assistance? A-t-il été nommé pour représenter en justice une succession abandonnée, par exemple, ou pour défendre seul une masse d'intérêts qu'il pourrait compromettre par sa négligence, ou trahir par une coupable collusion? La loi veut que le ministère public se joigne au procès.

S'agit-il d'un curateur dont l'autorité seule eût suffi pour mettre le sceau de l'irrévocabilité à la vente des objets en litige, pour les grever, pour transiger? La communication ne sera point exigée. Ainsi, dans une cause où figure un prodigue assisté de son conseil judiciaire, vous voyez comment il ne sera pas nécessaire que le ministère public intervienne.

Je me borne ici à ces aperçus généraux. Les explications de détail trouveront leur place, à mesure que j'aborderai particulièrement les diverses matières soumises à la surveillance du parquet.

Observez, au surplus, que, nonobstant les spécifications qu'elle a faites des cas où le ministère public doit être entendu, la loi l'autorise à se faire communiquer toutes autres causes, lorsqu'il le juge convenable. Il y a plus :

Art. le tribunal peut ordonner d'office que le ministère public prendra communication.

Les formes de la communication ne sont
point dans le Code de procédure; il faut les
chercher dans les articles suivants du règlement
du 30 mars 1808 :

« Lorsqu'il y aura lieu à communiquer au
ministère public, les avoués seront tenus de
faire cette communication avant l'audience où
la cause devra être appelée, et même, dans
les causes contradictoires, de communiquer
trois jours avant celui indiqué pour la plaidoirie.

» Les communications se feront au parquet,
dans la demi-heure qui précède ou qui suit
l'audience.

» Si la communication n'a pas été faite dans
le temps ci-dessus, elle ne passera point en
taxe (1).

» Lorsque celui qui remplit le ministère
public ne portera pas la parole sur-le-champ,
il ne pourra demander qu'un seul délai, et

_____

(1) Il est dû à l'avoué un droit de vacation pour aller
communiquer et pour retirer les pièces. Voyez l'article
90 du tarif.

il en sera fait mention sur la feuille d'au- Art.
dience. »

Il a été jugé par un grand nombre d'arrêts
que la simple énonciation, dans un jugement,
de la présence du ministère public aux plaidoiries d'une affaire communicable, n'établissait pas la preuve légale qu'il eût été entendu (1).

Lorsque le ministère public est partie principale dans une cause, il plaide, et l'avocat de
l'autre partie lui répond : *audiatur et altera
pars.*

Mais, suivant une ancienne maxime du palais,
le ministère public, parlant comme partie
jointe, ne pouvait pas être contredit. La décence paraît l'exiger, disait-on, et la justice
ne paraît pas s'y opposer. Les plaideurs ont
fourni leur carrière ; quelle nécessité y a-t-il
pour qu'ils parlent encore, et que peuvent-ils
avoir à répondre à l'organe pur de la justice et
de la vérité ? Quel serait le terme de toutes les
discussions?

Ces raisons n'étaient pas sans réplique ; car

(1) Voyez le Journal des Avoués, v° *ministère public*,
t. 16, p. 749 et suiv.

ART. en affirmant des faits, en citant des lois, il est humainement possible que le ministère public se trompe; et l'on demandait, d'un autre côté, où serait la sauvegarde des juges contre les erreurs de son imposante autorité. On ajoutait : C'est pousser trop loin le respect, que d'étouffer une juste plainte, et ce n'est jamais offenser un magistrat que de lui sauver un remords. Quant à l'abus des plaidoiries se ranimant tout de nouveau après les conclusions du ministère public, on proposait de renfermer rigoureusement la réclamation dans le cercle étroit d'un simple avis aux juges, pour le redressement d'un texte ou d'un fait.

Le règlement du 30 mars 1808 contient, à cet égard, une sorte de disposition mixte; son article 87 porte : « Le ministère public une fois entendu, les parties ne peuvent obtenir la parole après lui, mais seulement remettre sur-le-champ au président de simples notes énonciatives des faits sur lesquels elles prétendent qu'il y a eu erreur ou inexactitude. »

Il y aurait encore beaucoup à dire là-dessus; car ces notes remises au président par une partie ne sont pas communiquées à l'autre, et ce peut être un moyen, à l'instant solennel de la délibération, de glisser dans l'esprit des juges une impression d'autant plus dangereuse, qu'elle arrive silencieusement et presque inaperçue.

Art.

Cet inconvénient n'a point échappé aux rédacteurs de la nouvelle loi de procédure, pour le canton de Genève.

« Nous avons trouvé la disposition de l'art. 87 du règlement du 30 mars 1808 aussi contraire à l'intérêt de la vérité qu'à la dignité du ministère public, disait l'honorable rapporteur (1). Si, d'après le droit seul de légitime défense, une partie doit avoir la faculté de repousser des moyens nouveaux employés contre elle, comme celle de rectifier des erreurs de fait commises à son préjudice, l'intérêt de la vérité exige que ce ne soit pas par des notes secrètes, qu'aucun débat n'éclaire, mais à l'audience même, et que la réponse ait la même publicité que l'attaque.

» Quant à la dignité du ministère public, ce n'est pas en parlant sans contradicteur qu'elle se déploie, mais en apportant cette sévérité d'examen, cette rectitude d'opinion , cette

_____

(1) Exposé des motifs de la loi sur la proc. civ., pour le canton de Genève, par M. Bellot.

Art. franche impartialité, dont une discussion contradictoire ne ferait que relever le mérite.

» Ces considérations nous ont fait accorder la parole aux parties, après le ministère public, lorsqu'il s'agira de rectifier un fait, ou de répondre à un moyen nouveau. »

CHAPITRE V.

——◦●◦——

DES AUDIENCES, DE LEUR PUBLICITÉ ET DE LEUR POLICE.

(Liv. 2, tit. 5, art. 85-92 du Code de proc.)

——————

On lit dans une ordonnance donnée par Art.
Philippe de Valois, en 1344, « Que toutes ma-
nières de parties, selon ce que elles se seroient
présentées, auroient droit d'être délivrées par
l'ordre des présentations, sans nul avantage de
donner audience à autre personne (1). »

Les causes devaient être appelées en tour
de rôle; *per rotulum seu cedulam vocaban-
tur* (2). Cette règle tomba dans l'oubli, comme
beaucoup d'excellentes choses que contenaient
les vieux édits.

L'usage des *placets* s'introduisit. On nomma

(1) Recueil des anciennes lois françaises, par MM
Isambert, etc. T. 4, p. 510.
(2) Ducange, v° *rotulus*.

Art. ainsi les suppliques qu'il fallait adresser au chef du siége ou de la Cour, afin d'obtenir audience. Ces placets, ou plutôt ces jouets du caprice et de la faveur, faisaient le désespoir des plaideurs qui n'avaient point d'accès chez le président, et quelquefois aussi des avocats et des procureurs qui n'y jouissaient pas d'une bienveillance particulière (1).

Vint la loi du 14 août 1790; il y fut dit : « Toute préférence pour le rang et le tour d'être jugé étant une injustice, les affaires, suivant leur nature, seront jugées, lorsqu'elles seront instruites, dans l'ordre selon lequel le jugement en aura été requis par les parties (2). »

Même disposition dans la loi du 21 ventôse an VII : « L'usage des placets pour appeler les » causes est interdit; elles ne pourront l'être » que sur les rôles, et dans l'ordre du place- » ment (3). »

(1) Observations préliminaires du Tribunat sur le tit. 5 du livre 2, 1re part. du Cod. de proc.
Voyez l'Esprit du Code de proc., par M. Locré. T. 1er, p. 200.

(2) Tit 2, art. 18.

(3) Art. 3. C'est cette loi qui a établi les droits de greffe, au profit du trésor public, dans les tribunaux civils et de commerce.

Suivant le Code de procédure , il y a déni A**RT**. de justice, « lorsque les juges négligent de juger les affaires en état , et en tour d'être jugées (1). »

Le Tribunat aurait voulu placer au titre *des audiences* plusieurs articles touchant la tenue des rôles , l'inscription des causes , leur classement, et l'ordre dans lequel elles doivent être expédiées ; car, si la distinction des personnes est odieuse devant la loi , la distinction des causes est souvent nécessaire et juste.

Mais le Conseil d'état ne crut pas devoir suivre cet avis. Les articles proposés par le Tribunat trouvèrent leur place, plus tard , dans le décret du 30 mars 1808.

Il faut voir tous ces détails réglementaires dans le décret lui-même ; je vais seulement en esquisser le plan.

Quand une cause est en état , le plus diligent des avoués la fait inscrire sur le registre , ou *rôle* général , tenu au greffe (2).

Cette inscription, à laquelle on donne le nom de *mise au rôle*, doit être faite la veille de l'audience, au plus tard ; elle contient les noms des parties et ceux de leurs avoués.

(1) Art. 506.
(2) Règlement du 30 mars 1808 , art. 55.

Aʀᴛ, L'audience est ensuite poursuivie par un simple acte.

A cette première audience, l'huissier fait appel des causes récemment inscrites sur le rôle général, dans l'ordre de leur inscription.

Le tribunal adjuge de suite contre les *défaillants*, les conclusions que les avoués poursuivants ont déposées sur le bureau.

Les causes qui requièrent célérité sont aussi jugées sur-le-champ, lorsqu'elles se trouvent en état d'être entendues (1).

Si le tribunal est composé de plusieurs chambres, le président fait, sur le rôle général, la distribution entre elles de toutes les autres causes, à l'exception de celles qui, suivant les art. 56, 57 et 69 du décret, ne doivent pas être distribuées (2).

(1) Telles sont celles pour déclinatoires, exceptions et règlements de procédure, qui ne tiennent point au fond, celles renvoyées à l'audience en état de référé, celles à fin de mise en liberté, de provisions alimentaires, et autres de pareille urgence. (Règlement du 30 mars 1808, art. 57, 58, et 66.)

(2) Ce sont : 1° les affaires relatives aux lois forestières, aux droits d'enregistrement, de greffe, d'hypothèque, et en général aux contributions; 2° les référés; 3° les contestations relatives aux avis de parents, aux interdictions, à l'envoi en possession des biens des ab-

Un rôle particulier est ensuite extrait du ᴬʀᴛ. rôle général, pour chaque chambre, et les causes distribuées sont appelées, affichées, entendues et jugées, dans l'ordre de leur placement.

La publicité dans les tribunaux équivaut à toutes les autres précautions réunies ; elle est l'âme de la justice ; elle doit, en général, s'étendre à toutes les parties de la procédure et à toutes les affaires.

Les jugements qui n'ont pas été rendus publiquement sont nuls (1).

« Le principal usage de la justice *réelle*, dit Bentham, est de produire la justice *apparente* : or, en supposant qu'une justice secrète soit bien administrée, il n'y aura que la réelle dont l'utilité est bornée, il n'y aura pas l'apparente dont l'utilité est universelle. La racine sera dans la terre, et le fruit n'en sortira pas (2). »

sents, à l'autorisation des femmes, à la réformation d'actes de l'état civil, etc.; 4° les affaires qui intéressent le gouvernement, les communes, les établissements publics.

(1) Loi du 20 avril, art. 7.

(2) Voyez le Traité des preuves judic., par Bentham. T. 1, p. 133.

Art.

87:

Cependant la règle doit fléchir, alors qu'elle peut faire plus de mal que de bien ; et la loi, en consacrant le principe de la publicité des plaidoiries, a su le limiter, pour l'intérêt des mœurs et des familles. Il y a dans certaines affaires des détails d'intérieur dont la révélation serait une source de scandale, de honte, d'aigreur et de haine ; ces détails ne doivent être entendus que du tribunal. Mais, avant d'admettre l'exception, les juges délibèrent pour savoir s'il y a nécessité absolue de s'écarter du principe, et ils en rendent compte au procureur général près la Cour royale. Lorsque le procès est porté devant une Cour royale, elle rend compte de sa délibération au ministre de la justice (1).

A Genève, une semi-publicité a été conservée jusque dans la plaidoirie à huis clos. Chaque partie est autorisée à se faire assister de trois parents ou amis, outre son avocat et son avoué. C'est la disposition spéciale de l'article 253 du Code civil, que le Conseil représentatif a généralisée (2).

(1) Quoique les plaidoiries aient été entendues à huis clos, le jugement doit toujours être prononcé publiquement.

(2) Exposé de M. Bellot, p. 62.

La défense est de droit naturel : toute partie a donc le droit de se défendre elle-même, avec l'assistance d'un avoué, qui doit toujours diriger les conclusions. Une femme peut se présenter au palais pour plaider sa cause, nous en avons des exemples récents. A Rome, elles n'y étaient pas reçues aussi favorablement, depuis cette Carfania « qui jaçoit ce qu'elle fust femme sage plus que nul autre, si ne sceut elle avoir mesure, et courut au juge sus sans manière, pour ce qu'il appoincta contre son opinion; *et de hoc habetur lege* i, § *sexum, ff. de postulando* (1). »

Toutefois, si celui qui veut être son propre défenseur, au lieu d'éclairer la cause, ne fait que l'obscurcir, s'il se laisse égarer par la passion, la loi veut que les juges lui interdisent un droit trop souvent dangereux pour ses propres intérêts.

Il y a dans les vieux livres des devis et propos, qui sont comme le bon sens de tous les siècles réduits en formules. Ouvrez les Assises de Jérusalem, et vous y lirez : « L'on ne plaidera ja si bien pour soi come pour autrui; car véhément ire desvoye sens d'home, plustot et

(1) Somme rurale, p. 45.

Art. plus souvent en sa propre querelle.... (1). »

L'article 34 du décret du 30 mars 1808 autorise le président à faire cesser les plaidoiries, lorsque le tribunal trouve la cause suffisamment entendue. Le meilleur commentaire qu'on puisse donner sur cette disposition , se trouve dans les Institutes coutumières de Loisel : « Sage est le juge qui écoute et tard juge ; car de fol juge brière sentence , et qui veut bien juger écoute partie (2). »

« Les parties ne pourront charger de leur défense, soit verbale soit par écrit, *même à titre de consultation* , les juges en activité de service, procureurs généraux, avocats généraux , procureurs du roi , substituts des procureurs généraux et du roi , même dans les tribunaux autres que ceux près desquels ils exercent leurs fonctions : pourront néanmoins les juges, procureurs généraux, avocats généraux, procureurs du roi , et substituts des procureurs généraux et du roi , plaider dans tous les tribunaux leurs causes personnelles ,

(1) Chap. 9, p. 17.
(2) Liv. 6, tit. 3, n° 12.

celles de leurs femmes, parents ou alliés en Art.
ligne directe, et de leurs pupilles. »

Cet article n'a pas besoin d'explications.

« Il faut enfin que nous ayons une magistrature, disait la section du Tribunat chargée
de l'examen du Code; il faut que les juges conservent constamment leur caractère : la profession d'avocat est belle et honorable, mais
chaque état a ses règles. »

Cependant on proposa dans le Conseil d'é-
tat de ne point appliquer la disposition de
l'article 86 aux substituts près les tribunaux
de première instance. On prétendit qu'autrefois ces places étaient remplies par des avocats
distingués qui, pour cela, ne quittaient pas
leur profession; que souvent un jurisconsulte
y aspirait afin de se faire connaître, et qu'il
serait trop sévère de le priver de cet avantage,
en lui défendant de plaider même devant les
juges d'appel (1).

Cette proposition ne fut pas adoptée.

Déjà l'article 27 de la loi du 27 mars 1791
avait interdit aux juges et *aux commissaires
du roi* les fonctions de *défenseur officieux*.

_____

(1) Esprit du Code de proc., par M. Locré, tit. 1,
p. 206.

Cet article n'était lui-même qu'une tradition des anciennes ordonnances; car, de préceptes qui enseignent la manière de se comporter sans blâme, et de tenir la droite voie, les livres sont pleins. Il n'y a pas de maîtres plus patients que les livres.

« Nous défendons à tous présidents et conseillers de nos Cours souveraines de ne solliciter pour autrui des procès pendants ès cours où ils sont officiers, et n'en parler aux juges directement ou indirectement, sur peine de privation de l'entrée de la Cour et de leurs gages pour un an, et d'autre plus grande peine s'ils retournent (1). »

« Défendons aux officiers de toutes nos Cours souveraines et autres, de s'entremettre, de recommander, ou solliciter les procès des parties plaidantes en icelles, sur peine d'être privés de l'entrée de nos dites Cours et siéges, et de leurs gages pour un an (2). »

Le Code de procédure ne prononce point de peines semblables. Il rend récusable seulement le juge qui a *sollicité, recommandé, ou fourni aux frais du procès.* Toutefois je me persuade

(1) Ordonn. de Villers-Coterets, art. 124.
(2) Ordonn. de Blois, art. 120.

qu'un magistrat, descendu jusque-là, n'échapperait point aux peines de la discipline judiciaire, car il aurait certainement compromis
la dignité de son caractère (1).

En Angleterre, les juges font le serment
de non audiendo extrà-judicialiter. C'est une
sûreté pour croire qu'ils ne proposeront pas à
d'autres de fausser la foi qu'ils ont eux-mêmes
jurée. Je me propose de revenir sur ce sujet,
dans le chapitre *des récusations.*

La justice est rendue au nom du prince, et
la loi se prête à une fiction fort remarquable,
en supposant que le prince lui-même prononce
les arrêts par l'organe des juges.

D'après cette fiction, c'est offenser le prince
que d'offenser un juge. Le juge se détache,
pour ainsi dire, de la personne offensée, il
devient un tiers entre elle et l'auteur de l'of-
fense; la règle qui défend de se faire justice à
soi-même cesse d'être applicable, et c'est à
lui qu'est confié le soin de sa propre ven-
geance.

« Ceux qui assistent aux audiences doivent se   88.
tenir découverts, dans le respect et le silence.

(1) Voyez les art. 49 et suiv. de la loi du 20 avril
1810.

ART. Tout ce que le président ordonne pour le maintien de l'ordre est exécuté ponctuellement et à l'instant.

» La même disposition doit être observée dans les lieux où, soit les juges, soit les procureurs du roi, exercent les fonctions de leur état. »

Les articles 89, 90, 91 et 92 du Code de procédure contenaient, à la fois, des mesures de répression pour les troubles de l'audience, et la graduation des peines que les juges pouvaient infliger à ceux qui les auraient outragés ou menacés dans l'exercice de leurs fonctions. Ces mesures et ces peines n'étaient pas à leur place ; elles se rattachaient naturellement au Code d'instruction criminelle, et au Code pénal. C'est là qu'on les trouve aujourd'hui changées et modifiées, suivant le système de ces Codes.

Il faut donc recourir au chapitre 4, titre 4, livre 2 du Code d'instruction criminelle, pour savoir comment on procède, en cette matière. Quant à la partie pénale, c'est le § 2 de la section 4, chapitre 3, titre 1er, livre 5 de l'autre Code, qu'il sera nécessaire d'interroger.

Je vais donner ici une idée de ce mode spécial de poursuites et de jugement.

Toutes les Cours et tous les tribunaux ont le

droit de statuer incontinent sur les crimes et Art.
délits commis à leur audience. Le même droit
appartient à chacun de leurs membres, dans
les lieux où il exerce quelques fonctions de son
ministère.

Mais ce principe reçoit les restrictions que
comporte la constitution hiérarchique de l'ordre
judiciaire : *Omnibus magistratibus, secundùm
jus potestatis suæ, concessum est juridictionem
suam defendere pœnali judicio* (1). Un seul juge,
par exemple, ne peut être investi du même
pouvoir qu'une Cour tout entière; un tribunal
inférieur ne peut pas être revêtu de la même
autorité qu'une Cour souveraine.

Ceci posé, les peines de simple police seront
infligées, en dernier ressort, par quelque tribunal ou par quelque juge que ce soit; car,
dans les cas ordinaires, c'est un juge de paix
seul, ou un maire seul, qui les appliquent (2).

Les peines de police correctionnelle ne pourront être prononcées qu'à la charge d'appel,
par un tribunal sujet à l'appel, ou par un juge
seul; car les jugements correctionnels d'un
tribunal de première instance ne sont jamais
en dernier ressort (3).

(1) *L. unic. ff. Si quis jus dic. non obtemp.*
(2) Code d'instruct. crim., art 139, 140 et 505.
(3) *Ibid.* Art. 199 et 505.

En suivant les données de ce plan, on reconnaîtra facilement que les juges inférieurs doivent renvoyer le prévenu devant qui de droit, quand il y a lieu à poursuites criminelles (1).

Mais le crime a-t-il été commis à l'audience de la Cour de cassation, d'une Cour royale ou d'une Cour d'assises? Toute compétence est acquise, sans restriction, aux magistrats élevés qui les composent. L'instruction se fait publiquement et sans désemparer; les témoins sont entendus, le ministère public conclut; le conseil choisi par le délinquant, ou celui que le président lui désigne, présente sa défense, et la Cour prononce (2).

Dans ce cas, si les juges présents à l'audience sont au nombre de cinq ou six, il faut quatre voix pour condamner; il en faut cinq, lorsqu'il y a sept juges. Au nombre de huit et au-delà, l'arrêt de condamnation n'est formé que par les trois quarts des voix, de manière toutefois que, dans le calcul de ces trois quarts, les fractions, s'il s'en trouve, soient appliquées à la décharge du prévenu (3).

(1) Code d'instruct. crim., art 160, 193 et 506.
(2) *Ibid.* Art. 507.
(3) *Ibid.* Art. 508.

D'où naît cette faveur extraordinaire , et Art.
pourquoi veut-on ici une majorité de voix plus
forte, et des combinaisons plus douces, que
dans les Cours d'assises ? Vous allez le comprendre : c'est qu'il s'agit d'un crime flagrant,
d'une scène qui vient de se passer au milieu de
l'auditoire de la Cour, à ses pieds, sous ses
yeux, et que l'évidence du fait ne saurait admettre , en pareille circonstance , un dissentiment notable dans les opinions. Si ce dissentiment existe à un certain degré, il n'est plus
possible de condamner.

CHAPITRE VI.

DES DÉLIBÉRÉS ET INSTRUCTION PAR ÉCRIT.

Art.   L'INSTRUCTION ordinaire est achevée ; les conclusions déposées au greffe ont été lues à l'audience (1) ; les avocats ont plaidé ; le ministère public a été entendu ; il ne reste plus qu'à délibérer et juger.

Les faits sont-ils assez nettement établis ? l'application du droit ne présente-t-elle aucune difficulté sérieuse ? le président recueille les voix sur-le-champ, et il prononce le jugement.

Les questions sont elles graves ? les points à discuter sont-ils nombreux et divers ? ya-t-il quelque texte à vérifier, quelque pièce à examiner ? le tribunal peut se retirer dans la chambre du conseil pour délibérer ; puis se re-

(1) Voyez les art. 70, 71 et 75 du décret du 30 mars 1808.

méttant en séance , il prononce de suite , ou
il renvoie la prononciation à *l'une des plus*
prochaines audiences. Cette disposition est empruntée de nos vieilles lois : « Pour çe que ,
» disaient-elles , de tant que la cause sera plus
» brief jugée après la plaidoirie , de tant au-
» ront les juges meilleure et plus fraîche
» mémoire des choses proposées par les par-
» ties (1). »

C'est le *simple délibéré.* Il serait à désirer
peut-être que l'on en fît un plus grand usage.
Sans prolonger trop l'attente des plaideurs , il
donne plus de gravité aux décisions de la justice. Des décisions hâtivement émises , sous
le charme d'une plaidoirie qui retentit encore,
peùvent paraître trop légères à celui qui n'a
pas eu le dernier mot; on s'entend difficilement au milieu de ces derniers bruits du
débat; les avis opposés se renvoient moins de
lumière, et la sentence improvisée n'a pas toujours cette justesse de motifs que donne une
rédaction calme et réfléchie : *neque adeò bené*
concocta sunt ea judicia quæ sub auditione
proferuntur. Interdùm advocatus aut minùs
instructus venit ad dicendum , aut alter altero

(1) Ordonn. 1453 , art. 77.

ART. *frequentior , eloquentior et argutior...* (1).

Cependant le *simple délibéré* ne suffit pas
dans toutes les affaires. Une lecture rapide ,
ou souvent interrompue par des remarques
détachées , ne permet guère de saisir à l'audience l'ensemble et la corrélation d'une longue
série d'actes. L'exposition la mieux ordonnée ,
la distinction la plus exacte des personnes ,
des temps et des lieux , toutes les ressources de l'art , ne parviennent pas toujours
à buriner avec un égal bonheur , dans l'esprit
des magistrats, le tableau complet des faits
dont une cause peut être chargée. Les parties
y suppléent quelquefois par la distribution de
Factums ou Mémoires imprimés (2); mais elles
font rarement de pareils frais, surtout en première instance; et comme il pourrait y avoir
des inconvénients à ce que chaque juge vînt
tour à tour s'emparer des pièces du procès pour
les feuilleter chez lui, le tribunal, suivant

(1) Ayrault, *Rer. judic.* , *lib.* 10 , *cap.* 2.
(2) L'usage des *factums* s'introduisit du temps de Pasquier. Ce fut un avocat nommé Delavergne , qui le premier en fit paraître un au palais. Voyez le Dialogue des
avocats , par Loisel.

qu'il en reconnaît l'utilité, dit qu'elles seront - Art.
mises sur le bureau, et qu'il en sera délibéré
au rapport de l'un de ses membres, lequel est § 93.
nommé par le jugement.

C'est *le délibéré avec rapport.* Le jugement
qui l'ordonne n'est, à bien dire, qu'une préparation au véritable jugement de la cause; il
n'est besoin d'en faire ni expédition ni signification, car les plaideurs ne peuvent l'ignorer,
et son exécution ne les oblige à rien, si ce n'est   94.
à la remise de leur dossier au greffe. Celui qui
ne ferait pas cette remise s'exposerait à voir
décider l'affaire sur les pièces de l'autre.

Le jour du rapport doit être indiqué, afin   93.
que les parties ou leurs défenseurs puissent y
assister, et relever, dans des notes qu'il est
permis de faire passer au président, les omissions ou les inexactitudes commises par le rapporteur. C'est une garantie importante; il y   iii.
aurait nullité, si le rapport n'était pas fait à
l'audience, ou s'il était fait, hors de la présence des parties, à une audience autre que
celle indiquée.

J'ai déjà dit quelque mots de l'instruction
par écrit (1). C'est une plaidoirie tout écrite,

(1) Voyez ci-dessus, pag. 270.

substituée à la plaidoirie orale. Certains procès sont tellement compliqués de comptes , de calculs, de chefs de demande et de titres justificatifs, que leurs détails récités à l'audience échapperaient indubitablement à l'attention la plus soutenue. Plus on y parlerait, plus on y consommerait de temps en pure perte.

Cette exception au principe tutélaire de la publicité des débats ne peut être admise que par un jugement qui déclare l'indispensable nécessité de l'appliquer à la cause, et qui 59. nomme en même temps un rapporteur. Voilà tout ce qu'il y a de commun entre l'instruction par écrit et le *délibéré avec rapport*. Du reste, la différence est assez tranchée pour qu'on ne les confonde point.

Délibérer, c'est en général se consulter sur ce qui a été dit, c'est mettre dans la balance le pour et le contre, c'est aviser au parti que l'on doit prendre.

Délibérer avec *rapport*, c'est faire éclairer son opinion ; c'est rallier, à la suite d'un guide sûr, les souvenirs épars d'une discussion embarrassée.

Que l'instruction ait été parlée ou écrite, le

moment de délibérer ne peut venir que lorsqu'elle est close.

Les parties *instruisent* et discutent, et les
juges *délibèrent.*

Tel est l'ordre naturel des idées , et je ne
me serais point mis en peine de le retracer , si
ce n'était que des auteurs fort imposants paraissent l'avoir perdu de vue , en traitant une
question que je vais examiner.

Est-il permis de prendre des conclusions
nouvelles et de former des demandes incidentes , entre le jugement qui ordonne un délibéré, et le jugement qui doit en faire connaître
le résultat ?

M. Pigeau tenait pour l'affirmative (1).

M. Carré distingue : il reconnaît bien que
le délibéré simple ou *sans rapport* termine
l'instruction ; mais il ne veut pas qu'on attribue le même effet au délibéré *avec rapport.* Il
considère le rapport lui-même comme un
moyen d'instruction, et cela est si vrai, ajoute-
t-il, que les juges, après l'avoir entendu , ont
la faculté de décider que l'on procédera de

_____

(1) Comment. tom. 1, pag. 252.

Art. nouveau par telle autre voie d'intruction qu'ils estiment convenable (1).

Cette raison me touche peu. Quand une cause a reçu l'instruction ordinaire et le développement des plaidoiries, le tribunal peut incontestablement, soit qu'il prononce sur-le-champ, soit qu'il ait délibéré *sans rapport*, ou délibéré *avec rapport*, ordonner, avant de faire droit, une enquête, une expertise, une vérification quelconque, de même qu'il aurait pu, sans y recourir, faire droit définitivement. Mais faut-il en conclure que l'instruction actuelle n'est pas terminée, lorsque les juges se lèvent pour aller aux voix? Si la conséquence était juste, son inévitable généralité ferait disparaître la distinction de M. Carré, et l'on serait entraîné à dire qu'il y a liberté entière, tant que dure un délibéré quelconque, de remanier un procès jusqu'à l'émission de la sentence.

Il n'en est pas ainsi. L'annonce d'un délibéré est toujours l'annonce du *statu quo* de l'affaire. Si l'on y joint le rapport de l'un des juges, ce rapport ne sera point un acte de l'instruction, mais un élément du délibéré.

(1) Lois de la procéd., tom. 1er, pag. 238.

Ce sera un compte rendu de l'instruction , <small>Art.</small> pour la plus grande facilité du délibéré.

Dans les causes *communicables,* le ministère public porte la parole, avant que l'on sache s'il y aura délibéré *avec* ou *sans rapport,* et il ne la reprend point après le rapport. Vous voyez donc bien que tout délibéré arrête le cours de l'instruction, puisque, le ministère public une fois entendu, il n'est plus permis aux parties de parler (1). Certes elles ne peuvent pas davantage changer l'état de leurs conclusions , et former de nouvelles demandes, car ce changement nécessiterait de nouveaux débats à l'audience.

Cependant on se récrie , et l'on dit qu'il doit être permis d'éclairer les juges en tout état de cause. Ce sentiment est fort louable , mais il faut un terme qui fixe l'état de la cause. Et quand arrivera ce terme, si les juges sont obligés de remettre le *délibéré* qu'ils viennent d'ordonner , autant de fois qu'un infatigable plaideur aura trouvé, dans ses caprices ou dans ses calculs, quelques nouvelles formes à revêtir, ou quelques nouveaux moyens à essayer ? N'est-il pas au moins aussi juste de lui fermer

_____

(1) Art. 87 du décret du 30 mars 1808.

la lice, que de repousser celui qui ne se présente qu'au moment où vient d'expirer le délai donné pour se pourvoir contre un jugement ? Le bon ordre repose non-seulement sur ce qui est juste, mais encore sur ce qui est fini (1). Cette maxime ne saurait être trop répétée.

Ce fut dans cet esprit que le roi donna, le 18 juin 1769, des lettres patentes où il était dit : « Les affaires mises en délibéré seront jugées dans les trois jours ; défenses sont faites aux procureurs *de former des demandes nouvelles et de signifier de nouveaux écrits.* »

En vain on objecterait que tous les anciens règlements relatifs à la procédure sont abrogés ; les dispositions de celui-là vivent encore dans les articles du décret du 30 mars 1808, et les vues générales de la législation nouvelle y sont entièrement conformes. La raison publique avait fait trop de progrès, en ce qui tient à l'administration et à la dignité de la justice, pour qu'il y eût nécessité de reproduire *textuellement*, dans les articles du Code, les formules de tous ces remèdes que nos devanciers appliquaient çà et là, à mesure que des plaies particulières venaient à se déclarer ; et

(1) Voyez mon Introduction, tom. 1ᵉʳ, pag. 9.

je demande s'il est permis de supposer qu'on Art.
ait voulu, de nos jours, favoriser plus qu'autrefois cette agglomération de procédures, dans
laquelle venaient se confondre les *délibérés* et
les différentes sortes *d'appointements*.

Il serait inutile d'exposer ici avec toutes ses
divisions, avec tous ses détails, avec tous ses
usages divers, le vieux système des *appointements*. Je ne veux en extraire que ce qui peut
servir à l'intelligence de ce chapitre ; car
l'erreur de ceux qui admettent de nouvelles
écritures et des productions nouvelles, après
la mise d'une cause *en délibéré*, provient d'une
prétendue identité qu'ils ont cru apercevoir
entre le *délibéré avec rapport*, et ce qu'on appelait jadis *l'appointement à mettre* (1).

Le mot *appointement* s'appliquait généralement à toute espèce de règlement judiciaire
touchant l'instruction d'un procès ; il avait été
pris du latin *adpunctare*, réduire à un point :
ad punctum adigere. Jamais définition ne fut
plus mal justifiée.

On distinguait dans la longue nomenclature
des appointements, *l'appointement en droit* et

(1) Voyez les Lois de la procéd., de M. Carré,
tom. 1er, pag. 234, et le Journal des avoués, v° *délibéré*, tom. 9, pag. 5.

A<small>RT.</small> *l'appointement à mettre*; l'un et l'autre s'appliquaient à l'instruction et au jugement des
affaires auxquelles les débats de l'audience
étaient censés ne pas convenir. Les procès *ap-
pointés* se jugeaient à huis clos, après un rapport
secret sur la production des titres et moyens
des parties.

Les ordonnances, les édits, les arrêts du
conseil, etc., avaient défendu *d'appointer* certaines causes; mais, dans les siéges inférieurs
surtout, on ne s'y arrêtait point, et peu de
matières obtenaient le rare privilége de la publicité, parce que les causes appointées donnaient plus d'épices aux juges et plus de profits
aux procureurs.

Il y avait aussi défense formelle *d'appointer*
une affaire avant qu'elle eût été exposée à l'audience par les avocats, afin de savoir si elle ne
serait pas de nature à être jugée publiquement.
Cette règle n'était pas mieux suivie; on ne prenait point le souci de faire passer les *appointements* par l'audience; cela s'arrangeait au
greffe.

On *appointait en droit* les procès les plus
chargés, et l'on *appointait à mettre* ceux qui
l'étaient moins. Dans les *appointements en droit*,
le délai était de huit jours pour *écrire et pro-*

duire, et de huit autres jours pour *contre-* Art.
dire; il était réduit à trois jours dans les *appointements à mettre*. Cependant on y employa
bientôt des années entières, et la justice laissa
faire et laissa passer! On créa une langue tech-
nique, comme pour dérober aux yeux du
monde les mystérieuses involutions de cette
procédure. Les premières écritures signifiées
par le demandeur furent appelées *dits*, les réponses du défendeur *contredits*, et les répliques
salvations, parce qu'elles avaient pour objet de
maintenir *sauves* les raisons déjà développées.
Lors des conférences tenues pour l'ordonnance
de 1667, M. le premier président de Lamoignon, après la lecture du titre II dans lequel il
est plus particulièrement traité des *appointements*, observait que le style en était peu in-
telligible, même pour ceux qui avaient l'usage
du palais.

Quand les sacs du procès étaient pleins, ils
passaient aux mains du secrétaire du rapporteur.
Le secrétaire travaillait à *l'extrait*, au *supplément d'extrait*, et, sur cette besogne, le rapport
se faisait à la chambre du conseil; puis on y
jugeait en secret. Les parties connaissaient leur
sort lorsqu'il plaisait au rapporteur de déposer
la sentence au greffe.

ART.   Ainsi le plaideur dont l'affaire était mise au rapport, ne voyait plus le moment de sa délivrance qu'au bout d'une longue carrière, où ses forces épuisées ne lui permettaient pas toujours d'arriver. S'il tentait de la parcourir, que n'avait-il pas à craindre d'un subalterne qui mettait souvent à prix la lenteur et la diligence du rapporteur, et qui possédait l'art d'avancer ou de retarder à son gré l'expédition de la cause, en se rendant le maître du magistrat lui-même? Enfin, quand, après une longue attente, l'heure de la justice était arrivée, l'influence du subalterne devenait encore plus funeste. Sa main ignorante ou infidèle n'avait tracé qu'une ébauche de l'affaire; le rapporteur trop confiant exposait aux yeux de ses collègues ce travail incomplet, et tout était perdu, si ceux qui l'écoutaient et qu'il devait éclairer ne l'éclairaient pas lui-même, en se faisant les conducteurs de leur propre guide.... C'est le chancelier d'Aguesseau qui a dit cela (1).

Or, si vous percez cette enveloppe d'abus, pour considérer la théorie des *appointements*, telle que les anciens législateurs avaient voulu la créer, vous verrez que les *appointements* en

_____

(1) 14ᵉ Mercuriale, de l'*Attention.*

droit et les *appointements à mettre* formaient Aᴦᴛ.
comme deux degrés d'instruction par écrit.
Dans l'un , les écritures , les productions et les
épices étaient moindres que dans l'autre. Voilà
toute la différence.

Ces deux degrés n'existent plus aujourd'hui:
le Code n'admet qu'un mode d'instruction par
écrit, on n'y trouve pas même le mot *appointement;* les souvenirs qui s'y rattachaient ont
fait peur.

C'est à l'audience que les rapports sont faits, ɪɪɪ.
et que les jugements sont prononcés.

Dans l'instruction par écrit, le rapport fait
partie de l'instruction. Le ministère public ne
parle qu'après le rapporteur.

Dans les *délibérés avec rapport* , le rapport
fait partie de la délibération. Le ministère public avait parlé avant qu'il eût été question du
délibéré.

Si l'instruction conservait un libre cours ,
après le jugement qui ordonne un *délibéré
avec rapport* , il faudrait dire que cette espèce
de *délibéré* ne peut jamais avoir lieu dans les
matières *sommaires* , où tout se porte et se dit
à l'audience (1). Telle est en effet la consé-

(1) Voyez mon Introduct., pag. 566.

ART. quence que M. Carré a été forcé de déduire du système qu'il professe (1). Mais cette erreur a été très-bien réfutée par M. Locré :

« On ne doit pas confondre les *délebérés* avec l'instruction par écrit; l'article 95 du Code de procédure les en distingue et les assimile à la défense verbale, lorsqu'il dit : « Si une affaire » n'est pas susceptible d'être jugée sur plai- » doirie ou *délibéré*, le tribunal ordonnera » qu'elle sera *instruite par écrit*, pour en être » fait rapport par l'un des juges nommé par » le jugement. »

» Qu'est-ce en effet qu'un délibéré?

» L'article 93 en donne la définition sui- vante : « Le tribunal pourra ordonner que les » pièces seront mises sur le bureau pour en » être délibéré au rapport d'un juge nommé » par le jugement, avec indication du jour » auquel le rapport sera fait. »

» Or, à moins de vouloir que la justice pro- nonce en aveugle, il est impossible de refuser à tel tribunal que ce soit la faculté d'examiner à loisir les pièces dont une lecture rapide ne lui permet point de saisir les rapports et l'en- semble, et de commettre un de ses membres

(1) Lois de la procédure, tom. 1, pag. 242, note 2.

pour lui en rendre compte. Ce n'est pas là une Art.
instruction écrite, *puisque la défense ne se fait
point par écrit.*

» L'article 93 est donc applicable aux tribunaux de commerce , ainsi que l'article 94
qui porte : « Les parties et leurs défenseurs
» seront tenus d'exécuter le jugement qui or-
» donnera le délibéré , sans qu'il soit besoin
» de le lever ni signifier, et sans sommation.
» Si l'une des parties ne remet point ses pièces
» la cause sera jugée sur les pièces de l'autre. »

» Les délibérés ainsi ordonnés par les tribunaux de commerce ne diffèrent du renvoi devant des arbitres , qu'en ce que , dans ceux-ci,
ce sont des tiers qui examinent les pièces
et donnent leur avis, au lieu qu'ici c'est un
membre du tribunal. D'où l'on peut inférer
que les tribunaux de commerce ont également le droit de recourir à l'un et à l'autre
moyen (1). »

Cette question, que je m'étais proposé d'examiner, me semble donc devoir être ainsi résolue : L'instruction ordinaire d'un procès
s'arrête au point où elle a été conduite , quand
les juges ordonnent , soit un *délibéré simple ,*

(1) Esprit du Code de procédure, t. 2, pag. 101.

Art. soit un *délibéré avec rapport;* c'est-à-dire qu'il n'est plus permis de prendre des conclusions nouvelles, de former des demandes incidentes, etc. Si la cause a besoin de quelque supplément d'instruction, le jugement qui va intervenir y pourvoira. Si le tribunal se trouve assez éclairé, il fera définitivement droit aux parties.

J'arrive plus particulièrement à l'instruction par écrit. Il convient de rassembler ici ce que j'en ai esquissé, par anticipation, dans les pages qui précèdent (1), et de compléter la théorie de ce genre de procédure.

L'instruction par écrit est une modification du système de la publicité ; car ce n'est pas seulement la prononciation du jugement à l'audience, c'est mieux encore cette lutte des plaideurs à ciel découvert, et cette participation de toute l'assistance aux débats d'une cause, qui constituent la plus essentielle de nos garanties judiciaires. Mais force est bien d'instruire en écrivant lorsqu'il n'est pas possible d'instruire en parlant, et la plaidoirie orale n'a plus rien qui serve, là où les juges et le public ne sauraient rien comprendre.

Plus les conséquences d'un principe sont dé-

(1) Voyez ci-dessus, pages 270 et 313.

cisives et salutaires, plus étroites doivent être
les limites de ses exceptions. Ainsi la loi permet, dans l'intérêt des mœurs et des familles,
de discuter certaines affaires à *huis clos;* mais
elle exige que les juges examinent préalablement la question de savoir s'il y a nécessité absolue de fermer les portes (1). De même, il faut
que le procès dont l'extrême complication réclame une instruction par écrit, soit d'abord
exposé à l'audience, et le tribunal ne peut l'ordonner qu'après avoir déclaré, à la pluralité
des voix, l'impossibilité de juger sur plaidoirie
ou sur *délibéré.*

« J'ai vu autrefois, dit Coquille, par arrêt
de la Cour sur un appel, déclarer nulles toutes
les procédures d'un procès *super re minimâ,*
parce qu'on avait reçu les parties à instruire
et écrire. Et par même moyen, décret d'ajournement personnel fut donné contre le juge,
et il fut ordonné que les avocats et procureurs
rendraient ce qu'ils auraient reçu des parties. Ce fut aux grands jours de Moulins, en
1550 (2). »

L'exemple n'avait pas produit de grands effets,

(1) Voyez ci-dessus, pages 298 et 299.
(2) Comment. sur l'ord. de Blois, t. 1ᵉʳ, pag. 511.

Art.

car on crut devoir insérer dans l'ordonnance de 1667 une défense formelle d'appliquer l'instruction par écrit aux matières sommaires (1). Cette espèce de rédondance législative ne se retrouve point dans le Code. Il n'était pas besoin d'exprimer que des écritures substituées aux stériles efforts d'une plaidoirie, pour les affaires chargées de détails obscurs et difficiles, ne pourraient jamais s'allier avec la marche rapide et abrégée des causes qui sont de nature à être expédiées sur un simple *avenir*. On a voulu que tout fût écrit dans les unes, et que tout fût verbal dans les autres ; l'antipathie était assez fortement marquée (2).

L'instruction par écrit se compose des *requêtes* ou mémoires fournis par les parties, de la production de leurs titres, et du rapport que fait sur le tout un des membres du tribunal (3).

(1) Ord. de 1667, tit. 17, art. 10.

(2) J'aurai soin de faire remarquer, dans le cours de mes explications, les autres cas d'incompatibilité. Par exemple, j'examinerai, dans le chapitre des jugements par défaut, si le tribunal peut ordonner une instruction par écrit, lorsque le défendeur ne comparaît pas sur l'ajournement.

(3) Le rapporteur a dû être nommé par le jugement qui a ordonné l'instruction par écrit, art. 95.

Amenés par la nécessité sur le vieux terrain Art.
des *appointements*, les réformateurs avaient
beaucoup à déblayer : il fallait réprimer l'excès
des écritures, fixer pour les délais de justes
mesures, et rendre à la lumière vive de l'audience tout ce qu'il ne serait pas impossible de
traiter autrement.

Voici les dispositions du Code :

La partie la plus diligente fait signifier à
son adversaire le jugement qui a ordonné l'instruction par écrit et nommé le rapporteur. En
général, et sauf les cas où la loi dit expressément le contraire (1), nul n'est tenu d'exécuter
un jugement s'il ne lui a été notifié, quand
bien même il aurait été présent à la prononciation. Au palais, ce qui n'a frappé que vos
oreilles ne vous oblige point. Vous avez pu mal
saisir les paroles du juge ; à vous permis *d'en
prétendre cause d'ignorance*, jusqu'à ce que le
poursuivant ait mis légalement sous vos yeux
la teneur exacte de ce qui a été prescrit, et vous
ait fait voir *quand* et *comment* vous devez obéir :
paria sunt non esse et non significari. Tout ce
qu'il y a de plus précieux serait livré à l'enva-

_____

(1) Comme dans l'article 94.

Art.

147.

99.

hissement d'une surprise, si cette sauvegarde n'existait pas (1).

La notification dont il s'agit ici se fait par *acte d'avoué à avoué* (2), parce que le jugement qui doit être principalement exécuté par les avoués, ne renferme aucune condamnation à la charge des parties.

Dans la quinzaine qui suit, le demandeur fait signifier la requête qui contient ses moyens. Cette requête exige beaucoup de soin et de talent ; les juges doivent y trouver les éclaircissements qu'ils ont désespéré d'obtenir en laissant plaider. Elle est terminée par un état ou *inventaire* des pièces sur lesquelles se fonde le système de l'action.

Fournir un inventaire de ces pièces ne suffit pas, il faut encore qu'elles paraissent, afin que celui auquel on les oppose puisse les lire tout entières, vérifier les passages cités, découvrir ce qui a été dissimulé et combattre les inductions. Or la loi impartit au demandeur un délai de vingt-quatre heures, à compter de la

(1) Ce point sera plus amplement traité à la fin du chapitre suivant.

(2) Voyez ci-dessus la forme des actes d'avoué à avoué, pag. 265.

signification de sa requête, pour réunir et Art. classer les pièces qu'il a invoquées , et pour les mettre au greffe. C'est ce qu'on appelle *produire*. Ce n'est pas tout : il doit, en même temps , par un simple acte désigné , comme autrefois , sous le nom d'*acte de produit* , donner avis que sa production est faite.

Maintenant le défendeur va répondre. Il aura aussi quinze jours pour prendre communication des pièces produites contre lui, et pour signifier sa requête , au bas de laquelle sera dressé l'état des titres qui doivent servir à repousser la demande. Puis après , il sera obligé , dans les vingt-quatre heures , de rétablir au greffe les pièces qui lui auront été communiquées, d'y déposer les siennes , et de notifier à son tour *l'acte de produit.*

Lorsqu'il y a plusieurs défendeurs réunis dans un *même intérêt* , soit qu'ils se fassent représenter par le même avoué, soit qu'ils aient constitué des avoués différents , c'est tout comme s'il n'y avait qu'un défendeur : ils n'ont droit qu'à un seul délai et à une seule communication (1). Mais dans le cas où ils

_____

(1) La loi ne s'explique point sur la question de savoir auquel des avoués , s'il y en a plus d'un pour les défen-

ART. auraient tout à la fois des avoués et des intérêts différents, chacun d'eux aura le délai ci-dessus fixé pour prendre communication, répondre et produire. La communication leur sera donnée successivement, à commencer par celui qui se présentera le premier, car ils ne peuvent l'avoir tous à la fois.

Il ne resterait plus qu'à parler du rapport, si, avant d'aborder ce complément nécessaire de l'instruction par écrit, je ne devais pas faire observer que la marche qui vient d'être tracée suppose que les parties l'ont franchement suivie, qu'elles ont produit tous les titres nécessaires à leurs prétentions, et que les pièces communiquées ont été fidèlement remises au greffe. Mais on a dû prévoir les négligences, les détours affectés, les lenteurs décevantes et toutes les ressources que l'intérêt ou la mauvaise foi d'un téméraire plaideur se plairaient à mettre en usage, pour arrêter le cours de la justice dans les embarras d'une foule de faits, de dates, de calculs et de ques-

---

deurs ayant le même intérêt, la communication devra être donnée. C'est au plus ancien. Cette solution, dans le silence du Code, se tire par argument des articles 529 et 536 relatifs aux redditions de comptes.

tions. Il faut avoir la courageuse résolution de ART.
pénétrer dans ces détails, si l'on veut saine-
ment apprécier les vues de la loi. Les détails
soulagent l'intelligence, et la conduisent,
comme pas à pas, au bon sens du résultat.

Il peut arriver que le demandeur ayant
écrit et *produit*, le défendeur néglige de répondre et de produire à son tour.

Il peut arriver que le défendeur exécute seul
le jugement qui a ordonné l'instruction par
écrit.

Il peut arriver que l'un ou l'autre, après
avoir fait signifier sa requête et son *acte de
produit*, ait de nouvelles pièces à présenter.

Il peut arriver qu'un avoué diffère, ou refuse de rétablir au greffe les pièces qui lui ont
été données en communication.

Chacune de ces hypothèses réclamait donc
une règle qui lui fût appropriée.

Le défendeur garde-t-il le silence, et ne fait-
il aucune production dans le délai fixé? on
présume qu'il n'avait rien à dire, puisqu'il
n'a rien dit, et qu'il n'avait rien à produire,
puisqu'il n'a rien produit. On procède au rapport et au jugement, sur la requête et sur les
pièces déposées par le demandeur.

Lorsqu'il y a plusieurs défendeurs avec des

Aʀᴛ. intérêts et des avoués différents, la communication des pièces produites par le demandeur doit leur être successivement donnée, à commencer par le plus diligent : je l'ai déjà dit. Mais si aucun d'eux ne fait diligence avant le terme prescrit, ils sont tous en faute ; le demandeur ne doit pas en souffrir, et l'affaire est jugée sur ce qu'il a produit.

Est-ce le demandeur qui a négligé d'écrire et de produire? les présomptions n'ont plus le même caractère. Peut-être a-t-il pensé que les preuves et les motifs de son action avaient reçu assez de développements par ses primitives conclusions (1), et qu'il devait attendre les objections de la défense. Toutefois le délai que le demandeur laisse expirer, commence à prendre son cours pour l'autre partie, et voilà que celle-ci écrit et produit ; mais il ne sera point privé de la faculté de prendre communication, et de contredire les faits et les moyens qui lui sont opposés : il aura huit jours pour l'exercer. Laisse-t-il encore passer cette huitaine? alors le procès sera jugé sur la production du défendeur.

(1) C'est-à-dire, dans les conclusions prises avant le jugement qui a ordonné l'instruction par écrit.

On voit la raison de ce privilége qui permet Art.
au demandeur de temporiser , et qui le relève
de la déchéance dont son adversaire resterait
frappé, s'il s'était avisé de procéder de même.

Il ne faut pourtant pas prendre trop à la
lettre cette expression de *déchéance*, ni croire
que chacun des délais déterminés pour les
significations des requêtes et des actes de produit, soit rigoureusement fatal : tout cela doit
être entendu dans le sens de l'explication que
j'ai donnée touchant les délais de l'instruction
ordinaire (1).

Aussitôt que le temps accordé pour l'attaque
et pour la défense se trouve écoulé , chacune
des parties a le droit de demander qu'on
mette fin au procès. Mais si quelques jours de
plus succèdent en silence à ceux du délai légal ,
pourquoi ne serait-il pas permis à l'autre partie
de purger son retard , et de prendre communication tant que le greffier n'a pas été requis de
remettre au rapporteur les pièces produites ?
La loi ne peut pas être plus rigoureuse , en ce
qui concerne l'intérêt privé des plaideurs, que
les plaideurs eux-mêmes.

Les anciens procès par écrit étaient intermi-

(1) Voyez ci-dessus, pag. 276.

Art. nables, et l'on disait des gens qui avaient le
malheur de s'y engager, qu'ils plantaient un
arbre dont ils ne verraient jamais le fruit. J'ai
peur qu'on ne prenne ce que je vais dire pour
un paradoxe, mais pourtant il est vrai que
l'abus était né de la briéveté des délais fixés
par l'ordonnance de 1667, pour écrire et
produire. Elle n'accordait que huit jours, qui
évidemment ne suffisaient pas dans le plus
grand nombre des affaires. On ne s'y arrêtait
point, c'était comme s'il n'y eût eu rien de
réglé à cet égard. L'instruction s'allongeait et
et se grossissait en même temps au gré d'un
vil intérêt. Les procureurs creusaient une mine
sans fond; quelquefois le rapporteur attendait
les pièces pendant toute sa vie, et tel qui gagnait son procès, après plusieurs années de
poursuite, eût gagné davantage à le perdre
plus tôt.

Le Code, en doublant ces délais, leur a
donné des proportions conformes à la nature
des choses : il y a mis une sanction plus morale
et plus sérieuse. Exiger trop, c'est risquer de
ne rien obtenir; cette maxime s'applique à
la législation civile comme à la législation criminelle, aux matières administratives comme
à celles de finances et de politique.

Au bout d'un mois et deux jours, en y comprenant les quarante-huit heures accordées Art.
pour la signification des *actes de produit*, l'instruction par écrit est close entre le demandeur
et le défendeur. Celui que son intérêt presse,
a le droit incontestable de requérir le rapport
et le jugement du procès, soit que l'autre ait
fait du délai un usage utile, soit qu'il n'en ait
pas profité. La prescription du terme n'est
plus réputée *comminatoire*, ainsi qu'on disait
autrefois ; elle ne dégénère point en une simple
menace, et les tribunaux n'ont pas la puissance
de proroger ses effets.

Que si les retards proviennent de la négligence ou de la collusion des avoués, il est
permis de les révoquer (1) : élevez votre voix,
et demandez justice. Aimez-vous mieux vous
taire, attendre et souffrir dans les étreintes
d'une timide résignation, les longueurs qui
vous épuisent ? cessez alors de vous en prendre
à la loi.

Les délais se partagent et se prolongent,
quand il y a plusieurs défendeurs divisés d'intérêt, et représentés par des avoués différents.
C'est justice et nécessité.

(1) Voyez ci-dessus, page 267.

ART.   Il n'était pas moins indispensable d'autoriser une partie à produire des pièces nouvelles, qu'elle n'avait point d'abord à sa disposition, ou dont elle avait cru l'emploi inutile dans la première discussion de ses moyens. En ce cas, elle les met au greffe, et signifie un acte de produit, comme ci-devant. Mais il lui est expressément interdit de prendre ce prétexte

102.   pour faire des écritures ampliatives. Seulement, la nouvelle production devant toujours être accompagnée d'un état des pièces, rien n'empêche que l'état ne soit raisonné, et ne contienne, s'il y a lieu, un redressement des conclusions primitives. Cette tolérance ne peut être dangereuse, car il n'est accordé qu'une taxe fixe et fort mince, pour tous les frais de ce supplément d'instruction (1).

Est-il besoin de dire que la loi réserve à l'autre partie la faculté de prendre communication et de répondre? huit jours lui sont

103.   donnés pour l'exercer.

On ne pouvait pas faire un règlement général pour déterminer le volume des écritures, parce qu'il doit varier suivant la complication de l'affaire, la diversité des intérêts

(1) Voyez le tarif, art. 71.

et l'importance des questions. Mais on a fixé ᴀʀᴛ.
des limites particulières pour certains actes ,
et la requête en réponse à une production nouvelle s'y trouve comprise. Elle ne peut excéder 103.
six rôles. Le rôle se compose de deux pages
d'écriture; chaque page de vingt-cinq lignes ,
et chaque ligne de douze syllabes. On raconte ,
à ce sujet, qu'autrefois un procureur s'étant
avisé de faire une ligne avec ces trois petits
mots : *il y a*, le juge trouva bon de la finir avec
ceux-ci : *dix écus d'amende pour le procureur* (1).

En définitive : l'instruction par écrit est
bornée de chaque côté à la signification *d'une
requête et d'un acte de produit*, sauf le cas d'une
nouvelle production , à l'égard de laquelle on
a restreint les *rôles* comme on vient de le voir.
Rien au-delà ne passe en taxe; l'excédant reste 105.
à la charge de ceux qui ont voulu se donner la
satisfaction d'écrire encore , sans qu'ils puissent en répéter les frais en gagnant leur cause.

(1) Voyez , pour l'obligation imposée aux avoués de
déclarer au bas des originaux et des copies de toutes
leurs requêtes et écritures, le nombre des rôles dont
elles se composent, *à peine de rejet*, ce que j'ai dit
ci-dessus, page 278.

Aʀᴛ.

106.

189.

Les pièces produites ont été mises au greffe. C'est là que les avoués viennent les prendre en communication; ils en donnent un récépissé, ce qui suppose toujours une communication avec déplacement. Cependant il peut y avoir des titres d'une nature telle, que la prudence ne permettrait pas de les laisser sortir des mains du greffier. Une règle commune à tous les genres d'instruction réduit la communication d'une pièce *dont il n'y a pas minute*, à une simple exhibition, à moins que celui auquel elle appartient ne consente au déplacement (1).

Cette obligation imposée aux plaideurs de produire tout ce qu'ils entendent employer au soutien de leurs droits, ne s'étend point jusqu'à les forcer de communiquer des pièces dont ils n'ont fait aucun usage : *Edenda sunt omnia quæ quis apud judicem editurus est, non tamen ut et instrumenta quibus usurus non est, compellatur edere* (2). La loi, moins sévère que la morale, nous autorise à dire : *Nemo tenetur edere contra se*. Tout le monde, au palais, ne ressemble pas à ce bon abbé de Grand-

_____

(1) On verra au chapitre des Exceptions les autres modes de communication de pièces.

(2) *L.* 1, § 3, *ff. De edendo.*

Champ, qui, plaidant contre un pauvre curé, produisit des titres contre lui-même et se fit condamner, dans la crainte que ses successeurs ne fussent pas aussi justess.

Mais il importe de noter qu'une pièce produite devient aussitôt une pièce commune ; elle appartient au procès. Celui auquel on l'oppose acquiert le droit d'en extraire toutes les inductions qui peuvent le favoriser. La retirer soit avant, soit après la communication, serait commettre un véritable délit. L'article 409 du Code pénal porte : « Quiconque, après avoir » produit dans une contestation judiciaire quel- » que titre, pièce ou mémoire, l'aura soustrait » de quelque manière que ce soit, sera puni » d'une amende de vingt-cinq à trois cents » francs. Cette peine sera prononcée par le » tribunal saisi de la contestation. »

Une autre espèce d'infidélité a été prévue par le législateur ; car il faut bien supposer le mal, pour indiquer le remède. Supposez donc qu'un avoué ne rétablisse point au greffe, dans les délais prescrits, les pièces qu'il y a prises en communication ; il entrave la marche de l'instruction, il se rend peut-être le complice d'un dessein plus criminel encore. Sa résistance va donner la mesure de sa culpabilité et de la

Art.

ART. peine qui devra être prononcée contre lui.

Mais qui le poursuivra ? Pour l'entreprendre il faut un avoué qui signe les conclusions et qui prépare les voies de la justice. Celui que le plaignant avait constitué dans le procès principal voudra-t-il prêter son ministère pour ce triste incident, et demander jugement contre un confrère ? Faudra-t-il avoir recours aux injonctions ? La loi n'exige point que violence soit faite à ces délicatesses de position ; elle affranchit la partie de l'assistance d'un avoué, et lui permet de réclamer et de poursuivre seule.

Un mémoire remis au président, ou au rapporteur, ou au procureur du roi ; un simple acte pour venir plaider à l'audience, car ici la publicité reprend ses droits, voilà toute la procédure. Un certificat du greffier attestant que la production n'est point encore rétablie, voilà toute la preuve. Sur quoi, le tribunal statue de suite (1) en condamnant, sans appel, l'avoué entrepris à faire la restitution demandée, à payer personnellement tous les frais, et dix francs, *au moins*, de dommages-intérêts, par chaque jour de retard.

Si les pièces ne sont pas réintégrées dans la huitaine qui suit la signification de cette sentence,

(1) Décret du 30 mars 1808, art. 66.

le poursuivant retourne devant le tribunal, en Art.
sommant l'avoué d'y comparaître de nouveau;
et les juges, suivant la gravité des circonstances, toujours sans appel, le frappent
de plus fortes condamnations; ils y attachent
la rigueur de la contrainte par corps, et le déclarent interdit de ses fonctions pour tel temps
qu'ils estiment convenable.

On a demandé si cette disposition qui donne
aux tribunaux inférieurs, pour l'incident dont
il s'agit, le pouvoir de prononcer sans appel,
était également exclusive de la voie d'opposition, dans le cas où le jugement aurait été
rendu par défaut. Je ne trouve aucune difficulté à répondre affirmativement.

Tout ce qui tendrait à différer la restitution
des pièces serait en désaccord avec l'esprit du
Code, avec cette marche d'urgence qu'il a
tracée pour vaincre et punir l'opiniâtre refus
de l'avoué. Point d'appel du jugement qui le
condamne, quel que soit le taux de la demande
ou le montant des dommages-intérêts; cette exception est d'une exorbitante sévérité, témoin
le vieil adage : *Appellationis remedium nec dia-
bolo denegandum foret, si esset in judicio* (1).
Par conséquent, point d'opposition.

(1) *Prosp. Fagnani Jus canonicum*, t. 2, p. 188,
n⁰ 9.

ART.   La moralité du recours ouvert contre les condamnations par défaut se tire , en thèse générale, d'une sorte de présomption qui permet
d'attribuer à l'ignorance des poursuites ou à
des empêchements sérieux le manque de comparution.

Ici le doute ne peut être en faveur de l'avoué.
Quand même il alléguerait que la sommation
de venir plaider ne lui est pas parvenue, les
démarches officieuses qui ont nécessairement
précédé l'explosion de la plainte, ses habitudes
à l'audience , ses relations au greffe, toutes les
voix du palais n'auraient-elles pas dû l'aviser
assez, s'il eût eu la bonne volonté de se présenter? Sa contumace demeure donc comme
une nouvelle insulte à la loi.

C'en est trop peut-être sur cette question.
Je me hâte de rentrer dans l'ordre naturel des
choses, et je me reporte au moment où toutes
les productions sont complétement rétablies
au greffe.

Les fonctions du rapporteur vont commencer:
les pièces du procès lui sont remises par le
greffier, sur la réquisition de la partie la plus
189.   diligente (1).

(1). Voyez à la fin du chapitre la forme de cette réquisition.

Si le rapporteur décède, s'il se démet, ou
s'il se trouve autrement dans l'impossibilité de
remplir son office, il est remplacé, en vertu
d'une ordonnance du président rendue sur
requête.

Le poursuivant fait notifier cette nomination
aux autres parties, trois jours au moins avant
le rapport : il est juste qu'elles connaissent le
nouveau rapporteur, ne serait-ce que pour le
récuser, s'il y a lieu.

Le roi de Prusse disait qu'il n'y avait pas de
rapport qui ne dût être expédié dans quinze
jours au plus (1).

Chez nous, la loi se repose avec plus de confiance sur le zèle et l'activité du magistrat,
pour la rédaction de son travail. Il doit savoir
que si l'iniquité rend la justice amère , les lenteurs l'aigrissent : *Injustitia illud reddit ama-
rum, mora acidum* (2). C'est à lui qu'il appartient de concilier la promptitude de l'exécution
avec la maturité de l'examen , avec cette application consciencieuse que ni le volume des
pièces, ni la complication des faits, ni l'as-
périté du droit, ni le choc des autorités ne

(1) Code Frédéric, t. 1, p. 35 et 36 de l'exposition.
(2) Bâcon, *Sermones fideles, de officio judicis.*

Aʀᴛ. rebutent jamais, qui ne laisse rien échapper, et finit toujours par ramener la cause la plus difficile à son vrai principe, à un point clair et décisif.

Le rapporteur résume les faits et les moyens, sans ouvrir son avis; mais il opinera le premier lorsque les voix seront recueillies pour le jugement (1).

Aussitôt que le rapport est prêt, les avoués sont prévenus du jour où il sera fait, afin qu'ils puissent y assister (2); car tous les rapports se font à l'audience. La loi de 1790 l'avait déjà dit, et c'eût été grande pitié de se voir enlever plus tard cette conquête de la publicité, qui vaut à elle seule toutes les autres garanties. Cependant, le croira-t-on? des voix se firent entendre, lors de la discussion du Code de procédure au Conseil d'état, en faveur de l'usage où l'on était jadis de faire les rapports à la Chambre du Conseil; elles demandèrent grâce « pour la ti- » midité des juges peu exercés, que gêne la » nécessité de rapporter en public (3). »

ɪɪɪ.

(1) Art. 35 et 73 du règlement du 30 mars 1808.

(2) C'est ordinairement par l'intermédiaire du greffier que cet avis leur parvient.

(3) Esprit du Code de procédure, par M. *Locré*, pag. 266 et suiv.

Au vrai, le motif de cette étrange apologie
du *huis clos* se rattachait plus particulièrement
à l'antipathie du chef de ce temps-là pour le
barreau. La première rédaction de l'article iii
portait : « Tous rapports, même sur délibéré,
» seront faits à l'audience; *les défenseurs*
» *pourront, après le rapport, présenter quelques*
» *observations sommaires.* » Les antagonistes
du projet prétendirent que ce serait « troubler
» d'avance un magistrat par la crainte d'une
» réfutation...., le rapprocher trop d'un avo-
» cat, d'un avoué...., l'obliger peut-être à
» leur répondre......, ou à parler tout bas, afin
» de prévenir l'engagement d'une lutte avec
» les défenseurs (1)... » Voilà ce qu'ils trouvaient intolérable ; le meilleur moyen d'y
mettre ordre était, sans contredit, de renvoyer les rapports à la Chambre du Conseil,
et de fermer les portes.

Toutefois on fit une transaction. La publicité
fut maintenue, et la seconde disposition de l'article fut remplacée par celle-ci : « *Les défen-*
» *seurs n'auront, sous aucun prétexte, la parole*
» *après le rapport.* Ils pourront seulement re-
» mettre sur-le-champ au président de simples

(1) Esprit du Code de procédure , par M. Locré,
pag. 266 et suiv.

Art.   » notes énonciatives des faits sur lesquels ils
» prétendraient que le rapport a été incomplet
» ou inexact (1). »

Le règlement du 30 mars 1808 a étendu la
faveur de la prohibition aux conclusions du
ministère public. On a vu ce que j'en ai dit
ci-dessus (2). Mais, pour ne parler que des
rapporteurs, la plus simple réflexion aurait pu
dissiper ces alarmes sur le péril de leur repos et
de leur considération. Ils ne doivent pas ouvrir
d'avis en rapportant; ils n'ont donc point d'objections à réfuter. Le simple redressement d'un
fait ou d'une date, la simple remarque d'une
omission, ne peuvent pas les engager dans un
débat de discussion avec les avocats. Y a-t-il
plus de décence et de respect dans une note

(1) A part les délibérés et l'instruction par écrit, le
Code indique une foule de cas où le rapport doit avoir
lieu. Voyez les art. 199, 202, 222, 280, 371, 385, 394,
539, 342, 562, 568, 668, 762, 779, 856, 859, 863, 885,
891, 984, 987. Il ne faut pas croire que l'article III y
soit toujours applicable. Il ne peut l'être qu'aux matières
dans lesquelles les parties ont eu, avant le rapport, l'entière faculté d'épuiser les moyens de leur cause, soit en
écrivant, soit en plaidant. J'aurai soin de faire observer
cette différence, à mesure que les occasions se présenteront.

(2) Ci-dessus, pages 291 et suiv.

griffonnée à la hâte et transmise au président, Art.
que dans les quelques mots qui s'élèveraient
du barreau vers le tribunal tout entier, et que
les juges auraient toujours le pouvoir de cir-
conscrire dans les limites convenables ? A quoi
servent ces notes silencieusement envoyées, au
moment solennel de la délibération, sans que
l'autre partie en ait eu la moindre communication ? A donner des impressions fausses et
dangereuses. En bonne justice, les juges ne
doivent voir que ce qui a été vu par toutes les
parties : *An aliqua exhibita coram judice per
unam partem, addici ipsius judicis animi in-
formationem, sint et possint de actis causæ?
Credo quod non*, disait Gui Pape, *nec talia dicuntur de actis causæ, nisi in causâ judicialiter
producantur* (1).

 Depuis quarante ans, les pourvois en cassation sont jugés sur rapport. Le rapport est fait
à l'audience, et les avocats plaident après le
rapport. Je prie qu'on me dise s'il est arrivé
que la dignité de la Cour suprême en ait été
compromise.

Les rédacteurs de la nouvelle loi de procédure à Genève, au lieu de corriger le Code

(1) Quæst. 136 et 241.

Art. sur ce point, et d'admettre des observations sommaires après le rapport, comme ils les ont admises après les conclusions du ministère public, ont pris le parti de supprimer les rapports.

« Nous avons écarté les rapporteurs dont le Code de procédure exige en pareil cas la nomination, dit M. Bellot.

» Nous avons estimé leurs fonctions inutiles en audience publique, dès que leur rapport ne pouvait être ni discuté ni contrôlé, et dangereuses dans la chambre de délibération, par l'influence qu'elles donnaient à un seul juge.

» Nous avons trouvé plus de sûreté à exiger de chaque juge, ce que le Code de procédure ne requiert que du rapporteur, la lecture des pièces avant le jour fixé pour délibérer du jugement.

» Le Code génevois de 1791, et la pratique de nos anciens tribunaux, nous ont fourni cette sage disposition (1). »

A cet égard, je dirai comme l'Apôtre : Il est vrai que la loi est bonne, pourvu qu'elle soit bien observée : *Nos scimus quia lex bona est, modò quis eâ utatur legitimè.*

_____

(1) Exposé, p. 65.

Le rapport est terminé. Si l'affaire est dans
la classe de celles qui doivent être communiquées au ministère public, le procureur du
roi donne ses conclusions à l'audience (1), et
le tribunal juge.

Je prie qu'on me permette de revenir sur
une des hypothèses qu'il a fallu prévoir ci-dessus, celle où l'une des parties aurait négligé
d'écrire et de produire. J'ai dit que, dans ce
cas, le jugement serait rendu dans l'état où
les choses se trouveraient, après l'expiration
de tous les délais. Mais ce jugement aura-t-il le
caractère d'un jugement par défaut à l'égard
du plaideur qui s'est laissé *forclore* (2), et le
recours de l'opposition lui restera-t-il ouvert?
Non ; sa présence aux premiers actes du
procès, et sa participation à cette épreuve de
l'audience, où la nécessité d'une instruction
écrite fut reconnue et déclarée, toutes ces circonstances ne permettent point de présumer

(1) « Dans les procès dont l'instruction est par écrit,
» le juge-rapporteur devra veiller à ce que les commu-
» nications au ministère public soient faites assez à temps
» pour que le jugement ne soit pas retardé. » *Règlement
du 30 mars* 1808, art. 85. Voyez aussi l'article 86.

(2) Forclore, forclusion, de *forum claudere*.

ART. qu'il a pu ne pas connaître les poursuites, et la marche indiquée pour la défense de son droit. La présomption est, au contraire, qu'il n'a rien produit, parce qu'il n'avait rien à produire, et que, s'abandonnant à la justice des magistrats, il a consenti à être jugé sur la production de son adversaire. Le jugement sera donc de même nature que s'il eût été rendu après une instruction complète de part

113. et d'autre (1).

Il convient, avant de finir, d'expliquer comment le greffier, les avoués et le rapporteur sont successivement chargés et déchargés de la responsabilité des pièces qui leur ont été confiées.

On tient au greffe un registre divisé en colonnes, sur lequel chaque avoué inscrit sa production, avec la mention des noms des parties, de leurs avoués, du rapporteur, et la date du dépôt. Cette inscription rend le greffier responsable.

Viennent ensuite les communications, pour lesquelles les avoués donnent un récépissé

(1) Voyez pour les autres questions qui se rapportent plus ou moins à cette hypothèse, le chapitre *des jugements par défaut*.

qui met les productions à leur charge. Art.

Lorsque le moment de la remise au rapporteur est arrivé, la réquisition que le greffier reçoit à cette fin est écrite par le *requérant* sur une colonne du registre laissée en blanc ; et sur la même colonne le rapporteur appose sa signature, en prenant les pièces dont il devient responsable à son tour.

Après le jugement du procès, le rapporteur rétablit le tout au greffe. La radiation de sa signature sur le registre suffit pour qu'il en soit déchargé.   114.

Alors toute la responsabilité revient encore s'attacher au greffier, jusqu'à ce que les avoués se présentent pour retirer leurs productions.

Le Code dit que les avoués en faisant ce retrait émargeront le registre, et que l'émargement servira de décharge au greffier. Cette   115. disposition trop vague semblait leur donner la liberté de venir isolément reconnaître et emporter les dossiers. Beaucoup d'inconvénients pouvaient en résulter : le tarif y a pourvu (1). L'avoué le plus diligent fait sommation à tous les avoués de la cause de se trouver au greffe, à telle heure de tel jour,

(1) Article 70 , § 7.

II.   23

Art. afin d'opérer le retrait des pièces. De cette manière, ils concourent tous à la vérification et à la reconnaissance des productions ; chacun prend la sienne et n'emporte que ce qui lui appartient (1).

J'ai tâché de faire une exposition complète de l'instruction par écrit. C'est une des parties les plus décriées du système de la procédure ; mais il y a, dans ce tumulte de blâme, des impressions de vieux abus, des préjugés d'habitude, et peu de vraie critique. Certes, l'exagération est flagrante, lorsqu'elle se plaît à des griefs tels que ceux-ci : « La cause sera instruite par écrit, c'est-à-dire que l'on fera des requêtes, *et toujours des requêtes*, de part et d'autre, et que ces requêtes seront grossies d'états de pièces justificatives, suivies de productions au greffe, de communications de pièces, etc. Heureusement cette inutile procédure, qui aurait tout au plus pour objet d'*engager* le rapporteur à *étudier un peu* les pièces

_____

(1) Les juges et les avoués sont déchargés des pièces cinq ans après le jugement du procès. Code civil, art. 2276. Voyez M. de Malleville sur cet article, et M. Carré, *Lois de la procédure*, t. 1, p. 260.

du procès, est restée à peu près sans applica- ART.
tion ; mais enfin elle est dans la loi (1). »

La loi ne dit point qu'on fera *des requêtes et toujours des requêtes*, car elle n'admet qu'une seule requête pour chacune des parties.

Un état des pièces, à la suite d'une requête, ne peut guère la grossir, car la loi défend qu'il soit commenté.

La production ou le dépôt des pièces n'augmente pas beaucoup les frais, car la loi ne passe

----

(1) Introduction aux *Lettres de Cooper sur la Cour de chancellerie, et sur quelques points de jurisprudence anglaise*, par M. P. Royer-Collard, professeur à la Faculté de droit de Paris, pag. 52.
Cette introduction, écrite en général avec une sage liberté, offre des vues très-utiles touchant la procédure civile. Je ne partage pas les opinions de l'auteur sur tous les points qu'il a traités, mais je n'en dois pas moins rendre hommage au mérite de sa composition. L'esprit de réformation est prudent et mesuré chez M. P. Royer-Collard. « Autre chose est de ne pas créer, dit-il, autre chose est de détruire. » Il s'élève plus particulièrement contre les exigences du fisc, et l'excès des droits, qui sont comme un déni de justice à l'égard des pauvres plaideurs. J'ai déjà eu occasion d'abonder dans ce sens, en faisant observer toutefois qu'il fallait ne pas confondre les impôts du fisc avec les règles de la procédure. *Voy. ci-dessus*, pag. 274.

Art. à l'avoué qu'une vacation fixe de deux francs vingt-cinq centimes.

La communication n'ajoute aux écritures du procès que les deux lignes d'un *récépissé* qui ne coûte rien ; et les vacations, soit pour la prise en communication , soit pour le rétablissement des pièces au greffe, sont taxées *ensemble* à deux francs vingt-cinq centimes.

Il y a beaucoup d'honnêtes gens dans le monde, contre lesquels on ne murmure point, qui ne se contentent pas d'un aussi modique droit de commission.

Si l'on ne veut pas de *cette procédure inutile, qui n'a tout au plus pour objet que d'engager le rapporteur à étudier un peu les pièces du procès,* je demanderai ce qu'on y substituera d'utile, pour engager le rapporteur à étudier assez?

Les idées de réforme ne changeront point la nature des affaires. Il y aura toujours des redditions de compte, des liquidations de succession à juger, des calculs à vérifier, des généalogies à débrouiller, des sacs de titres à lire, à classer, à comparer; or, comme il est incontestable que tout cela ne peut être expliqué à l'audience, on fera des *mémoires*, si le nom des *requêtes* paraît trop chicanier. Rien de plus innocent que de revenir à la

loi du 3 brumaire an II, qui supprima les requêtes dans toutes les affaires et dans tous les
tribunaux, *même en cassation*, et les remplaça
par de simples mémoires, ce qui n'empêchait
pas de dire en même temps : *la section des requêtes du tribunal de cassation*. J'ai vu dans cet
âge d'or du palais, où il n'y avait plus d'avoués,
un de ces mémoires qui contenait près de six
cents rôles.

Mais si chacun écrit de son côté, sans connaître les objections, les titres et les moyens
de l'adversaire, il n'y aura ni discussion ni
réfutation possibles. Si les pièces justificatives
ne sont pas jointes au mémoire, on sera réduit à
croire les gens sur parole ; et nous n'en sommes
pas encore à ce degré de perfectibilité. Il faudra
donc toujours *écrire*, *produire*, *et communiquer*. Ainsi faisait-on, même en l'an II. Cependant, comme tout le monde ne savait pas
composer des mémoires, on avait, au lieu d'a-
voués, des rédacteurs officieux qui écrivaient,
produisaient, allaient et venaient pour autrui,
et qui, vu le privilége de leur *officiosité*, n'é-
taient soumis à aucune taxe, ni à aucune responsabilité.

Ce serait, sans doute, une ridicule circon-

Art. spection que de trouver tout *bien* dans les détails du Code de procédure. Il est permis, en
expliquant la loi , de noter ses imperfections
et de publier des vérités utiles. Mais nous sommes un peu trop visités par l'esprit d'innovation; je redoute ces turbulentes ardeurs qui
menacent de tout abîmer, à force de tout idéa-
liser. Les tentations , en ce genre, se multi-
plient au point que le coup d'œil le plus sûr
et le plus exercé aurait peine à leur assigner
un rang. L'air peut être plus pur dans les
hautes régions, mais il n'a pas assez de consis-
tance pour suffire aux mouvements de la vie ;
il y a au fond des choses, telles que notre état
de civilisation les a faites , des conditions de
sûreté et des ramifications d'intérêts dont l'ad-
hérence ne saurait être impunément brisée.

CHAPITRE VII.

DES JUGEMENTS.

J'ai suivi l'ordre du Code, en réunissant ᴀʀᴛ.
dans le chapitre qui précède, *les délibérés* et
l'instruction par écrit ; c'était une facilité pour
mieux faire ressortir leurs affinités et leurs dif-
férences. Il eût été plus rationnel, peut-être,
de placer, après le titre des *jugements,* un titre
de l'instruction par écrit, comme on a fait pour
. l'instruction des enquêtes, des expertises, des
interrogatoires, etc.; car l'affaire s'expose à
l'audience, avant que le tribunal décide que
les parties écriront leurs moyens et produiront
leurs titres; et cette décision est un véritable
jugement dont l'expédition doit être levée, dont
la notification doit être faite, pour que l'exécution puisse s'ensuivre.

Cependant, dira-t-on, l'instance subsiste
toujours. Cette remarque me conduit naturel-

A͏ʀᴛ. lement à la distinction des diverse*s* espèces de
jugements.

On vient à l'audience, on plaide ; la clôture
de la discussion semble annoncer la fin du
procès. Mais le tribunal trouve l'instruction
incomplète, ou la plaidoirie incompréhensible,
et il ordonne , suivant les circonstances , que
les parties s'expliqueront par écrit , ou qu'elles
comparaîtront personnellement , ou qu'elles se
feront les communications d'usage, ou qu'elles
rempliront telles autres formalités pour régler
la procédure, et l'acheminer vers l'issue de la
cause. C'est ce qui s'appelle un *jugement pré-*
paratoire. Il ne préjuge rien , et les juges n'y
révèlent en aucun sens la tendance de leur
opinion sur le droit litigieux.

Mais si le jugement a , dans ses dispositions,
quelque chose d'explicite ; si l'intention qui l'a
dicté se découvre, en s'attachant à un point
décisif que la nouvelle instruction doit éclaircir ; par exemple , si, avant de faire droit , le
tribunal ordonne la preuve d'un fait, ce n'est
plus la neutralité du simple *préparatoire* qui
n'entame rien ; c'est un *préjugé* qui se manifeste , dans l'intervalle de la demande à la décision définitive : *Judex inter locutus est*, De là
est venu son nom de jugement interlocutoire.

Il peut arriver néanmoins que les juges, après avoir reconnu la nécessité d'une preuve ou d'une vérification quelconque, reviennent à d'autres considérations, retirent à l'interlocutoire l'importance qu'ils lui avaient donnée d'abord, et prononcent, à la fin, par des motifs tout-à-fait indépendants de ses résultats. Ce qui n'est que préjugé n'est jamais irréparable, et l'on a établi cette maxime : *L'interlocutoire ne lie pas le juge.*

Le *jugement définitif* est celui qui termine le procès. En règle générale, le tribunal qui l'a rendu ne peut ni le changer, ni le corriger : *Et hoc jure utimur ut judex qui semel vel pluris vel minoris condemnavit, ampliùs corrigere sententiam suam non possit : semel enim malè seu benè officio functus est* (1).

Il y a des jugements mixtes, qui contiennent à la fois des dispositions définitives et des dispositions interlocutoires.

Voici un exemple : Je vous ai assigné en paiement de 10,000 fr., pour ma portion dans les bénéfices d'une société que nous avons contractée. Vous vous défendez en disant que vous ne me devez rien, parce que je n'ai jamais

(1) *L*. 55, *ff*. *De re judicatâ.*

Art. été votre associé. Le tribunal décide qu'il y a société ; mais attendu que rien ne justifie la vérité de mes allégations, relativement aux prétendus bénéfices, il ordonne, avant de statuer sur ce point, que vous me rendrez un compte, que je le débattrai, et que le tout sera rapporté devant lui, pour être réglé ainsi qu'il appartiendra.

Ce jugement est *définitif*, en ce qui touche l'existence de la société, qui ne peut plus être remise en question. Ce n'est qu'un *interlocutoire*, quant à la reddition préalable du compte. Il est possible que finalement on déclare ma demande mal fondée, et que les juges prennent, en dehors du compte rendu, la raison de décider (1).

Un jugement est *contradictoire*, lorsqu'il a

---

(1) Le *préparatoire* ne préjuge rien, par conséquent il ne fait aucun grief. La loi ne permet pas qu'on puisse en appeler avant le jugement définitif.

L'*interlocutoire* préjuge, par conséquent il peut faire grief. La loi permet d'en interpeller appel avant le jugement définitif. (Art. 452 du Code.)

Cela présente quelques difficultés dans l'application. J'en parlerai avec plus d'étendue dans le chapitre des Cours royales ; ici je n'ai pu qu'ébaucher la matière.

été rendu sur les défenses respectives des plai- Aᴙᴛ.
deurs : *contradicto judicio* (1).

Si l'un d'eux n'a pas comparu, ou si comparaissant il a négligé de défendre , le jugement rendu contre lui s'appelle un *jugement par défaut.*

J'ai parlé, dans mon Introduction, des jugements *en premier ressort* et des jugements *en dernier ressort* (2).

Telle est la principale division des jugements. Une nomenclature plus étendue n'offrirait que des variétés d'espèces qui se classeront d'elles-mêmes, à mesure qu'elles se présenteront.

Je dois parler de la formation du tribunal, avant d'aborder ce qui se rapporte à la formation du jugement.

Il faut , dans les tribunaux inférieurs, trois juges, au moins, pour rendre un jugement (3); et sept, au moins, dans les Cours royales, pour rendre un arrêt.

(1) *L. 34. ff. De legibus.*
(2) Chapitre 13.
(3) Sur l'appel, en matière correctionnelle , ils doivent être au nombre de cinq. Loi du 20 avril 1810, art. 41.

Une grande question s'agite encore aujour-
d'hui, c'est celle de savoir si *l'unité* n'est pas
préférable à la *pluralité*; en termes plus simples : si un seul juge ne vaut pas mieux, pour
juger, que plusieurs juges.

J. Bentham soutient l'affirmative, avec toute
la vigueur et toute la hardiesse de son génie (1).
Je me garderai bien de lui opposer ces maximes coutumières de notre ancienne France :
« Voirs est que un home tant seulement ne
peut fére un jugement... Encore convient-il a
jugement fére, quatre homes, a tout le
meins (2). » Le philosophe anglais me ren-
verrait à ses *sophismes du pouvoir*, et me dirait
avec Bâcon « que nos ayeux étaient des enfants au maillot; que nous seuls sommes les
barbes grises, les sages, nous qui avons ac-
caparé, pour en faire notre profit, tout ce
que la vie humaine peut recueillir d'expérience (3). » Cela peut être vrai, sous beaucoup de rapports. Les générations qui nous

(1) *De l'organisation judiciaire et de la codification,
extraits de divers ouvrages de J. Bentham*, par E. Dumont, chap. 10.

(2) Beaumanoir, chap. 61 ; Pierre de Fontaines,
chap. 21.

(3) Revue britannique, 2e année, p. 250.

ont précédés avaient une jeunesse relative; nous avons ajouté à leur instruction celle des siècles suivants. Mais dans ces trésors dont s'enrichit le dernier venu, c'est-à-dire, le plus vieux des siècles, le nôtre a-t-il compris le système *d'unité en judicature* (1)? Les publicistes sont fort éloignés de s'accorder sur ce point.

L'opinion de Bentham contre la pluralité des juges se fonde sur deux motifs principaux :

1° L'influence que l'un des juges exerce ordinairement sur les autres, ce qui rend inutile le concours de ceux-ci ;

2° Le défaut d'une responsabilité qui, laissant à la charge de tout le corps l'odieux de l'iniquité, ne pèse directement sur aucun de ses membres.

Le savant M. Comte est venu prêter à cette thèse l'appui de son esprit géométrique et de sa puissante argumentation : « Multiplier le nombre des hommes, dit-il, n'est pas nécessairement un moyen d'accroître la masse des lumières, dans aucun genre de connaissances; deux demi-savants ne font point un savant. Cela est vrai dans les sciences morales, comme

_____

(1) Expression de Bentham.

Art. dans les sciences physiques ou mathémati-
ques ; dans les unes comme dans les autres , le
nombre ne prouve rien que lui-même. Il
serait aussi ridicule de prétendre obtenir la
capacité d'un profond jurisconsulte en réunissant en corps trois médiocres légistes , qu'il
serait ridicule de prétendre obtenir un savant
mathématicien en réunissant quelques maîtres
d'école de village, qui n'ont jamais su faire
que des additions et des soustractions (1). »

Les défenseurs de *la pluralité* répondent
que le premier motif de Bentham se détruit
par lui-même. Arguer de l'influence de l'un
des juges sur les autres, c'est appréhender que
le jugement ne soit dicté par une seule voix ;
c'est donc changer en une funeste conséquence
le principe du système de *l'unité* (2).

Quant au défaut de responsabilité , on trouverait pour y porter remède un moyen moins

(1) *Considérations sur le pouvoir judiciaire* , chap. 2,
p. 68. M. Comte a placé *ces considérations* en tête de la
seconde édition *des Pouvoirs et des Obligations des jurys*,
par sir Richard Phillips.

(2) Voyez dans les *Annales de jurisprudence et de législation*, pag. 315 et suiv. , un article sur *l'organisation
judiciaire*, traduit de l'italien de M. Ferini , avocat à
Naples.

tranchant, et que les meilleurs esprits appellent   _{Art.}
de tous leurs vœux : c'est le retour à la loi
qui obligeait les juges d'opiner à voix haute.

Les chances d'erreur ou de vérité, dans les
décisions judiciaires, ne se doivent pas calculer
comme des équations d'algèbre. Il faut, pour
administrer la justice, une connaissance pro-
fonde des lois, une probité à toute épreuve,
une grande indépendance de caractère, un
esprit droit et une expérience consommée.
Or, s'il est rare de trouver une *unité* compo-
sée de ces précieuses fractions, il faut bien les
chercher dans la *pluralité*.

Le contraste des opinions éclaire tous les
aspects d'une question. Le dernier mot d'un
avis suffit quelquefois pour faire ressortir la
nuance que la première impression d'un autre
avait absorbée. Il y a un pouvoir d'opposition
dans la *pluralité*, et ce pouvoir sert puissamment à déconcerter les voix partiales ou cor-
rompues.

Il est possible de corrompre un seul juge;
les chanceliers d'Angleterre, qui jugent seuls
à la Cour de chancellerie, en ont fourni des
exemples (1). Il est à peu près impossible

(1) Le lord Macclesfield, entre autres, au commencement du siècle dernier.

de corrompre une compagnie tout entière.

Muratori n'accordait que le mérite d'une consultation, *consulto di un avvocato*, à la sentence d'un juge unique ; sa plus haute estime était pour les décisions émanées d'un corps de magistrats (1).

M. de Feuerbach en Allemagne, et M. Bérenger en France, tous deux renommés par d'excellents écrits sur la législation (2), se sont fortement déclarés contre *l'unité en judicature*. « C'est, dit M. Bérenger, une première règle que les tribunaux soient composés d'un grand nombre de juges. Ce concours augmente les lumières, il contribue à dissiper les préventions, et il devient la meilleure garantie de la bonté des jugements. »

Je dois encore citer ce passage de *l'Histoire des républiques italiennes du moyen-âge*, par M. de Sismondi : « Dans presque toute l'Italie,

_____

(1) « Quelle decisioni che vengono da un solo giudice, poco o nulla s'han da credere differenti da i consulti di un avvocato. Più stima di gran lunga meritano, quelle che escono du un corpo di varij giudici. » *Dei defetti della giurisprudenza.*

(2) *Betrachtungen über die Oeffentlichkeit und Mündlichkeit*, etc. Observations sur l'avantage d'une procédure publique et orale, par A. Van Feuerbach.

De la justice crim. en France, par M. Bérenger.

ART.

le jugement des causes tant civiles que criminelles est abandonné à un seul juge. Peut-être
s'est-on trompé dans les autres pays, lorsqu'on
a cru multiplier les lumières en multipliant les
juges. Plus le nombre des juges est restreint,
plus chacun d'eux sent augmenter sa responsabilité, et se fait un devoir d'étudier une
cause sur laquelle son seul suffrage peut avoir
une si grande influence. Mais on dénature un
tribunal en le réduisant à un seul homme : on
ne laisse plus à celui-ci le moyen de distinguer
entre ses affections privées, ses passions, ses
préjugés, et les opinions qu'il forme en sa
qualité d'homme public. On expose les parties
à souffrir de son humeur, de son impatience,
et on lui ôte le frein salutaire que lui impose
la nécessité d'exposer ses motifs à ses collègues,
pour les amener à son opinion. Il y a souvent
dans le cœur de l'homme des mouvements
contraires à la justice ou à la morale, qui con-
tribuent à ses déterminations, sans qu'il s'en
rende compte. Celui même qui les ressent
reconnaîtrait leur turpitude, et rougirait de
se soumettre à leur influence, s'il était obligé
de les exprimer (1). »

M. Meyer, après avoir rapporté les raisons

(1) Chap. 127, t. 16, p. 437.

pour et contre, arrive à cette conclusion : « qu'il ne faut pas perdre de vue les usages établis (1). »

M. Cooper pense de même. Il lui semblait d'abord (2) qu'il était plus conforme aux principes d'une bonne organisation, de faire siéger plusieurs juges dans un tribunal ; mais un ouvrage qu'il a publié depuis, sur l'administration de la justice en Angleterre, lui a fourni le sujet d'examiner de nouveau la question (3) ; il a trouvé que les arguments se balançaient, et il croit, à présent, qu'on aurait tort de changer l'ancien usage, qui fait siéger un seul juge dans les différentes sections de la Cour de chancellerie.

Le nom de Bentham, les lumières soudaines qui s'échappent du nuage de ses opinions, et le rare talent de son interprète, donnent de prime abord au système qu'il a embrassé, une importance que la réflexion décompose facilement, et que ses disciples eux-mêmes renoncent à généraliser. Il faut donc conclure comme

(1) Inst. judic. t. 5, p. 358 et suiv.

(2) Lettres sur la chancellerie d'Angleterre, p. 58.

(3) *A brief account of some of the most important proceedings in parliament*, etc., p. 361.

eux : laisser le lord chancelier juger seul en Aʀᴛ.
Angleterre, et nos tribunaux juger chez nous
en nombre compétent.

Le président d'un tribunal et les vice-prési-
dents doivent être, en cas d'empêchement,
remplacés, pour le service de l'audience, par
le juge présent le plus ancien dans l'ordre des
nominations.

Si c'est un juge qu'il est indispensable de
remplacer, on appelle, *pour compléter le
nombre*, soit un autre juge disponible, soit un
des juges suppléants, en observant dans tous
les cas, *autant que faire se peut*, l'ordre des
nominations.

A défaut de suppléants, on appelle un avocat
attaché au barreau, et à défaut d'avocats, un
avoué, en suivant toujours l'ordre du tableau (1).

Le but de ces dispositions est facile à saisir.
On n'a pas voulu que l'absence d'un juge pût
donner lieu à des arrangements de faveur,
pour la composition du tribunal.

Il suit de là que le jugement doit énoncer,
à la fois, l'empêchement du juge titulaire et
des suppléants, et celui des avocats ou des

(1) Décret du 30 mars 1808, art. 48 et 49.

Art. avoués qui précèdent, dans l'ordre légal, le dernier appelé (1).

Il arriva, du temps de M. d'Aguesseau, que des juges eurent la prétention de forcer un avocat dont ils avaient besoin pour se compléter, à entendre la plaidoirie de la cause sur les bancs du barreau, sauf à lui permettre de venir jusqu'à leurs siéges, lorsqu'il serait temps d'opiner. Il fallut que l'autorité du chancelier intervînt, pour leur faire entendre raison (2).

C'est pour *compléter*, et non pas pour *constituer* un tribunal, que des avocats ou des avoués peuvent être appelés. Ainsi, un juge resté seul après des récusations, ou des empêchements, n'aurait pas la faculté de s'adjoindre deux avocats ou avoués, parce qu'ils seraient en majorité.

Cela ne s'applique point aux suppléants. Tels qu'ils sont institués par les lois et par les règlements relatifs à l'ordre judiciaire, les suppléants font partie de la composition des

(1) La jurisprudence n'est pas fixée sur la nécessité de cette énonciation. Voyez le Journal des Avoués, t. 31, pag. 308, 32 et 320.

(2) Lettre 330 de M. d'Aguesseau, sur les matières civiles.

tribunaux de première instance (1). De même Art.
que les juges en titre , ils sont nommés par le
roi , et ils reçoivent , comme eux , un caractère qui les attache à l'administration de la
justice ; ils doivent avoir les mêmes qualités ,
ils prêtent le même serment avant d'entrer en
fonctions. S'ils ne sont pas des juges *habituels* ,
il n'est pas moins vrai qu'ils ne sont point
exceptionnellement appelés , comme les avocats ou les avoués, pour *compléter* un tribunal.

Remarquez toutefois qu'un suppléant n'a
pas le droit de prendre part à un jugement ,
lorsque les titulaires se trouvent au nombre
requis. Son concours devient illégal, dès qu'il
est inutile. Il faut en dire autant du juge
attaché à l'une des chambres d'un tribunal ,
qui viendrait , sans nécessité , siéger et juger
dans une autre. Ce bénévole empressement
que rien ne pourrait justifier, rendrait sa voix
suspecte , et le jugement serait nul.

Les jugements sont rendus à la pluralité des
voix. *Quod judicum major pars judicaverit ,
id jus , ratumque esto.*

Cette pluralité est toujours une pluralité

(1) Voyez la loi du 27 ventôse an VIII, celle du 20 avril
1810 , et le décret du 18 août de la même année.

Art. *absolue* ; elle se compose de la moitié des voix, et d'une voix en sus, pour le moins.

Il importe de distinguer la pluralité des *voix*, de la pluralité des *avis*. Celle-ci n'est souvent qu'une pluralité *relative*, qui s'obtient en comptant les avis, sans avoir égard au nombre des votants. Elle pourrait faire prévaloir l'opinion de la minorité. Par exemple : il y a sept juges, trois sont pour un avis, deux pour un autre, et deux pour un autre encore. L'avis des trois a bien la pluralité, *relativement* aux avis différents qui n'ont réuni chacun que deux voix; mais si l'on faisait un jugement avec cette pluralité, il serait formé par trois voix sur quatre, c'est-à-dire, par moins de la moitié des juges.

On va dire que mon principe et mon hypothèse conduisent à une conséquence inaccordable. En effet, si le jugement ne peut être rendu qu'à la pluralité *absolue*, et si la délibération ne produit qu'une pluralité *relative*, ou bien encore si les voix sont égales de part et d'autre, la cause 'ne sera donc jamais jugée ?

Ces difficultés ont été prévues.

Plusieurs cas peuvent se présenter :

1° Deux opinions se sont formées ; chacune

d'elles est soutenue par le même nombre de
juges : il y a partage. Alors le tribunal appelle un juge *départiteur*, pour faire pencher
la balance de l'un ou de l'autre côté. C'est ce
qu'on exprime au palais par ces mots : *vider
le partage*. Je dirai plus loin les formes et les
précautions que la loi prescrit en pareille
circonstance.

2° Il s'est formé plus de deux opinions,
aucune n'a la pluralité absolue. « La moindre
doit se réunir à l'une des grandes, » disait
l'article 86 de l'ordonnance de 1535. Telle est
aussi la disposition du Code. Mais on a cru
devoir ajouter que les voix seraient recueillies
de nouveau, avant d'obliger les juges plus
faibles en nombre à adopter l'une des opinions dominantes. L'affaire en reçoit un plus
mûr examen; il peut arriver d'ailleurs que des
avis changent, que la minorité, ramenant à
soi quelques suffrages, devienne à son tour la
majorité, et fasse le jugement.

Soit un tribunal composé de cinq juges :
deux admettent les conclusions du demandeur,
deux les rejettent, le cinquième ne veut en
adjuger qu'une portion. Il faut que ces trois
avis soient réduits à deux, afin que la pluralité
absolue puisse être acquise, parce que, en dé-

Art.

118.

117.

Art. finitive, il faut qu'il y ait jugement. Et si une seconde collecte des voix n'y apporte aucune modification, le cinquième juge sera forcé d'abandonner sa propre opinion, et d'accorder tout, ou de n'accorder rien.

3° En suivant l'exemple pris d'un tribunal composé de cinq juges, supposez deux avis semblables, et trois autres avis qui soient isolés et divers entre eux. Ici encore, point de pluralité absolue, et même, point de moyen d'y arriver; car ce n'est pas à une seule opinion dominante que chaque juge dissident est obligé de sacrifier son opinion particulière : un choix lui est imposé, et pour qu'il choisisse, il est nécessaire que deux opinions dominent; autrement deux voix sur cinq feraient le jugement. Ce serait juger à la mineure, suivant l'expression de Montesquieu. Il n'y aura pas d'autre moyen, pour lever la difficulté, que d'appeler un *départiteur*; c'est comme s'il y avait partage.

On se tromperait donc, si l'on croyait qu'il ne peut exister un partage d'opinions que dans les cas où les juges siègent en nombre pair. Les avis sont partagés toutes les fois qu'il y a une division telle, qu'il n'en est aucun, ou qu'il n'en est qu'un seul, qui compte plus de voix que les autres. Trois juges sont sur le tribunal ; chacun a son opinion distincte; ni le premier, ni le second, ni le troisième, ne sont obligés de céder. C'est une balance avec trois bassins de même poids. Quelques combinaisons que l'on puisse imaginer, tenons pour certain qu'il y'aura lieu à déclarer le partage d'opinions, toutes les fois que le résultat de la délibération ne donnera pas aux voix les plus faibles en nombre un choix à faire entre les plus fortes. « Au reste, comme disait le Tribunat dans ses observations sur l'art. 117 du Code, il faut se confier à la prudence des juges, qui seront excités par le zèle de leurs fonctions à trouver le moyen de s'entendre. »

Les règles du droit romain, sur cette matière, ne ressemblaient point aux nôtres. Dans l'hypothèse de trois juges, dont l'un aurait condamné à quinze écus, le second à dix, et le troisième à cinq, la sentence s'arrêtait à la plus faible somme, parce que le moins étant dans le plus, les voix étaient réputées unanimes pour les cinq écus : *quia in hanc summam omnes consenserunt* (1).

(1) *Si ex tribus arbitris, unus quindecim, alius decem, tertius quinque condemnent, cui sententiæ stetur ? Et Julianus scribit quinque debere præstari, quia in hanc summam omnes consenserunt.* L. 27, § 3, *ff. De receptis, etc.*

Aʀᴛ.   Quand le nombre des voix était égal des deux côtés, le défendeur gagnait son procès, à moins qu'il ne fût question de dot, de testament, de liberté. Alors on ne considérait plus les qualités des parties; c'était le parti de la liberté, du testament, ou de la dot, qui l'emportait (1).

Chez nous, c'est dans les affaires criminelles seulement que le partage d'opinions équivaut à un acquittement : *in pœnalibus, humanitatis ratione.*

Le premier devoir d'un juge est écrit dans ces mots : *si judicas cognosce ;* ce qui s'entend, non d'une simple notion qu'il peut avoir de l'affaire, par des circonstances qui lui sont personnelles, mais d'une connaissance judiciaire acquise dans les formes que prescrit la loi. En ce qui concerne la juridiction contentieuse, il est obligé de décider *secundum allegata et probata.* Il doit ne rien savoir des faits de la cause que par ce qu'il apprend à l'au-

---

(1) *Inter pares numero judices, si dissonæ sententiæ proferantur, in liberalibus quidem causis pro libertate statutum obtinet ;* ɪɴ ᴀʟɪɪs ᴀᴜᴛᴇᴍ ᴄᴀᴜsɪs, ᴘʀᴏ ʀᴇᴏ. *L.* 38 *ff. De re judicatâ.* Voyez aussi *L.* 70, *ff. De jure dotium,* 85 *ff. De regulis juris,* et 10 *ff. De inofficioso testamento.*

dience, et ne pas se donner pour témoin à Art.
lui-même.

Un jugement sera donc nul, si parmi les magistrats qui prennent part à la délibération et
à la prononciation, il en est qui n'avaient pas
asssisté à toutes les audiences de la cause (1).

Inférer de là que les mêmes juges qui assistaient à l'audience, quand une enquête, une
expertise ou toute autre vérification ont été
ordonnées, doivent nécessairement se retrou-
ver sur le siége, pour entendre les discussions
qui suivent l'interlocutoire, et pour rendre le jugement dernier, ce serait outrer l'application du
principe, ce serait souvent exiger l'impossible.
Les conclusions que reprennent les avoués, les
plaidoiries qui rappellent tous les errements
antérieurs, forment une instruction distincte
de ce qui avait été dit ou écrit d'abord, pour
fixer les questions du procès ; et des juges nouveaux peuvent, en définitive, venir statuer
sur ces questions, sans qu'on puisse leur re-
procher de ne pas les connaître légalement.

Les alliances qui s'étaient formées entre
les gens de robe, les survivances anticipées qui

(1) Loi du 20 avril 1810, art. 7.

Art. faisaient siéger le fils à côté du père, avaient, presque partout, fait des tribunaux le patrimoine de quelques maisons; l'opinion d'une famille y jugeait les procès. Dès l'année 1550, les États assemblés avaient remontré, dans leurs doléances, les dangers de cette *parentèle*, et le chancelier de l'Hôpital avait cru y avoir mis bon ordre par l'ordonnance d'Orléans. « Ne seront reçus, disait l'article 32, en un même parlement, chambre des comptes, ou autres cours souveraines, ni en un même siége, le père et le fils, deux frères, l'oncle et le neveu; et avons, dès à présent, déclaré nulles toutes lettres de dispense qui seraient obtenues au contraire, pour quelque cause et occasion que ce soit. »

L'article 85 de l'ordonnance de Moulins témoigne assez que la précédente avait été fort mal observée.

Les États de Blois firent à ce sujet de nouvelles remontrances, et l'édit de 1579, « pour obvier aux récusations, et pourvoir aux plaintes qu'on faisait ordinairement des grandes alliances qui étaient entre les officiers de la justice, » prescrivit de garder inviolablement l'article 32 de l'ordonnance d'Orléans.

Louis XIV étendit ces dispositions aux alliés

du second degré, c'est-à-dire, au beau-père et au gendre, et aux deux beaux-frères, à peine de nullité des provisions et des réceptions qui seraient faites, et de la perte des offices. Il fit plus, il défendit aux titulaires reçus et servant dans les cours et siéges, de contracter alliance au premier degré, et, en cas de contravention, l'office du dernier reçu devait être déclaré vacant au profit de l'État (1).

La volonté de Louis XIV ne fut pas plus religieusement respectée que celle des rois ses prédécesseurs. L'ambitieuse ténacité des familles parlementaires protégea la résistance et les prétentions des siéges inférieurs. Il fallut céder et accorder des dispenses. On publia, pour tout remède, un édit portant que les avis des juges, parents ou alliés aux degrés de père et de fils, d'oncle et de neveu, de frère, de beau-père, gendre et beau-frère, ne seraient comptés que pour un, lorsqu'ils seraient uniformes (2). De là des difficultés sans nombre pour l'expédition des affaires, des renvois et des

(1) Édit du mois d'août 1669.

(2) Cet édit du mois de janvier 1681 fut interprété par une déclaration du 30 septembre 1728, laquelle décide que le terme de *beaux-frères* comprend les maris des deux sœurs, et que celui de *beau-père* doit s'entendre

évocations qui jetaient les plaideurs dans des juridictions lointaines. *Commodius erat illis causam perdere, quàm aliquid per talia dispendia conquirere.*

Les choses étaient dans cet état, à l'époque de l'organisation judiciaire de 1790. Une loi du 11 septembre de la même année fit revivre les anciennes ordonnances; l'incompatibilité des parents et alliés fut étendue jusqu'au degré de cousin issu de germain inclusivement. Elle fut restreinte aux cousins germains par la constitution de l'an III. Plus de dispenses, et par conséquent plus de confusion de voix. Si deux parents ou alliés au degré prohibé se trouvaient élus, l'élection du dernier était comme non avenue. Toutefois, dans le cas d'une alliance contractée par un juge avec un autre juge du même tribunal, après leur élection, on faisait porter l'exclusion sur celui qui avait contracté l'alliance, comme en ayant été seul et la cause et l'objet (1).

Dans ce temps-là, les juges étaient choisis par les assemblés électorales. Mais en l'an VIII,

également, et du juge dont un autre du même siége a épousé la fille, et de celui qui a épousé la mère d'un de ses collègues.

(1) Décret du 29 septembre 1793.

ils durent être nommés par le chef du gouvernement, et la loi du 27 ventôse resta muette
sur les incompatibilités résultant de la parenté.
Le Code de procédure n'en parla pas davantage. Les uns prétendirent que c'était un
oubli, et les autres que c'était une abrogation.

Le Conseil d'état ayant été consulté en
1807, il estima, non-seulement que ce silence
équivalait à une confirmation des anciennes
traditions de la monarchie, mais encore qu'il
fallait y sous-entendre un surcroît de préro-
gatives en faveur de la couronne.

Voici son avis, qui fut approuvé le 13 avril :

« Considérant que la loi du 27 ventôse an VIII,
qui a donné à sa Majesté la nomination des
membres des tribunaux, n'a rappelé aucune
des dispositions des lois précédentes sur l'incompatibilité dont il s'agit : d'où il suit qu'elle
n'a point limité les pouvoirs de sa Majesté ;
qu'elle a laissé à sa sagesse le soin d'appeler
les plus capables, sans égard, s'il en était
besoin, à leurs parentés, et qu'elle a supposé
qu'en tout cas sa nomination emporterait dispense de plein droit.

(Ici le Conseil considère assez longuement
que la loi du 11 septembre 1790 a subi des
restrictions par la constitution de l'an III ; que

ART.

Art. ces lois ne peuvent convenir au nouvel ordre
de choses ; qu'il n'y en a plus d'autre que celle
du 27 ventôse an VIII, laquelle est muette sur
les incompatibilités.)

» Considérant que sa Majesté peut, sans
diminuer la prérogative qu'elle tient de cette
loi (du 27 ventôse an VIII), en régler l'usage de
manière à prévenir les inconvénients ou les
suspicions qui peuvent résulter des parentés
ou alliances entre les membres d'un même
tribunal, et cependant passer sur ces inconvénients, lorsque la nature des circonstances et
la qualité des sujets l'exigeront; qu'elle userait
en cela du droit des rois qui étaient en possession d'accorder des dispenses de parenté ;

» Est d'avis que sa Majesté pourrait prescrire au grand juge ministre de la justice de ne
lui présenter aucun candidat pour les places
de juge, de suppléant, pour celle du ministère public, celles de greffier, de commis-
greffier, dans les cours ou tribunaux de justice
civile ou criminelle, qu'il ne se soit assuré,
par des certificats des présidents des cours ou
tribunaux dans lesquels il s'agira de nommer,
ou par toute autre voie qui paraîtra convenable, si les candidats sont ou non parents ou
alliés des membres exerçant déjà dans lesdites

cours ou tribunaux, *jusqu'au degré de cousin* Art. *germain inclusivement*. Ainsi, le choix de sa Majesté sera éclairé sur ce fait : ou elle s'abstiendrait de nommer le candidat qui aurait un parent dans le tribunal, ou, si elle le nommait, ce serait par des considérations qui emporteraient implicitement une dispense donnée en connaissance de cause.

» Le Conseil pense, au surplus, que dans le cas où des parents ou alliés au degré de cousin germain inclusivement, opinent dans la même cause, l'ancienne règle, que leurs voix ne comptent que pour une, s'ils sont du même avis, doit être observée. »

La loi du 20 avril 1810 est survenue; son article 63 porte que les parents et alliés, *jusqu'au degré d'oncle et de neveu* inclusivement, ne pourront simultanément être membres d'un même tribunal, ou d'une même cour, soit comme juges, soit comme officiers du ministère public, ou comme greffiers, sans avoir obtenu une dispense; qu'il n'en sera accordé aucune pour les tribunaux composés de moins de huit juges.

Une sorte de fatalité semble s'être attachée à cette matière d'incompatibilité. La loi du 20 avril 1810 ne contient pas un seul mot sur la computation des voix parentes ou alliées , qui auraient reçu la faveur d'une dispense.

On s'est donc repris à dire que c'était une dérogation à l'avis du Conseil d'état, et à cette disposition offensante qui supposait que deux juges , parce qu'ils sont parents , ne peuvent avoir la même liberté de conscience, et le même amour de la justice. Mais la Cour de cassation a décidé « que la loi de 1810 n'avait pu recréer le recours aux dispenses , à raison d'incompatibilité au degré prohibé , qu'avec le remède de la confusion des voix conformes , lequel *atténue* ainsi les inconvénients qui résulteraient autrement de l'influence du concours de proches parents, dans le jugement des causes dont ils seraient juges ensemble (1). »

Cette difficulté n'a plus été élevée.

Il serait permis , peut-être , de regretter ces prohibitions franches et absolues de nos vieilles ordonnances, que la loi du 11 septembre 1790 avait fait revivre , et qui ne voulaient pas que des parents ou des alliés fussent membres d'un même tribunal. Il y a , dans l'administration de la justice , des susceptibilités qu'il faut à la fois comprendre et ménager.

(1) Journal des audiences de la Cour de cassation , t. 21, 1re partie, p. 299.

Il n'est pas impossible qu'une séduction tout innocente s'exerce entre des parents, pour faire triompher un avis ; que les sentiments les plus purs et les plus honorables, des habitudes de respect et de confiance, fassent à l'opinion d'un père ou d'un oncle l'hommage involontaire de l'opinion d'un fils ou d'un neveu. Ce n'est pas une bonne loi que celle qui donne et qui entretient des préventions contre les juges.

Confondre les voix des parents dans une seule, lorsqu'elles sont semblables, c'est un remède qui peut aigrir le mal, décomposer les tribunaux, entraver le service, produire des résultats bizarres, et mêler de nouveaux doutes aux questions du procès.

Par exemple, je plaide dans une cour royale, devant neuf conseillers. J'ai cinq voix pour moi ; je devrais avoir gagné mon procès. Non. Deux de messieurs qui ont voté en ma faveur sont parents au degré prohibé ; leurs voix n'en font qu'une ; il y a partage. J'aurais gagné s'ils eussent été un peu moins proches.

Autre résultat : l'audience est formée du nombre des juges indispensablement exigé pour la validité d'un jugement ; je plaide en toute sécurité, et j'obtiens gain de cause. Mais

Aʀᴛ. deux des juges étant alliés au degré prohibé, leurs voix pouvaient être réduites à une seule ; et, sans qu'il soit besoin de rechercher s'il y a eu , ou non , conformité entre les opinions qu'ils ont émises, le jugement est nul, parce que la composition du tribunal était incertaine.

Il est facile de prouver la possibilité du fait, et la réalité du droit.

L'appel d'un jugement correctionnel avait été porté devant le tribunal de Montbrison. Il fallait cinq juges, aux termes de l'art. 40 de la loi du 20 avril 1810. Parmi les cinq juges qui montèrent sur le siége, deux étaient alliés. Il y eut pourvoi ; le jugement d'appel fut cassé par les motifs qui suivent :

« Attendu que le nombre des juges exigé par la loi , pour la validité des jugements , doit toujours être *certain, apparent , et indépendant des chances et du secret des délibérations ;*

» Qu'il est prescrit autant pour l'intérêt des parties et la confiance qu'elles doivent avoir dans le fond du jugement, que pour la solennité extérieure ;

» Qu'il l'est aussi pour prévenir , dans les délibérations, un partage qui nuirait toujours

à la partie civile, et souvent à la vindicte A<small>RT</small>.
publique ;

» Que néanmoins un partage pourrait souvent avoir lieu dans un tribunal qui ne serait
constitué que de cinq juges, dont deux, par
la parenté et la conformité de leurs opinions,
ne seraient comptés que pour un ;

» *Qu'un tribunal doit toujours être composé de manière qu'il n'y ait point d'incertitude
sur la régularité de sa composition*, et que, par
des événements *indépendants des parties*, cette
composition ne puisse pas devenir illégale ;

» Qu'il s'ensuit qu'un tribunal correctionnel qui, en prononçant sur appel, n'est constitué que de cinq juges, dont deux sont parents au degré prohibé, est insuffisamment et
illégalement composé, et que, par ce seul
vice, quoiqu'il y ait eu dispense de parenté,
et *quelles que puissent avoir été les chances de la
délibération*, son jugement est essentiellement
et radicalement nul (1). »

Personne ne doutera que cet arrêt ne soit
bien applicable aux affaires civiles ; ses termes
sont assez clairs et assez généraux. La loi comprend toutes les matières, dans l'article dont

(1) Voyez le Répert. de M. Favard de Langlade,
v° *jugement*, p. 183.

Art. la violation a été signalée : « Les juges ne pourront rendre *aucun jugement*, s'ils ne sont au nombre de trois ; sur l'appel, en matière correctionnelle , ils seront au nombre de cinq (1). »

Mais, dira-t-on, les parentés, les alliances entre les juges ne sont pas des mystères, et les plaideurs doivent s'imputer à faute de n'avoir pas pris les précautions convenables pour as-surer la régularité du jugement. Ma réponse est toute prête : deux juges parents au degré prohibé avaient été, durant plusieurs années, membres d'un même tribunal, dans le ressort de la cour de Bourges ; les jugements rendus avec leur concours simultané, comme s'ils eussent été étrangers l'un à l'autre, ne furent validés qu'en considération de l'*erreur* dans la-quelle *le public* avait été induit à cet égard, suivant la fameuse loi romaine *Barbarius Phi-lippus : hoc enim humanius erat* (2).

Enfin ces faveurs de dispenses, ces confu-sions de voix, soulèvent quelquefois des ques-tions fort graves sur les divers accidents des affinités, et font éclore de nouveaux procès

(1) Art. 40 de la loi du 20 avril 1810.
(2) *L.* 3, *ff. De officio prætorum.*
Voyez le Journal des avoués , t. 15 , p. 53.

dans les procès. Une de ces questions impré-
vues embarrassa fort certain parlement, en
l'année 1744 ; elle fut soumise à M. le chancelier d'Aguesseau, qui ne voulut pas la résoudre avant d'avoir consulté les autres com-
pagnies du royaume.

Voici l'espèce : Jacques, Henri et André
sont tous trois conseillers dans la même Cour.
André est fils de Henri et beau-frère de Jacques dont il a épousé la sœur, en sorte qu'il
est comme le terme moyen où s'opèrent deux
confusions de sa voix, l'une avec celle de son
père, l'autre avec celle de son beau-frère.

Ces trois voix, lorsqu'elles sont uniformes,
ne doivent-elles être comptées que pour une,
attendu que la voix de Jacques se confondant
avec celle d'André, qui de son côté se confond
aussi avec celle de Henri, il ne peut en résulter qu'un seul suffrage ? Les deux voix extrêmes
se réunissant dans le même terme, c'est-à-
dire dans la voix d'André, y a-t-il lieu
d'appliquer cet axiome : *Quæ sunt eadem uni
tertio, eadem sunt inter se ?*

Ou bien, ne doit-on pas dire que les voix
de Jacques et de Henri n'ont rien d'incompatible entre elles, et doivent compter pour
deux ? Il est vrai que la voix de Jacques se

ART. confond avec celle d'André, son beau-frère,
et que celle d'André se confond aussi avec la
voix de Henri, son père ; mais les deux voix
de Jacques et de Henri ne doivent-elles pas
demeurer distinctes ? Si elles se confondent
avec celle d'André, c'est chacune séparément,
l'une par la qualité de beau-frère, l'autre par
la qualité de père ; autrement la même voix
se confondrait deux fois : celle de Jacques avec
celle d'André, puis avec celle de Henri; ce qui
arriverait de même à l'égard de ce dernier,
dont la voix se confondrait d'abord avec celle de
son fils, puis avec celle du beau-frère de son fils.

Il paraît que la solution fut donnée en ce
sens : il est plus conforme au bon ordre de
perdre une voix, que d'en perdre plusieurs.
Si, dans la question proposée, les trois voix
n'en faisaient qu'une, il en résulterait qu'un
plus grand nombre de juges formerait un
moindre nombre de voix ; cette confusion
pourrait même s'étendre sur beaucoup de magistrats, par le moyen d'un seul qui serait leur
parent, quoiqu'ils ne le fussent pas entre eux.
Ainsi le sort d'une partie dépendrait d'un seul
juge ; car, en supposant qu'elle eût pour elle
la pluralité des suffrages, elle perdrait néanmoins son procès; si une voix nouvelle venait

se joindre aux voix dominantes , opérer une confusion , et les absorber (1). Art.

En s'opposant à ce que des parents ou alliés , jusqu'à tel degré , puissent être simultané- ment juges dans un même tribunal , la loi s'ex- plique d'elle-même ; tout le monde comprend la moralité de ses motifs. Mais l'exception qui vient fausser la règle , en autorisant les dis- penses , ne présente que de vaines idées de privilége , de faveur , ou de caprice.

« Lorsque, dans une loi , les exceptions , li- mitations , ou modifications , ne sont pas né- cessaires , dit Montesquieu , il vaut mieux n'en point mettre (2). » Lorsqu'elles y sont , et qu'elles nuisent , il faudrait se hâter de les faire disparaître.

Au moyen-âge, le plaideur qui redoutait l'issue du jugement, requérait que chacun des hommes appelés pour le faire, fût tenu de dire son avis à haute voix. Quand le premier avait prononcé, si le second *s'ensuivait* en opi- nant de même, c'était le moment de le *pro- voquer*, et de dire que le jugement auquel

(1) Voyez les œuvres de d'Aguesseau , édition in-8°, t. 12 , p. 97 et 98.

(2) Esp. des lois , liv. 29 , chap. 16.

Art. *l'ensuivant* s'accordait, était mauvais et déloyal. Alors les gages de bataille étaient reçus.

Ainsi faisait-on à l'égard des témoins. Celui contre lequel ils venaient déposer, *leur mettait sus* qu'ils étaient faux et parjures, et l'on combattait (1).

Il est vraisemblable que le mystère des opinions et le secret des enquêtes furent amenés par la désuétude des gages de bataille. On craignit que la publicité ne réveillât l'ardeur des provocations, et que l'audience ne redevînt une lice sanglante. Peut-être aussi la juridiction ecclésiastique profita-t-elle de l'opportunité de cette transition, pour donner aux Cours laies ses formes de procéder et de juger.

Depuis ce temps les juges ont opiné en secret.

« Et pour ce que par révélation des secretz de nostre Court, se sont ensuyvys et s'ensuyvent plusieurs maux et grandes esclandres, et en a été et est empeschée la liberté de délibérer et juger en icelle nostre Court, et qu'à faire tenir les conseils de nostre dicte Court secretz, nos prédécesseurs ont eu grande et singulière

(1) Voyez l'Introd. chap. 15, pag. 437 et suivantes.

considération , ainsi qu'il appert par leurs ordonnances (1), et grandes peines corporelles et
civiles imposées contre les révélations au temps
passé ; nous en ensuyvant les dictes ordonnances, voulons et ordonnons que si aucuns présidents, conseillers, greffiers, noz advocats et
procureurs généraux, ou autres, sont trouvez
coupables en ce , qu'ilz soyent puniz estroicte-
ment , selon lesdictes anciennes ordonnances ,
par privation de gages, offices ou autrement,
ainsi que nostre dicte Court verra estre à faire,
selon la gravité du cas (2). »

On conçoit fort bien ces prudentes alarmes ,
et la nécessité de prévenir les *esclandres* que
pouvait produire la publicité des opinions
émises par les juges, à une époque où les souvenirs de la justice sauvage du champ clos et
du gage de bataille étaient encore palpitants,
où les mœurs étaient tout empreintes de cette
brutalité que l'ignorance, les troubles et les
guerres avaient entretenue. Mais aujourd'hui
toutes nos institutions ne vivent que par la

(1) *Post arrestorum prolationem, nullus cujus opinionis*
fuerint domini, debet aliis revelare. Contrarium verò fa-
ciens perjurii pœnam noverit se incurrisse. Ord. de 1334.
Voyez aussi l'ord. de 1446.

(2) Ord. de 1453, art. 110.

publicité, et le secret des opinions, dans les jugements, est une sorte d'anachronisme.

La loi du 3 brumaire obligea les juges d'opiner en public et à haute voix ; cette disposition fut abrogée par l'article 208 de la constitution de l'an III. Etait-ce parce qu'elle mettait trop à découvert l'incapacité des gens que l'on avait pris partout, pour en faire des magistrats? Quoi qu'il en soit, tous les publicistes qui ont écrit de nos jours sur l'organisation judiciaire, s'accordent pour demander le retour au système des délibérations à haute voix. Il faut prendre les bonnes idées où elles se trouvent, sans considérer le temps ou l'entourage de leur origine. Les opinions à haute voix semblent tenir aux principes du gouvernement représentatif. Les affaires doivent, en général, être mieux étudiées, mieux écoutées, mieux jugées, qu'elles ne le sont avec le vote secret.

Mais on objecte les ressentiments, les haines, et le danger des vengeances ! Les officiers du ministère public ne donnent-ils pas tout haut leurs conclusions? Le juge appelé pour vider un partage ne fait-il pas connaître son opinion ? A-t-on redouté les ressentiments et les vengeances pour les juges de paix ?

En Angleterre, deux juges partent, à des

époques déterminées, pour chaque circuit ; Art.
l'un va juger les affaires civiles, l'autre les affaires criminelles. Quand le fait est résolu par
les jurés, reste la question de droit ; c'est alors
que se manifeste la science du jurisconsulte et
celle du magistrat. Seul, en face du public et
du barreau, il motive son opinion et il prononce ; la responsabilité morale du jugement
pèse sur lui tout entière. Dans les Cours où les
juges délibèrent en commun, chacun d'eux
donne de même son avis à haute voix, et je
n'ai pas entendu dire que leurs fonctions,
dans ce pays, soient plus périlleuses que dans
le nôtre.

Mais il faut revenir à ce qui est, et laisser
au temps et à la loi le soin de s'accorder sur ce
qui doit être.

Le président recueille les voix après que la
discussion est terminée.

Les juges opinent à leur tour, en commençant par le dernier reçu.

Dans les affaires jugées sur rapport, le rapporteur opine le premier (1).

Bodin, en son troisième livre de la Répu-
blique, approuve fort cette forme d'aller aux

(1) Décret du 30 mars 1808, art. 35 et 73.

Art. voix, en commençant par les plus jeunes et finissant par les anciens et les plus constitués en dignité. « Elle empêche, dit-il, que l'avis des personnages plus considérables n'en impose aux moins importants, comme il arrivait à Rome du temps des empereurs. Quand ceux-ci voulaient s'autoriser du sénat, et s'assurer en même temps de son obéissance, ils ouvraient d'abord leur avis, bien sûrs qu'on ne les contredirait pas, mais que toute l'assemblée serait empressée d'y adhérer. »

Avant d'opiner et de juger, il est indispensable que les juges s'entendent sur les points qu'ils ont à décider.

Il n'y a point de difficulté concernant les *exceptions* qui se détachent préjudiciellement de la contestation principale (1). Si le défendeur conclut à la nullité de l'ajournement, ou s'il querelle la compétence du tribunal, ces questions doivent nécessairement être posées à l'entrée de la délibération ; ce sont des *chefs* particuliers qu'il faut d'abord examiner et régler, car les juges ne peuvent aborder le fond du procès qu'après avoir reconnu

_____

(1) Sur les *exceptions*, qu'il ne faut pas confondre avec les *défenses*, voyez l'Introd. chap. 5, p. 79, et suiv.

qu'ils en sont légalement saisis, ou qu'ils ont Art.
le droit d'en connaître (1).

Mais il s'agit de savoir si l'on doit poser
autant de questions qu'il y a de points principaux de *fait* et de *droit*, et si chacune de ces
questions, par une conséquence toute naturelle, doit recevoir sa décision particulière.
En retournant la proposition : suffit-il de ne
mettre aux voix qu'une seule question complexe sur l'objet de sa demande ?

Le danger de la confusion du fait et du
droit, dans la collecte des opinions, était un
des motifs les plus imposants que M. Duport
faisait valoir, à la tribune de l'assemblée constituante, en faveur de l'application du jury
aux procès civils. J'ai donné une analyse de
son discours, et j'ai rapporté, si l'on veut
bien s'en rappeler, l'exemple dont il se servit, pour démontrer qu'en allant aux voix,
avant que les opinions eussent été préalablement arrêtées sur le fait, il était possible
qu'une cause avantagée de la majorité des
suffrages n'en fût pas moins une cause
perdue (2).

M. Bellot, tout en repoussant l'innovation

(1) Ordon. de 1667, tit. 5, art. 5.
(2) Voyez mon Introd. chap. 10, pag. 222 et suiv.

Art. du jury en matière civile, a revêtu l'hypothèse de M. Duport d'une forme nouvelle, et
la loi de procédure pour le canton de Genève
défend aux juges de passer aux questions de
droit, avant d'avoir voté séparément sur chacune des questions de droit (1). C'était le tem-
pérament proposé par M. Thouret, pour
écarter le jugement par jurés (2).

M. Toullier a copié M. Bellot (3). Je vais
le copier à mon tour, parce que, ce me semble, quelques objections peuvent être faites
contre le système du savant Génevois.

« Si les juges ne savent démêler dans les
conclusions des parties les points accordés des
points contestés, et, entre ces derniers, les
points de fait et de droit, qui contsituent véritablement le procès; si, en se bornant à
envisager la cause en masse, ils ne la décom-
posent en ses éléments; si, dans leur ignorance ou leur précipitation, ils n'y voient que
la seule question : *la demande est-elle fondée?*
s'ils se croient d'accord pour l'avoir résolue
unanimement dans le même sens, — ils se
trompent. Pour peu que l'affaire soit compli-

(1) Art. 104.
(2) Voyez l'Introd. chap. 10, p. 237 et suiv.
(3) T. 10, pag. 192 et suiv.

quée, on peut affirmer avec probabilité que, loin d'être d'accord, chaque juge a vu et dé-cidé un objet différent, que leur apparente unanimité cache une divergence réelle, et même, sans trop de témérité, que le juge-ment est rendu contre le vœu de la majorité.

» Un exemple va éclaircir notre pensée.

» On demande la nullité d'un testament. Trois moyens sont employés à l'appui : — le défaut de signature du testateur ; — la qualité d'étranger de l'un des témoins ; — l'incapa-cité du testateur, tirée de ce qu'il a été mis sous un conseil judiciaire.

» Où sont les points accordés et les points contestés entre les parties?

» Pour les deux premiers, elles sont d'ac-cord sur le droit. Elles reconnaissent que le défaut de signature du testateur, s'il a pu signer, et la circonstance d'un témoin étran-ger, emportent la nullité du testament (1).

» Elles diffèrent sur le fait. — Le deman-deur soutient que le testateur a pu signer, que le témoin est étranger ; — le défendeur, que le testateur n'a pu signer, que le témoin est républicole.

» Quant au troisième moyen, au contraire,

(1) Code civil, art. 973, 980 et 1001.

II.   26

Art. les parties sont d'accord sur le fait; le testateur a un conseil judiciaire. Elles diffèrent sur
le droit, sur la capacité de tester qu'accorde
ou que refuse la loi à celui qui est pourvu d'un
conseil judiciaire.

» Quelles sont donc les questions élémentaires dans lesquelles se résout le procès, celles
que les juges ont à décider?

» Les deux questions de fait : — *Le testateur
a-t-il pu signer? — Un tel témoin est-il étranger?* — La question de droit : — *L'individu à
qui l'on a nommé un conseil judiciaire est-il
incapable de tester?*

» Supposons la cause devant un tribunal
de trois juges.

» Supposons encore que le premier juge
admette l'affirmative de la première question ;
— le second de la seconde ; — et le troisième
de la dernière, en soutenant chacun d'eux la
négative des deux autres.

» Posez la question complexe : *le testament
est-il nul?* Soumettez-la aux votes. Comptez
les suffrages. Le tribunal, à l'unanimité, a
prononcé la nullité.

» Mais ce résultat est trompeur. Chaque
juge a résolu une question différente. Chaque
moyen n'a eu qu'un suffrage. Loin d'être

d'accord, ce tribunal est partagé par les opi- Art.
nions les plus divergentes ; loin d'être una-
nime, la minorité seule a triomphé.

» En voulez-vous la preuve?

» Posez les questions auxquelles nous avons
réduit ci-dessus le procès ; faites voter séparément sur chacune d'elles ; qu'obtenez-vous ?

» Chaque question est décidée négativement
par deux voix contre une. Les trois moyens de
nullité sont écartés, le testament est déclaré
valide.

» Ce résultat, diamétralement opposé au
précédent, est le seul exact, le seul vrai,
puisqu'il réunit sur chaque question élémen-
taire de la cause une majorité évidente et
réelle, sans possibilité de confusion et de méprise (1). »

Des idées aussi bien exprimées frappent au
premier coup d'œil; c'est un puissant moyen
pour attirer l'attention, et exciter l'intérêt de
tous ceux qui s'occupent des théories judiciaires.

Mais en réfléchissant sur ce qui vient d'être
lu, je demande si l'on n'y a point confondu

(1) Exposé des motifs de la loi de procédure pour le
canton de Genève, p. 70 et suiv.

Art. les *moyens* de l'action, avec les *chefs* de *con-clusions?*

Les tribunaux ne sont pas institués pour donner une opinion sur des questions considérées en pure abstraction, et pour créer un droit en faveur des parties, mais seulement pour déclarer leur droit. Ceci posé, le juge ne doit s'attacher qu'à l'objet du procès ; car tout le droit est là.

Le testament est-il nul? Si les trois juges appelés à statuer sur les moyens de nullité sont, chacun à part soi, convaincus qu'il doit être annulé, ce serait une étrange justice que celle qui ferait sortir de cette unanimité une sentence portant que le testament est bon.

Mais, dit-on, chaque moyen de nullité n'a-t-il pas été rejeté à la majorité de deux voix contre une ? Il n'y a eu rien de rejeté que le testament. Opiner par moyens, ce n'est pas juger ; c'est discuter des motifs. Divisées sur les moyens ou sur les motifs, toutes les voix se sont réunies, en jugeant, dans la même opinion finale.

Il faut donc distinguer les *moyens* d'avec les *conclusions.*

On demande la nullité du testament. Voilà les *conclusions.*

Mais pourquoi le testament est-il nul ? Art.
Parce que le testateur ne l'a pas signé, quoiqu'il eût pu le faire; parce que l'un des témoins était étranger; parce que le testateur
était soumis à l'autorité d'un conseil judiciaire.
Voilà les *moyens*.

Que les juges aient été diversement touchés
de l'un ou de l'autre, peu importe. Chacun
s'est arrêté à celui qu'il a trouvé le plus certain, et le testament a été jugé nul.

Je vais plus loin : à la vue du testament, les
juges auraient pu se décider par un moyen
échappé à l'attention du demandeur, tel qu'eût
été, par exemple, le défaut de mention de la
lecture, en présence des témoins. Qu'on ne
dise pas qu'ils auraient adjugé plus qu'il n'était
demandé; car il n'y avait qu'une demande : la
nullité du testament.

Remarquez d'ailleurs que, tous les jugements devant être motivés, il a bien fallu que
la pluralité se soit accordée sur le choix des
motifs, si le testament a été annulé. Cette
observation rend presque imperceptible l'intérêt de la question agitée.

Je prie qu'on me permette de faire une
autre distinction, celle des motifs et du jugement.

ART.   Les motifs sont au jugement ce que les moyens sont aux conclusions.

De même que la demande n'est que dans les conclusions, de même la chose jugée n'est que dans le dispositif du jugement.

L'opinion d'un juge se résout dans le jugement. On peut très-bien juger par de mauvais motifs. Les Cours royales confirment tous les jours des jugements, tout en déclarant que les motifs en sont erronés; et plus d'un arrêt serait cassé, pour violation ou pour fausse interprétation de la loi, si la Cour suprême ne reconnaissait pas qu'il peut se soutenir par d'autres motifs que ceux sur lesquels il a été appuyé (1).

Cette manière de convertir tous les *moyens* en *questions*, pour en faire l'objet d'autant de jugements successifs, est annoncée comme une sorte de transaction que l'on voudrait ménager entre notre procédure et le jury civil des Anglais. Mais, en Angleterre, la question et le *verdict général* des jurés se bornent à ces mots : *pour le demandeur*, ou *pour le défendeur*. Lors du fameux procès d'Eward Bushel, sir John Vaughan disait : « Ce que les jurés ré-

(1) Voyez le Répert. de M. Merlin, v° *Motifs* n° 4, *Excuses* n°ˢ 3 et 4, *Menaces* n°ˢ 2, et les Questions de droit, v° *Appel*, § 9, *Testament conjonctif*, § 2, etc.

pondent quand ils sont interrogés sur quelque Art.
fait particulier, n'est point une partie essentielle de leur *verdict*, et ils ne sont pas tenus
de s'accorder sur ces particularités. S'ils con-
viennent de rendre leur *verdict pour le deman-*
deur, ou *pour le défendeur*, ils peuvent différer
dans leurs motifs, tout comme les juges
peuvent différer dans leurs raisons, lorsqu'ils
rendent une décision ; ce qui n'est pas
rare (1). »

Le système divisoire, pour la collecte des
voix, tel qu'il est établi par les hypothèses de
M. Duport et de M. Bellot, expose les plaideurs aux chances de trois procès, au lieu d'un
seul, puisque les suffrages obtenus dans l'une
des délibérations ne doivent pas être comptés
dans l'autre. Ajoutez encore que le résultat est
de faire triompher celui que tous les juges
s'accordaient à condamner.

(1) *Des pouvoirs et des obligations des jurys*, *par sir*
Richard-Phillipps, traduit de l'anglais par M. Comte,
pag. 447. On peut voir, dans cet excellent ouvrage, les
détails du procès de Bushel, qui réveilla si énergique-
ment l'attention du peuple sur les violences faites aux
jurés, et sur la violation manifeste des règles de la justice.
Ce fut une des principales causes de l'expulsion définitive
des Stuarts.

Art. Voulez-vous consulter l'esprit général de la législation sur cette décomposition des causes en une multitude de questions élémentaires? voyez les matières criminelles.

Les auteurs du Code de brumaire an IV, pour éviter la complexité, s'étaient jetés dans l'excès opposé ; ils découpaient en questions toutes les circonstances principales, subsidiaires et accessoires du fait, et l'on vit sortir de ces opérations jusqu'à dix, vingt et trente mille questions (1). Toutefois ils y avaient mis un correctif. Le juré qui avait déclaré le fait *non constant*, n'avait plus de déclarations à faire sur les autres questions. La loi opinait à sa place ; son suffrage se reproduisait de droit, en faveur de l'accusé, à toutes les délibérations qui suivaient, soit relativement à la culpabilité , soit relativement aux circonstances aggravantes.

Aujourd'hui, toute l'accusation et toute la défense sont enveloppées dans cette question complexe : *l'accusé est-il coupable* (2)? C'est aux jurés qu'il appartient de poser dans leurs

(1) Compte rendu en l'an XI, par le grand juge, *Journal des Débats* du 18 décembre 1817. M. Granger, *Idées des abus en justice criminelle.*

(2) Articles 337 et 345 du Code d'inst. crim.

consciences les questions élémentaires, et de Aʀᴛ.
s'interroger sur les motifs de leur opinion.
Le fait est-il constant? est-il criminel? est-il
prouvé que l'accusé en soit l'auteur? Tous ces
points se réduisent à quatre mots : *coupable* ou
non coupable.

Il me serait facile de prouver, à mon tour,
qu'en divisant le jugement par questions, un
accusé peut être condamné à la majorité de
7 voix contre 5, et qu'il serait acquitté par
les mêmes jurés, à la majorité de dix voix
contre une, si la question posée était complexe (1).

(1) Je choisis l'exemple le plus simple. Il y a douze
jurés :

N° 1. Cinq sont d'avis que le fait est prouvé, mais
qu'il n'est pas criminel.

N° 2. Cinq sont d'avis que le fait est criminel, mais
qu'il n'est pas prouvé.

N° 3. Deux sont d'avis que le fait est prouvé et qu'il
est criminel.

Posez d'abord la question sur la preuve du fait, vous
trouverez contre l'accusé :

Les 5 juges du n° 1.   5
Les 2 du n° 3.   2
                                   ———
                                    7

Aᴿᴛ.   Tout considéré : que la délibération soit simultanée ou successive , simple ou double, suivant les circonstances, le nombre et la difficulté des points contestés , le meilleur mode d'opiner , en matière civile comme en matière criminelle, sera toujours celui qui donnera pour résultat l'avis de la majorité sur l'objet du procès.

J'ai parlé du partage d'opinions, et des cas divers dans lesquels il doit être déclaré. Je vais expliquer les règles que la loi prescrit pour le *départage*.

Ces règles n'existaient point autrefois; il

Posez ensuite la question de criminalité , vous trouverez encore contre l'accusé

Les 5 juges du nᵒ 2. 5
Les 2 du nᵒ 3. 2
                                      7

Il est condamné.

Maintenant ne posez que cette question : *est-il coupable ?* vous aurez pour l'accusé :

Les 5 juges du nᵒ 1. 5
Les 5 juges du nᵒ 2. 5
Il est acquitté.   10

Voyez, dans le même sens , *De la liberté dans ses rapports avec les institutions judiciaires* , 1823 , par le premier président de la Cour royale d'Ajaccio.

n'y avait que des usages. Dans les justices subalternes, on appelait un gradué présent à l'audience, ce qui dispensait de recommencer les plaidoiries. Dans les présidiaux, on renvoyait la cause au jugement du présidial le plus prochain. Dans les bailliages ou sénéchaussées qui avaient assez de juges pour former deux chambres, le partage déclaré par l'une était vidé par l'autre, ou bien on faisait monter au siége un avocat. Dans les parlements, chaque opinion du partage était représentée par des députés qui allaient exposer l'affaire, soit à la grand'chambre, soit à l'assemblée des chambres ; et, s'il intervenait encore un partage, le procès était dévolu au parlement voisin, où les députés se rendaient, aux frais des parties, afin d'y soutenir les différents avis. Quelquefois on obligeait le dernier reçu des juges à se retirer, et il n'y avait plus de partage. Quelquefois aussi on convenait de s'en rapporter à la décision d'un ancien magistrat, qui venait à la délibération, et auquel on rendait compte de ce qui avait été dit de part et d'autre. Ainsi le jugement était rendu, le plus souvent, sur le récit des députés, sans que les *départiteurs* eussent entendu les plaidoiries et les conclusions des gens du

Art. roi ; ou bien c'était sur l'avis d'un avocat qui se trouvait dans l'auditoire, et qui n'avait pris aux débats de la cause que le vague intérêt d'un simple spectateur.

La loi du 24 août 1790 ne contenait aucune disposition touchant les partages d'opinions. Les tribunaux de district, composés de cinq à six juges au plus, restèrent donc libres d'en user à leur convenance, comme ceux qui les avaient précédés.

En l'an IV, les tribunaux de district furent remplacés par les tribunaux de département, qui comptaient vingt juges au moins. Ce fut sous ce régime que l'on songea, pour la première fois, à régulariser le mode de vider les partages.

Une loi du 14 prairial an VI y pourvut en ces termes :

« Art. 1er. Lorsqu'en procédant au jugement d'une affaire civile, les juges du tribunal se trouveront partagés entre deux opinions, ils s'adjoindront trois autres juges, les premiers dans l'ordre du tableau du même tribunal.

» Art. 2. L'affaire sera de nouveau plaidée, ou rapportée, tant en présence des juges partagés d'opinions, que de ceux qu'ils se seront adjoints, et jugée à la pluralité des voix. » Ant.

Mais en l'an VIII, une organisation nouvelle rétablit les tribunaux de district, sous le nom de tribunaux d'arrondissement, avec trois ou quatres juges seulement. L'exécution de la loi du 14 prairial an VI devint impossible.

Un avis du Conseil d'état, approuvé le 17 germinal an IX, déclara qu'il fallait réduire à un seul *départiteur* le nombre fixé en l'an VI.

Cet avis fut dicté par des souvenirs d'ancienne pratique. Il y est dit : d'abord, qu'un partage d'opinions ne peut jamais avoir lieu dans les tribunaux de trois juges, ce qui est une erreur (1) ; que dans ceux où l'on compte quatre juges et plus, on aura toujours, pour départager les voix, un juge disponible, ou un suppléant, ou enfin un *homme de loi.* L'obligation de recommencer les plaidoiries ne s'y trouve pas : au contraire, le conseil regardait comme plus expédient de prendre le départiteur parmi les hommes de loi qui auraient assisté à l'audience, *parce que ce parti dispenserait de recommencer les plaidoiries, et préviendrait des retards et des frais.*

M. Merlin paraît croire que l'article 118 du Code de procédure a été *calqué* sur cet avis du

(1) Voyez ci-dessus, page 376.

ART. Conseil d'état. La différence est grande. Le Code de procédure veut que les juges, les suppléants, l'avocat ou l'avoué appelés pour vider le partage, soient toujours pris suivant l'ordre du tableau ; c'est une garantie fort importante à laquelle le Conseil d'état n'avait pas pensé. Le Code exige que l'affaire soit plaidée, de nouveau, devant les juges partagés et le départiteur, « lors même que celui-ci aurait assisté à toutes les audiences, parce que, n'ayant pas été là comme juge, il n'est pas présumé avoir donné à la discussion toute l'attention nécessaire (1). » Le Conseil d'état n'avait point eu pareil souci ; d'après son système, le premier *homme de loi* pouvait être invité à venir juger. Remarquez que, dans ce temps-là, était *homme de loi* qui voulait.

La déclaration du partage annonce que, dans l'état actuel des choses, le procès ne peut pas être vidé ; et c'est pour qu'il soit possible d'arriver au jugement, qu'un départiteur doit être appelé. Or les opinions déjà émises ne sont point invariablement fixées, car un juge conserve toujours la liberté de revenir sur son

(1) Discours de l'orateur du Tribunat, sur les deux premiers livres du Code.

avis, tant que le jugement n'est pas prononcé Art.
à l'audience. Il s'ensuit que, la cause étant
plaidée de nouveau, lorsque le départiteur
vient s'adjoindre aux juges partagés, ceux-ci
ont le droit incontestable de concourir encore
au jugement et de changer leur première
opinion. Ce n'est point le départiteur qui
juge seul, c'est le tribunal qui juge avec le
départiteur.

De cette conséquence dérivent d'autres solutions :

Les attributions du départiteur sont plus
étendues que sa qualité ne semblerait l'indiquer. Elles ne se bornent point au jugement de
la question sur laquelle il y avait eu partage ;
son adjonction l'investit des mêmes pouvoirs
que les autres juges, pour tout ce qui se rattache au procès, soit principalement, soit ac-
cessoirement. « S'il en était autrement, a dit
la Cour de cassation, les juges partagés pourraient trouver le moyen de revenir indirectement sur le partage, de se reconstituer juges
exclusifs du différend, et d'enlever aux parties le droit qui leur a été irrévocablement
acquis, d'avoir d'autres juges que ceux qui
avaient déjà émis leur opinion (1). » Ajoutez

(1) Voyez les questions de droit de M. Merlin, vº tribunal d'appel, § 5.

ART. que ce serait presque toujours, à raison de la connexité, s'exposer à de nouveaux partages.

Après la déclaration du partage, un des juges est promu à d'autres fonctions; il est suspendu, absent, ou mort : sa voix ne pèse plus dans la balance, l'équilibre est rompu, la majorité reste à l'une des deux opinions. Faudra-t-il néanmoins appeler un départiteur, et faire recommencer les plaidoiries ? L'affirmative n'est pas douteuse. L'opinion du juge absent ou décédé n'était point irrévocable, il pouvait la rétracter. Le jugement n'était pas fait; il ne l'est pas encore, et le partage déclaré doit être vidé. C'est une règle d'ordre public, la nullité résultant de son inobservation ne serait pas couverte par le silence des parties (1). Mais alors il faut, au lieu d'un, appeler deux départiteurs, car un seul départiteur, s'il adopte l'opinion du juge qui manque, ne fera que renouveler le partage (2).

(1) Arrêt de la Cour de cassation du 20 juillet 1829.
(2) On peut opposer l'article 468 du Code de procédure, titre des *Cours royales*, lequel porte que les départiteurs doivent *toujours* être appelés en nombre *impair*. Cet article n'a pas prévu le cas extraordinaire dont il s'agit ici, il ne s'applique qu'au cas ordinaire d'un simple partage. Voyez le Comment. de M. Pigeau, t. 1er, page 282.

« Que les présidens oyent bénignement les Art.
opinions des conseillers, en faisant le jugement
des procès, et ne dient chose pourquoi leur
opinion puisse être apperceue, jusqu'à ce que
les conseillers présens au jugement ayent dit
leur opinion : sauf toutefois que si par lesdiz
présidens, rapporteur ou autre, estoit apper-
ceu qu'aucun des opinans errast en fait, il
l'en pourroit advertir (1). »

« Nous enjoignons à nosdits présidens et
conseillers que, durant qu'on expédiera les
procès et autres affaires estant en la cour, *ils
tiennent silence.*

» Nous défendons que, durant lesdites expéditions, nosdits présidens et conseillers ne
s'occupent à choses qui les pourroient empêcher à entièrement entendre les mérites
des procès et affaires (faire dictions, écrire
lettres, lire registres, ou autres choses non
concernant lesdits procès et matières mises en
délibération), sous peine de perdition de leurs
gages, à tel temps que la Cour verra être à

(1) Ordonnance donnée par Charles VII, à Montils-
les-Tours, le 28 octobre 1446, art. 14. *Recueil des anciennes lois françaises*, par MM. Isambert, etc., t. 9,
p. 155.

Art. faire, mêmement sur ceux qui seront coutumiers de ce faire (1). »

« Au conseil, quand aucun dit son opinion, il ne doit touchier, ne dire nommément ce qui ait été touchié, ne dit en sa présence (2). »

« Défendons à tous présidens et conseillers qu'en jugeant aucunz procez, ilz ne dient et ne proposent aucunz faictz, soit à la louenge ou vitupère des parties, ou de l'une d'icelles, ou de la matière de quoy l'on traicte, que les faictz proposez par les parties au procez; car les parties savent, ou doivent mieux savoir les faictz qu'elles ont a proposer, que ne font les juges, et s'aucun faisoit le contraire, en disant son opinion ou autrement, ce sembleroit estre plus d'affection que de raison (3). »

Le décret du 24 août 1790 portait que les juges s'adresseraient au Corps législatif, toutes les fois qu'ils croiraient nécessaire, soit d'interpréter une loi, soit d'en faire une nou-

(1) Ordonnance donnée à Paris, par Charles VII, au mois de juillet 1493, art. 4 et 5, *ibid.*

(2) Ordonnance donnée au Val - Nôtre-Dame, par Philippe de Valois, le 11 mars 1344, art. 12, *ibid.*

(3) Ord. de 1453, art. 115.

velle (1). Bientôt les tribunaux, abdiquant Art.
l'interprétation de doctrine qui ne cessa
jamais de leur appartenir, se réduisirent à
une sorte d'état passif, et n'osèrent plus juger,
dès que le moindre doute vint se présenter à
eux, sur l'entente de la loi. Ils ne virent pas
d'abord que la prohibition s'appliquait uniquement à ce droit de réglementer, que les
Cours s'étaient autrefois arrogé. La mauvaise
rédaction des décrets de la Convention ne con-
tribua pas peu à multiplier les référés ; les
jugements demeurèrent suspendus, et le pouvoir législatif se trouva confondu avec le
pouvoir judiciaire. La Convention donna des
rescrits, comme en avaient donné les empereurs romains. « Macrin avait résolu d'abolir
tous les rescrits, dit Montesquieu ; il ne pouvait souffrir qu'on regardât comme des lois
les réponses de Commode, de Caracalla, et de
tous ces autres princes pleins d'impéritie (2). »
 Cependant cette dangereuse manie de faire
les lois et les jugements tout ensemble, s'affai-
blit par degré. Le gouvernement lui-même
dénonça au tribunal de cassation l'abus des
référés au législateur, et l'on parvint à com-

(1) Art. 12 du titre 2.
(2) Esp. des lois, liv. 29, chap. 17.

Art. prendre que s'il est interdit aux juges de généraliser leurs décisions, sous une forme réglementaire, il leur est enjoint, au contraire, de percer l'écorce de la lettre, pour découvrir l'esprit de la loi, et de suppléer à son silence par des maximes, par des usages, par des exemples, par la doctrine, afin que les causes portées devant eux puissent être expédiées.

Tout cela se trouve résumé dans les articles 4 et 5 du Code civil :

« Le juge qui refusera de juger, sous prétexte du silence, de l'obscurité ou de l'insuffisance de la loi, pourra être poursuivi comme coupable de déni de justice. »

« Il est défendu aux juges de prononcer par voie de disposition générale et réglementaire sur les causes qui leur sont soumises. »

Il en avait été de même à Rome. Les juges s'étaient accoutumés, lorsqu'ils doutaient sur le droit, à consulter le président de la province : *Judicibus de jure dubitantibus præsides respondere solent*, disait Ulpien (1). Mais l'empereur Justinien fit une constitution pour leur ôter cette faculté d'ordonner, avant

_____

(1) *L.* 79, § 1, *ff. De judiciis et ubi quisque agere, etc.*

ART.

de faire droit, qu'il en serait référé aux magistrats supérieurs, ou au prince, sur l'interprétation de la loi : *Jubemus igitur nulli judicantium, quolibet modo vel tempore, pro causis apud se propositis nuntiare ad nostram tranquillitatem, sed examinare perfectè causam, et quod eis justum legitimumque videtur, decernere* (1).

Les jugements sont prononcés publiquement, à l'audience, par le président, ou par le juge qui en remplit les fonctions. C'est dans les jugements mêmes, *et non extrinsecùs*, que doit se trouver la preuve de leur publicité. Toutes les expressions desquelles cette preuve ne sortirait pas claire et formelle, ne les mettraient point à l'abri de la nullité.

Un jugement prononcé n'appartient plus aux juges ; il doit être remis à la garde du greffier, qui en répond également aux deux parties, et qui est chargé de leur en délivrer des expéditions, lorsqu'elles le demandent.

« Et pour ce que souventes fois les juges tant nostres que autres, après leurs sentences prononcées, dont aucunes des parties ap-

(1) *Nov.* 25, *cap.* 1.

Art. pellent, après l'appellation faicte, corrigent leurs sentences, et les mettent par escrit en d'autres formes qu'ils ne les ont prononcées, dont les parties sont moult vexées et travaillées, et en advient de grands inconvénients ; nous, voulans relever nos subjects des dépens et charges inutiles, avons ordonné et ordonnons que tous les juges et justiciers de nostre royaume, tant nostres qu'autres, avant qu'ils prononcent leurs sentences définitives ou autres, dont les parties seront appoinctées en droit, bailleront aux greffiers de leurs Cours, en escrit, le brief ou *dictum* de leur sentence, tel qu'ils le prononceront, lequel brief ou *dictum* le dict greffier sera tenu de garder par devers lui, et de l'enregistrer (1). »

L'ordonnance de 1667 exigeait que le président signât, à l'issue de l'audience, chaque jugement ou arrêt. Dans les procès par écrit, le rapporteur avait trois jours pour mettre au greffe le *dictum* de la sentence (2). Cependant, et cela ne serait pas croyable aujourd'hui si les lettres de M. d'Aguesseau n'en fournissaient

(1) Ord. de 1453, art. 17. On appelait *dictum* le dispositif des sentences et arrêts, parce qu'il était précédé de ces mots : *dit a été*.

(2) Tit. 26, art. 5, et tit. 11, art. 15.

la preuve, il était d'usage, au parlement de Art.
Bordeaux, de laisser la minute des arrêts entre
les mains du rapporteur, jusqu'à ce que l'une
des parties vînt acheter la communication de
ce qui avait été jugé, en consignant une
somme pour les épices, et une autre pour les
frais d'expédition de l'arrêt, quoiqu'elle n'eût
pas toujours intérêt de le lever et de le faire
signifier (1).

Les nouvelles dispositions, sur ce point, se
trouvent dans le Code de procédure, et dans
le règlement du 30 mars 1808.

« Le greffier portera sur la feuille d'audience du jour les minutes de chaque jugement (2), aussitôt qu'il sera rendu ; il fera
mention en marge des noms des juges et de
l'officier du ministère public qui y auront assisté.

» Celui qui aura présidé vérifiera cette
feuille à l'issue de l'audience, ou dans les
vingt-quatre heures, et signera, ainsi que le
greffier, chaque minute de jugement, et les
mentions faites en marge (3).

(1) Matières civiles, lettre dernière.
(2) Ces feuilles d'audience sont toutes de papier d'une
même dimension; elles sont réunies, par années, en forme
de registre.
(3) Décret du 30 mars 1808, art. 36. C'est une nouvelle rédaction de l'article 138 du Code de procédure.

» Si, par l'effet d'un accident extraordinaire, le président se trouvait dans l'impossibilité de signer la feuille d'audience, elle devra l'être dans les vingt-quatre heures suivantes, par le plus ancien des juges ayant assisté à l'audience. Dans le cas où l'impossibilité de signer serait de la part du greffier, il suffira que le président en fasse mention en signant (1).

» Les procureurs du roi et les procureurs généraux se feront représenter, tous les mois, les minutes des jugements, et vérifieront s'il a été satisfait aux dispositions ci-dessus. En cas de contravention, ils en dresseront procès-verbal, pour être procédé ainsi qu'il appartiendra (2).

» Si les feuilles d'une ou plusieurs audiences n'avaient pas été signées dans les délais, et ainsi qu'il est réglé par les articles 36 et 37, il en sera référé par le procureur du roi à la Cour royale, devant la chambre que tient le premier président. Cette chambre pourra, suivant les circonstances, et sur les conclusions du procureur général, autoriser un des juges

(1) Décret du 30 mars 1808, art. 37.
(2) Code de procédure, art. 140.

qui ont concouru à ces jugements à les si- ART.
gner (1). »

La rédaction des jugements se divise en
deux parts :

L'une contient les noms, professions et demeures des parties, les noms de leurs avoués,
les conclusions respectives , et l'exposition
sommaire des points de fait et de droit. C'est
l'ouvrage des avoués, c'est ce qu'on appelle
les qualités du jugement.

L'autre contient les noms des juges, celui
du procureur du roi, les motifs et le dispositif. C'est l'ouvrage du juge, c'est ce qui doit
être porté de suite sur la feuille d'audience,
et déposé au greffe.

Voici maintenant comme on procède pour
avoir le jugement tout entier :

Celui qui a obtenu gain de cause est ordinairement le plus pressé de lever l'expédition ;
le droit de dresser les *qualités* appartient donc
à son avoué.

Toutefois, si le jugement prononce des condamnations en faveur de l'un et de l'autre des
plaideurs, chacun d'eux a intérêt de se procurer le moyen de le faire exécuter. Alors les

(1) Décret du 30 mars 1808, art. 38 et 74.

A<small>RT.</small> *qualités* sont rédigées par l'avoué le plus diligent, sauf l'opposition dont je parlerai bientôt.

Mais si, en définitive, celui qui a gagné
son procès ne s'occupe point des *qualités*, il
peut arriver que l'autre, qui a succombé,
veuille avoir le jugement, pour aviser aux voies
de recours que lui ouvre la loi. Dans ce cas,
l'avoué de ce dernier fait sommation à son
adversaire de se mettre en devoir de lever le
jugement dans trois jours. Si la sommation
reste sans effet, il fait lui-même les *qualités* (1).

Quel que soit le rédacteur, on peut supposer qu'il donnera à sa cause le tour le plus favorable, dans l'arrangement des faits, ou dans
la manière de poser les questions, et qu'il
tâchera de masquer de son mieux les points
faibles par lesquels le jugement pourrait être
attaqué, soit en appel, soit en cassation. Il
n'est pas inouï que des conclusions aient été
tronquées ou changées; qu'on y ait fait parler
comme héritier pur et simple, celui qui
n'avait plaidé que comme héritier bénéficiaire,
ou qu'on ait attribué à une partie un domicile
qu'elle n'eut jamais. Il est donc indispensable
que les *qualités* puissent être critiquées et rec-
tifiées, s'il y a lieu.

(1) Décret du 16 février 1807, art. 7 et 8.

Le moyen d'y parvenir se trouve dans les dispositions suivantes : L'avoué qui a dressé les qualités est tenu de les faire signifier à l'avoué de l'autre partie, par l'un des huissiers audienciers (1). L'original de la signification reste pendant vingt-quatre heures entre les mains de l'huissier ; ce temps est donné à l'avoué qui l'a reçue, pour qu'il ait le loisir de l'examiner et de déclarer son opposition.

S'il y a opposition, l'huissier la mentionne sur l'original de la signification qu'il a faite. L'un des avoués somme l'autre, par un simple *à venir*, de comparaître devant le président, et, en cas d'empêchement, devant le plus ancien des juges qui assistaient à l'audience, suivant l'ordre du tableau. C'est dans le cabinet du juge ou à la chambre du conseil que les avoués se rendent ; ils s'expliquent, et le magistrat qui les a entendus *règle* les *qualités*, c'est-à-dire qu'il les maintient, ou qu'il les rectifie, ou qu'il donne la préférence à l'une des rédactions, si chacun des avoués s'est cru en droit de faire la sienne.

Cette ordonnance du juge doit être mise sur la feuille où les *qualités* sont écrites ; elle

_____

(1) Voyez l'Introd., chap. 19, p. 600, et ci-dessus chap. 3, page 265.

ART. s'exprime par ces mots : *Bon à expédier*, ou
Les présentes qualités tiendront; ou bien encore
par ceux-ci : *Ne pas expédier sur les présentes qualités* ; ou par toute autre formule
équivalente (1).

Lorsque les *qualités* sont réglées, ou lorsqu'il n'y a pas eu d'opposition dans les vingt-
quatre heures de leur signification, l'avoué qui
les a rédigées remet l'original au greffe, et le
greffier, en les réunissant aux énonciations,
aux motifs et au dispositif qui se trouvent
sur la feuille d'audience, forme le corps entier
du jugement, dont il peut alors délivrer expédition.

Il n'est pas besoin de signifier les *qualités*
d'un jugement rendu contre une partie qui
n'a pas comparu, ou qui n'a voulu se défendre. Elle aurait mauvaise grâce, après avoir
déserté l'audience, à venir disputer, devant
le président, sur le résumé des faits, ou sur
la position des questions.

Les justices de paix et les tribunaux de commerce n'ont point d'avoués ; par conséquent,
on n'y signifie point les *qualités* des jugements.

(1) Décision du 21 mai 1811, prise de concert entre
les ministres de la justice et des finances. Voy. le Recueil
général de Sirey, t. 14, 2ᵉ partie, p. 176.

Le greffier prend dans les pièces les noms , professions et demeures des parties, leurs conclusions, les points de fait et de droit, et il porte le tout , avec les motifs et le dispositif, sur la feuille d'audience.

Il y a une lacune dans le Code : la cause vient d'être jugée ; l'avoué auquel la signification des qualités devait être faite, se démet de sa charge, ou décède. Quelle marche faudra-t-il prendre pour obtenir l'expédition du jugement ?

M. Pigeau avait prévu cette difficulté. « Il faut distinguer, disait-il :

» 1° Si la partie demeure dans le lieu où siége le tribunal, on lui signifie les *qualités* par un exploit ordinaire, par le ministère d'un huissier audiencier, et l'exploit reste vingt-quatre heures entre les mains de cet huissier.

» 2° Si la partie demeure hors de ce lieu, la signification se fait également par un exploit ordinaire, mais par le ministère d'un huissier ayant droit d'exploiter dans le lieu où se fait la signification. La partie qui veut s'opposer doit le faire dans les vingt-quatre heures, en y joignant les délais à raison de la distance, par un avoué qu'elle constitue : comme l'exploit n'est pas remis au bureau des huissiers

Art. audiénciers du tribunal, l'opposition n'est pas
faite entre leurs mains, mais par acte d'avoué;
si elle ne l'est pas, les délais étant expirés, on
rémet cette signification au greffier, avec un
certificat constatant que la partie n'a ni constitué avoué, ni formé opposition (1). »

Le système de M. Pigeau est embarrassé, il
ne satisfait point. Signifiez des *qualités* à un
malheureux habitant de la campagne, qui
vient de perdre à la fois son procès et son
avoué ; saura-t-il ce que c'est que ce commencement de jugement sans motifs et sans dispositif ? verra-t-il ce qu'on lui demande et ce
qu'il faut faire ? devinera-t-il qu'il doit constituer un autre avoué, pour que son opposition puisse être formée ? S'il ne le devine pas,
ou s'il n'a pas le temps de s'aviser, dans le
bref délai de la loi, les *qualités* fausses ou incomplètes, préparées par un adversaire cauteleux, passeront sans contradiction.

Un jeune avocat du barreau de Cahors,
M. Périé-Nicole, m'a fait l'honneur de me
soumettre son avis sur cette question ; je ne
puis mieux faire que de l'adopter. Il voudrait
que les *qualités*, l'avoué étant décédé, fussent
signifiées à la personne ou au domicile de la

(1) Comment. t. 1. p. 331, 332 et 333.

partie, avec déclaration du décès, et sommation ART.
de constituer un nouvel avoué, dans les délais
ordinaires de l'ajournement. Le nouvel avoué
prendrait connaissance de la procédure et du
jugement ; puis , dans le cas où il y aurait lieu,
il notifierait sa constitution par un simple
acte , il formerait son opposition dans les vingt-
quatre heures suivantes, et il irait la soutenir
devant le président.

Que si la partie ainsi prévenue gardait le
silence et ne constituait point d'avoué, elle
serait réputée avoir approuvé la rédaction des
qualités.

Cette marche est franche, et tout entière
dans l'esprit de la loi. Elle se recommande
d'ailleurs par des analogies qu'il sera facile d'a-
percevoir dans la suite de mes explications.

Quel que soit le sort de l'opposition aux
qualités, elle conserve tous les droits de celui
au nom duquel elle a été faite, contre les
énonciations du jugement.

De même , le défaut d'opposition peut faire
regarder comme constants et reconnus les
faits insérés dans les *qualités* (1).

(1) Voyez les arrêts cités au Journal des Avoués, t. 18,
page 598.

ART.   Des faits ou des aveux qui ne seraient men-
tionnés que dans les motifs du jugement,
auraient-ils, en appel, ce crédit légal que l'on
accorde à ceux consignés dans les *qualités*,
lorsqu'elles n'ont pas été frappées d'opposition?
Je ne le pense pas. La signification des *qualités*
est une sorte de sommation d'avouer ou de
contester ce qui s'y trouve; après cette mise
en demeure, il est permis de considérer le défaut d'opposition comme un hommage tacite
rendu à la fidélité de la rédaction. Mais les
erreurs qui se sont glissées dans les motifs
d'un jugement, n'ont pu être ni relevées ni
discutées; il n'est pas imaginable que le
tribunal ait mal saisi la portée de quelques
mots, au milieu des débats, et qu'il les ait
pris trop légèrement pour la reconnaissance
d'un fait capital. S'il y a appel, pourquoi
serait-il défendu de prouver que les prétendus
aveux, sur lesquels les premiers juges ont
motivé leurs décisions, sont formellement
contraires à la vérité, et à tout ce qui avait
été dit et soutenu dans le cours de la procédure ?

En résultat, ces *qualités* qu'il faut signifier, discuter, rectifier, après le jugement du
procès, présentent beaucoup d'inconvénients.

Une exposition infidèle des faits; des explications transformées en aveux, en offres, en
reconnaissances; des fins de non - recevoir
préparées pour conjurer l'imminence d'un
appel ou d'un pourvoi; tout cela devient
irremédiable par l'insouciance, par la préoc-
cupation d'un avoué, ou par mille accidents
qui peuvent l'empêcher de former son opposition dans les vingt-quatre heures. Les Cours
d'Aix, de Bordeaux, de Colmar, de Dijon,
de Grenoble, de Nancy, de Nîmes, d'Orléans,
de Rennes, s'inscrivirent contre ce système,
lorsqu'elles furent consultées sur le projet du
Code.

Les *qualités* ne sont ordinairement rédigées
qu'au moment où l'on veut avoir l'expédition
du jugement; un long intervalle a pu s'écouler
depuis qu'il a été prononcé; les avoués qui
postulaient, les juges qui siégeaient, n'exercent peut-être plus leurs fonctions, ou, s'ils
sont encore là, c'est une ample matière à dispute, que l'expression et le sens de ce qui fut
proféré à l'audience quelques mois auparavant.

Les questions de fait et de droit sont posées
dans les *qualités*, après que le jugement a été
rendu; c'est un renversement de l'ordre
naturel des idées, c'est une déloyale facilité

Art. pour couvrir la faiblesse des motifs et le vice
du dispositif, en accommodant les questions
à ce qui a été bien ou mal considéré ou jugé.

Les dispositions du Code, sur ce point, sont,
comme l'a dit M. Bellot, tantôt inutiles, tantôt dangereuses, souvent inexécutables, et
toujours onéreuses (1).

On les a répudiées à Genève. On ferait bien
chez nous de revenir à la simplicité de la loi
du 24 août 1790. L'entière rédaction des jugements serait l'ouvrage du juge ; il trouverait
dans les pièces du procès les noms, professions et demeures des parties ; les noms de
leurs avoués, et les conclusions respectivement
déposées (2) ; il établirait les points de fait et

(1) Exposé, etc., page 79.

(2) « Dans toutes les causes, les avoués, avant d'être
admis à requérir défaut, ou à plaider contradictoirement,
remettront au greffier de service, à l'audience, leurs conclusions motivées et signées d'eux, avec le numéro du
rôle de l'audience.

» Lorsque les avoués changeront les conclusions par
eux déposées, ou qu'ils prendront sur le barreau des
conclusions nouvelles, ils seront tenus d'en remettre
également les copies signées d'eux au greffier, qui les
portera sur les feuilles d'audience. » Art. 33 *du décret
du 30 mars* 1808. Voyez aussi les art. 70 et suivants du
même décret.

de droit ; puis viendraient les motifs et le Art. dispositif.

Quant aux reconnaissances, aux offres, aux aveux qui peuvent s'échapper de la discussion orale, le meilleur moyen de les fixer dans la cause, et de couper court aux démêlés des oppositions, des interprétations, ou des rétractations, c'est d'en demander *acte* au tribunal, dans l'instant même où les mots résonnent encore, où l'impression est toute vive. Cet incident ne se règle point, comme les *qualités*, dans une conférence tardive à l'hôtel du président ; c'est à l'audience, en face du public, que s'agite et que se juge la question de savoir si telle déclaration a réellement été faite, et s'il y a lieu d'en *donner acte*. Le public est un terrible témoin. J'ai vu tout un auditoire se soulever contre la mauvaise foi d'une partie qui, se repliant sur elle-même, essayait de nier qu'elle eût dit ce qu'elle venait de dire.

Les jugements et les arrêts étaient motivés autrefois (1). Mais lorsque les parlements se

(1) Voy. mon Introduction, p. 127 et suiv. M. Henrion de Pansey, *De l'autorité judiciaire en France*, t. 1, page 245, a donné la traduction d'un arrêt

ART. firent les émules de la puissance législative, et vinrent à s'arroger le droit de réglementer, ils affectèrent, même dans les arrêts privés, de parler le langage des lois, et de laisser tomber les oracles de leur justice, sans daigner

rendu en 1327, avec l'énonciation des points de fait et de droit, ses motifs et son dispositif. J'ai cru qu'il serait encore plus curieux d'en connaître le texte ; le voici tel qu'on le trouve dans le tome 3 des œuvres de Dumoulin, page 2148.

Cum executores Thomæ, civis parisiensis, in curia nostra proponerent quod bona ipsius Thomæ ad requestam nostri procuratoris jam diù essent capta, et ad manum nostram posita fuerunt ; et detinebantur ; propter quod ordinatio ipsius testatoris adimpleri per eos non poterat, licet ipse de bonis suis omnibus in sua ultima voluntate sufficienter ordinasset, petebant executores prædicti bona prædicta eis tradi et ad plenum liberari, admota manu nostrà prædicta, ut liberi adimplere possent ipsius testatoris voluntatem.

Nostro procuratore ex adverso proponente, ac dicente quod bona prædicta dictis executoribus tradi et liberari non debebant, pro eo quod dictus Thomas erat bastardus, et quod ipse decesserat sine liberis de corpore suo susceptis. Propter quod ipsius bona, quia bastardus fuerat, secundum patriæ consuetudinem notoriam, ad nos jure nostro regio pertinebant, ut asserebat procurator prædictus, dicens et proponens quod idem defunctus de bonis suis non potuit, nec poterat ordinare.

Dictis executoribus replicantibus ex adverso, quod licet

rendre compte des raisons qui les avaient dé- ᴀʀᴛ.
terminés. *Velut emissa divinitùs vox sit, ju-
beat, non disputet* (1).

Depuis 1790, tous les jugements, en toutes

*prædictus Thomas fuisset bastardus, et absque prole legi-
tima decessisset, ipse tamen testamentum suum sufficienter
condiderat, in quo, et aliàs in vita sua, de bonis suis
ordinaverat universis : et quod hoc potuit facere, et poterat, tam de jure, quam secundum patriæ consuetudinem,
ut dicebant executores prædicti :*

*Auditis igitur dictis partibus, viso etiam testamento et
ordinatione ipsius Thomæ prædicti :*

*Quia curiæ nostræ non constitit de more et consuetudine
pro jure regis allegatá :*

*Et etiam curia nostra extitit sufficienter informata, quod
idem defunctus de bonis suis ordinaverat, tam in vita sua,
quam etiam in suo testamento : et quod secundum patriæ
consuetudinem, sibi licebat ordinare de bonis suis, pro libito
voluntatis, ac facere testamentum.*

*Propter quod, per arrestum curiæ dictum fuit, quod
bona omnia ipsius testatoris quæ ad requestam procuratoris
nostri, ad manum nostram, propter causam suprà dictam,
posita fuerunt, dictis executoribus deliberabuntur, et tra-
dentur, amota manu nostra ibidem apposita ex causa prædicta.*

*Datum die 16 aprilis, in parlamento incepto in crastino
festi beati Martini hyemalis, anno Domini millesimo trecen-
tesimo vicesimo septimo : sic signatum* Bʀᴜɴᴀᴛ.

(1) Senec. epist. 94,

matières, ont dû porter avec eux leurs motifs. Une ordonnance royale du 12 décembre 1818 a décidé que , « les arrêtés des conseils de préfecture ayant le même caractère et les mêmes effets que les jugements des tribunaux , il était d'ordre public que ces arrêtés fussent motivés, et que l'absence des motifs fût un moyen de nullité. »

Les motifs doivent se rapporter à chacun des points de fait et de droit qui constituent le litige. Ce n'est pas l'omission de motifs quelconques que la loi frappe de nullité , c'est l'omission *des motifs des jugements* , c'est-à-dire, de ce qui détermine chacune des dispositions dont ils se composent; car un jugement se divise en autant de jugements qu'il contient de dispositions : *tot capita* , *tot sententiæ* (1).

Cependant une disposition peut être implicitement motivée par les motifs d'une autre disposition , dont elle n'est que l'accessoire ou le corollaire. Par exemple , la partie qui perd son procès doit être condamnée aux dépens, et celle qui succombe dans son appel doit être condamnée à l'amende ; il est évident que ces condamnations n'ont pas besoin d'être motivées

(1) Voyez le Répert. de M. Merlin , v. *Motifs des jugements.*

en termes exprès, si les chefs principaux Art.
dont elles sont une conséquence nécessaire et
non contestée, ont été établis avec une suffisante expression de motifs.

Je ne connais qu'une exception à la règle
qui prescrit à tous les juges de motiver leurs
décisions ; cette exception est écrite dans l'article 356 du Code civil, au titre de *l'Adoption* :
« Le tribunal prononce, sans énoncer de motifs, en ces termes : *il y a lieu* ou *il n'y a pas
lieu à l'adoption.* » C'est que le ministère des
juges, en ce cas, ne se borne point à la simple
vérification des formalités et des conditions
exigées par la loi ; ils ont aussi à examiner
la moralité et la réputation de l'adoptant.
Or la procédure doit être secrète, et les jugements ne doivent point énoncer leurs motifs,
parce qu'il serait inutile de flétrir, par une
fâcheuse publicité, l'homme imprudent dont
la demande est rejetée à cause de ses mauvaises
mœurs.

Il est à peu près impossible de déterminer
ce que l'on entend par *des motifs suffisants* ;
il faudrait citer tous les exemples que contiennent les recueils d'arrêts (1). Mais voici les

(1) Le Journal des Avoués donne un tableau assez complet de la jurisprudence sur ce point. Tome 15, pages 148
et suivantes.

Art. règles générales auxquelles il convient de s'attacher.

Un jugement qui contient des motifs erronés n'est pas *nul*, car il ne manque point de motifs : toutefois il ne s'ensuit pas qu'il soit permis de jeter des motifs au hasard ; bons ou mauvais, ils doivent présenter une raison appropriée à la difficulté du procès.

Supposez que sur une question ainsi établie : *Le traité est-il régulier ?* les juges répondent : *Attendu que le traité est régulier, le tribunal ordonne qu'il sera exécuté ;* cette pétition de principe, suivant le langage didactique, n'offrirait qu'une formule insignifiante, qui peut s'adapter à toutes les causes et à toutes les questions.

Rejeter une exception, *attendu qu'elle n'est pas fondée,* ne vaudrait pas davantage. Il n'y aurait pas là de motifs ; l'expression *rejeter* implique, par elle-même, l'idée que la prétention qu'on rejette est dénuée de fondement. Dire qu'elle est rejetée parce qu'elle n'est pas fondée, ce n'est rien dire, sinon qu'on la rejette parce qu'on la rejette. C'est comme si, mettant à l'écart toute espèce de motifs, le tribunal se contentait, dans le dispositif de son jugement, de déclarer l'exception non recevable ou mal fondée.

Confirmer un jugement en appel , c'est Art.
reconnaître qu'il a bien jugé : un arrêt ne.
serait donc pas motivé, s'il se bornait à considérer *qu'il a été bien jugé ;* ce qui se réduirait
à ces termes : *la Cour confirme, parce qu'elle
trouve qu'il y a lieu de confirmer* (1).

Cependant on s'accorde à regarder comme
suffisamment motivé un arrêt qui confirme ,
en adoptant les motifs des premiers juges. On
justifie cette tolérance , en disant que l'arrêt
s'identifie, par relation, avec le jugement
attaqué ; que ce jugement est un acte authentique commun aux deux parties , et que le
but de la loi se trouve rempli, puisque l'appelant qui succombe ne peut ignorer les
motifs de sa condamnation.

Toute contravention aux règles établies
par la loi du 24 août 1790 , touchant la rédaction des jugements, emportait nullité , parce
que tous les décrets rendus en matière civile ,
depuis 1789, devaient être observés à peine
de nullité , lors même que cette peine n'y
était pas exprimée (2).

(1) Voyez le Répert. de M. Merlin, v° *Motifs des
jugements.*
(2) Loi du 4 germinal an ii, art. 2.

ART.   Le Code de procédure a dit le contraire :

« Aucun exploit ou acte de procédure ne peut

1030. être déclaré nul, si la nullité n'en est pas

formellement prononcée par la loi. »

Or, la peine de nullité n'étant point attachée à l'inobservation de l'article 141, des
auteurs ont pensé, et des Cours ont décidé
que les indications qu'il contient pouvaient
n'être pas suivies, et qu'il y avait liberté
plénière pour la structure des jugements.

C'était, à mon avis, une fort mauvaise
conclusion, car un jugement n'est ni un exploit, ni un *acte* de procédure.

L'article 7 de la loi du 20 avril 1810 est
venu transitoirement résoudre une partie de
la difficulté, et répandre sur l'autre un nuage
plus épais :

« La justice est souverainement rendue par
les Cours royales; leurs arrêts, quand ils sont
revêtus des formes prescrites à peine de nullité, ne peuvent être cassés que pour une contravention expresse à la loi.

» Les arrêts qui ne sont pas rendus par le
nombre de juges prescrit, ou qui ont été rendus par des juges qui n'ont pas assisté à toutes
les audiences de la cause, ou qui n'ont pas
été rendus publiquement , ou qui ne con-

tiennent pas les motifs , sont déclarés nuls. Art.

» La connaissance du fond est toujours renvoyée à une autre Cour royale. »

De là cette nouvelle argumentation : la nullité n'est déclarée que dans quatre cas seulement : 1° le défaut de publicité , 2° le défaut de motifs, 3° le défaut de nombre de juges prescrit , 4° le concours des juges qui n'auraient pas assisté à toutes les audiences de la cause ; par conséquent, les autres énonciations que l'article 141 fait entrer dans la composition d'un jugement, peuvent impunément ne pas s'y trouver (1).

Je crois que c'est encore une erreur.

L'article 7 de la loi du 20 avril 1810 n'a fait que reprendre quelques principes préexistants , pour les placer au frontispice de la nouvelle institution, dans laquelle les magistrats de la justice civile et de la justice criminelle , jusqu'alors séparés , ont été réunis (2).

C'est ainsi qu'on y a dit que les Cours jugeraient souverainement, quoiqu'elles eussent de-

(1) M. Merlin, *Répert.*, *tome* 6, v° *Jugement*, § 2, n° 1, *in fine*. M. Toullier , t. 10, n°ˢ 136 et 137.

(2) La loi du 20 avril 1810 porte pour titre : *Loi sur l'organisation judiciaire et l'administration de la justice.*

Art. puis longtemps l'attribution du dernier ressort.

C'est ainsi qu'on y a rappelé cette ancienne disposition de l'article 3 de la loi du 1er décembre 1790, qui veut qu'après la cassation d'un arrêt, la connaissance du fond soit toujours renvoyée à une autre Cour.

C'est ainsi qu'on y a répété les termes de l'article 16 de la loi du 27 ventôse an VIII, portant que les jugements des tribunaux de première instance ne peuvent être rendus par moins de trois juges.

C'en est assez pour démontrer que le législateur de 1810 n'a point entendu créer de nouveaux cas de nullité, et qu'il n'a eu d'autre intention que celle de rendre à de hautes maximes d'ordre public cet hommage obligé qui s'est reproduit successivement dans tous les systèmes d'organisation judiciaire.

Je vais aborder la question de plus près.

Remarquez bien que les exigences de la loi du 20 avril, en ce qui concerne la rédaction des jugements, se réduisent à l'insertion des motifs, à la mention du *prononcé* en audience publique, et à la désignation des noms des juges, afin que l'on sache s'ils étaient en nombre compétent, et si tous ont assisté aux débats de la cause.

Supposez que ces formalités soient les seules Art.
dont on ait voulu prescrire le strict accomplissement, sous peine de nullité, et que le surplus des dispositions de l'article 141 du Code
en demeure affranchi.

Rappelez-vous aussi que ce surplus se compose des noms des parties et de leurs avoués,
des conclusions respectives, de l'exposition
sommaire des points de fait et de droit, et du
dispositif.

Maintenant jetez un coup d'œil sur les conséquences ; c'est l'épreuve la plus sûre qu'on
puisse faire subir à une proposition.

Concevrez-vous un jugement dans lequel
vous ne verrez ni contre qui, ni au profit de
qui il a été rendu?

Connaîtrez-vous si les parties ont été légalement représentées ou défendues, lorsque le
jugement sera muet sur le nom des avoués?

Saurez-vous si le jugement a fait droit sur
tous les *chefs* de la demande et sur toutes les
exceptions de la défense, s'il est en premier ou
en dernier ressort, quand vous n'y trouverez
pas les conclusions du demandeur et les conclusions du défendeur?

Direz-vous à quoi se rapportent les motifs
d'un jugement dans lequel les questions à
juger ne sont pas posées?

ART.　　Enfin, y a-t-il un jugement lorsqu'il n'y a pas de dispositif?

Vous le voyez : la rédaction serait moins qu'une simple ébauche, en ne s'attachant qu'aux énonciations prescrites par la loi du 20 avril 1810, car tout ce qu'il y a de plus fondamental y manquerait.

Il importe donc fort peu que la peine de nullité n'ait pas été écrite dans l'article 141 du Code. Elle est toujours sous-entendue, pour les cas où il s'agit de l'observation de ces formalités substantielles, en dehors desquelles l'idée d'un acte ne peut exister. Le silence de la loi ne couvre point les nullités de *non esse*. Par exemple, est-il besoin qu'elle parle, pour enseigner qu'il n'y a pas de jugement là où il n'y a rien de jugé, là où il n'y a pas de juges ?

La règle est la même à l'égard des dispositions qui concernent l'ordre public. Ce qui a pour objet direct et principal l'intérêt de la société tout entière, ne peut être abandonné au caprice ou à l'insouciance des particuliers (1).

Toutefois, il y a cette différence entre les conditions constitutives d'un *acte*, et les for-

(1) Code civ., art. 6.

mes accidentelles dérivant de l'ordre public, Art.
que l'on peut, abstraction faite de celles-ci,
concevoir néanmoins *l'être* de l'acte. Ainsi
vous comprenez l'existence d'un jugement
dénué de motifs, rendu à huis clos, par un
ou par plusieurs juges, car tels on les faisait
presque tous dans l'ancien ordre de choses.
Mais vainement vous en chercheriez l'ombre
s'il n'apparaît pas que des questions y ont été
agitées, que des parties y étaient intéressées,
et qu'une décision est venue les résoudre.

Chose étrange : l'article 7 de la loi de
1810, avec sa peine de nullité, n'est, au
vrai, qu'une sorte de rappel à des formes
secondaires, et l'on voudrait que les dispositions de l'art. 141 du Code, qui donnent au
jugement sa substance la plus pure, fussent
moins irritantes !

Le Roi ne juge pas ; la justice est administrée, en son nom, par des hommes qui tiennent de lui le caractère de juge, et de la loi
le privilége de l'inamovibilité.

Quand un jugement est rendu, le Roi mande
à ses délégués de le faire mettre à exécution,
et à tous les dépositaires de la force publique
d'y prêter main-forte, en cas de besoin.

Art. Ce mandement, qui termine l'expédition d'un jugement ou d'un arrêt, est un des principaux attributs de la souveraineté ; c'est ce qu'on appelle *la formule exécutoire*. Telle on la voit dans la promulgation des lois.

Les officiers de justice et les agents de la force publique ne doivent obéir qu'au nom du prince. Il suit de là qu'un jugement rendu en pays étranger n'est point exécutoire chez nous, parce que toute autorité expire sur les limites de son territoire ; il faut que le jugement étranger soit révisé et approuvé par nos tribunaux ; il faut qu'il devienne en tout un jugement français, et qu'il porte le mandement du Roi, pour qu'on puisse l'exécuter en France (1).

Autrefois, les souvenirs de l'indépendance féodale, les capitulations des provinces conquises, et les rivalités de pouvoir, avaient tracé autour de chacune des juridictions une espèce de ligne d'extranéité. Les sentences rendues par la justice basse ou moyenne d'un fief étaient intitulées du nom du seigneur. Dans les sénéchaussées, dans les bailliages, c'était le nom du sénéchal ou du bailli, qui figurait, en signe de commandement, *sur la*

(1) Art. 2123 et 2128 du Code civ.

peau des expéditions (1). Avant la déclaration **Art.**
donnée à Saint-Maur-les-Fossés, par Henri III,
en juin 1580, quelques parlements mettaient
au front de leurs arrêts le nom du gouverneur
du pays ; d'autres y portaient le nom du Roi.
A Grenoble, on ajoutait aux titres du monar-
que celui de *dauphin de Viennois*, et à Aix celui de *comte de Provence*. De cette diversité de
souverainetés judiciaires, qui s'élevaient sur le
même sol, était née la maxime que la sentence
d'un juge ne pouvait être exécutée dans le *dé-
troit* d'un autre juge, sans un *pareatis* de ce
dernier (2). Le mot latin *pareatis* (obéissez) est
un de ceux que l'usage avait protégés contre
les rigueurs de l'ordonnance de Villers-Cotterets, et qui avaient fini par se mêler au *langage maternel français* (3).

Aujourd'hui les jugements rendus en France

(1) *Peau* pour parchemin. Une déclaration du mois
de février 1691 avait créé des *commis-écrivains à la
peau*.

(2) Il y avait plusieurs espèces de *pareatis*. Voyez
l'ordonnance de 1667, tit. 27, art. 6. Les jugements
consulaires étaient exécutoires par tout le royaume,
sans *pareatis*.

(3) Voyez mon Introd. chap. 7, pag. 126.

Art. sont exécutoires dans tout le royaume, sans *visa* ni *pareatis* (1).

Le greffier qui délivrerait expédition d'un jugement avant que la minute eût été signée par le président, s'exposerait à être poursuivi comme faussaire ; car ce serait donner une fausse apparence d'autorité à ce qui n'a point encore d'existence légale, et les dangers d'une pareille usurpation seraient incalculables.

Il est de l'essence de tous mandements de justice, que l'exécution s'ensuive, s'il n'y a pas obstacle de droit.

Les voies ordinaires de recours contre les jugements sont des obstacles de droit, sauf les cas d'exception qui seront indiqués plus loin.

Mais il faut toujours que le jugement soit signifié, avant que son exécution puisse être provoquée. On le sait déjà : *paria sunt non esse et non significari.* Les paroles du juge ne se comprennent pas toujours à l'audience ; il est permis d'en prétendre cause d'ignorance, jus-

(1) On trouvera les développements et l'examen des questions y relatives, au chapitre *des règles générales sur l'exécution forcée des jugements et des actes.*

qu'à ce que le poursuivant ait mis légalement Art.
sous les yeux de la partie condamnée la teneur
exacte de ce qui a été dit, considéré, et jugé.

Ce n'est pas encore assez de garanties contre
le danger des surprises. La plupart des plaideurs sont peu versés dans la science des choses
qui tiennent à la procédure. La signification
d'un jugement leur arrive : Quelle est la nature
de ce jugement ? Faut-il obéir ? Faut-il se
pourvoir ? Est-ce la forme, est-ce le fond qu'il
convient d'attaquer ? Quels délais seront observés ? Quelles réserves seront faites ? L'avoué
seul peut répondre à toutes ces questions, et
tracer un plan de conduite. Ce n'est donc pas
à la partie, mais à son avoué, que le jugement doit être d'abord signifié (1). Vient ensuite la signification au client lui-même,
laquelle contient mention de la première.
Alors il a dû recevoir les instructions qui lui
étaient nécessaires pour la conservation de ses
droits, et ce n'est pas la faute de la loi s'il
arrive qu'ils soient compromis.

L'intervertissement de cet ordre rendrait
sans effet la signification du jugement ; toutes
les poursuites et toutes les contraintes qui s'en-

(1) Par acte d'avoué à avoué.

Art. suivraient, pour parvenir à l'exécution, seraient frappées de nullité.

Cependant M. Favard de Langlade et M. Carré restreignent l'application de la nullité aux actes d'exécution, et ils pensent, d'après un arrêt de la Cour de Liége (1), que la signification du jugement laissée au domicile de la partie, sans avoir préalablement été faite à l'avoué, n'en produirait pas moins l'effet de donner cours aux délais de l'appel.

L'arrêt de Liége a considéré « que l'art. 147 du Code de procédure ne concernait que l'exécution des jugements, et n'avait pas de rapport au cours des délais. » Il n'y a rien de démontré dans ce motif. Les auteurs que j'ai cités ont voulu y suppléer en disant : « Si l'article 147 exige que la signification du jugement soit faite d'avoué à avoué, et qu'il en soit fait mention dans celle adressée à la partie, c'est bien moins dans l'intention que celle-ci reçoive les conseils de son avoué, sur le parti qu'elle aurait à prendre relativement à l'appel, qu'afin de mettre l'avoué à portée de faire les actes que la loi exige de son ministère,

(1) Voyez le Journal des Avoués, t. 5, p. 206. La Cour de Bruxelles et celle d'Agen ont adopté le même système.

en l'obligeant, par l'article 1038 , à occuper Art.
sur l'exécution des jugements définitifs , lorsqu'elle a lieu dans l'année (1).

J'ai quelque peine à croire que l'intention
de la loi soit telle qu'elle est ici supposée. La
disposition de notre article 147 est évidemment prise de l'article 2 , titre 27 de l'ordonnance de 1667 : « Les arrêts ou sentences ne
pourront être signifiés à la partie, s'ils n'ont
été préalablement signifiés à son procureur. »
Sur quoi Rodier donnait l'explication suivante : « La signification préalable au procureur
a paru nécessaire, et l'est en effet , pour prévenir toute surprise. Le procureur qui a
occupé dans le procès, doit savoir si le jugement a été bien poursuivi , si l'expédition est
conforme et dans l'ordre, *si la partie a quelque chose à faire*, et il doit lui en donner avis.»
C'est le même esprit qui a consacré le même
principe dans la rédaction du Code. Je le répète : un plaideur abandonné à lui-même est
rarement capable d'aviser au parti qu'il lui faut
prendre. Sait-il s'il y a lieu de se pourvoir contre le jugement qu'on lui signifie ? Sait-il quelle

_____

(1) Lois de la procéd. t. 2, p. 116.

Art. voie de recours il devra employer, et quels délais lui sont donnés pour se décider ? Tout cela se rattache directement à l'exécution du jugement. Si l'avoué n'a reçu aucune signification préalable, le client attendra des avis qu'il ne recevra point, les délais s'écouleront, et toutes les voies de recours se fermeront. C'est donc à dire qu'il serait permis de profiter de l'ignorance d'un pauvre plaideur, de le forclore complétement, en laissant dans une fausse sécurité le guide qui doit l'éclairer, et que, ce dessein accompli, il suffirait d'avertir l'avoué, au moment de passer à une exécution devenue inévitable, et contre laquelle les conseils seraient désormais devenus inutiles.

A quoi bon faire revenir ici l'adage : *Ignorantia ejus quod quisque tenetur scire neminem excusat ?* On n'est pas tenu de savoir les règles et les délais de la procédure, puisque la loi elle-même met sous la conduite d'un avoué toute personne qui veut s'engager dans les détours du palais.

Quant à cette opinion : que le but principal de la signification préalable du jugement à l'avoué, est de mettre ce dernier à portée de satisfaire aux dispositions de l'article 1038,

elle me paraît amenée de trop loin, et je ne
vois aucune liaison directe entre cet article et
l'article 147.

L'article 1038 s'applique au cas où l'exécution d'un jugement définitif exige encore, pour
qu'elle puisse être conduite à son terme, quelques procédures à faire. Par exemple : vous
avez été condamné à payer des dommages-intérêts, *damnum emergens*, *et lucrum cessans* :
mais le jugement ne les a pas fixés ; leur quo-
tité sera appréciée par des experts, ou liquidée d'après une déclaration que fournira votre
adversaire, sauf à contester. Ce jugement est
bien définitif, car il n'est plus possible d'y
revenir, et de dire que vous ne devez point
de dommages-intérêts ; mais, pour l'exécuter,
il faut une liquidation ; pour cette liquidation,
il faut un avoué ; et celui que vous aviez déjà
dans la cause *occupera* sans nouveaux pouvoirs,
parce que sa charge n'est pas finie tant que
toutes les procédures judiciaires ne sont pas
terminées. Il en est de même lorsqu'il s'agit
d'une restitution de fruits, ou d'une opposition à des taxes de dépens, ou d'une condamnation obtenue à la charge de donner caution.

L'article 147 n'appartient point à cette
spécialité d'idées. Sa disposition est générale,

Art. elle s'étend à tous les jugements qui mettent une obligation quelconque à la charge personnelle d'une partie, ce qui fait présumer de droit, en elle, le besoin d'être avisée sur la marche qu'elle doit suivre.

Que l'exécution soit de nature à nécessiter une continuation de procédure, dans laquelle les avoués devront *occuper* sans nouveaux pouvoirs, ou qu'il s'agisse d'une exécution *parée*, comme disent les praticiens, *parata executio*, qui se fait en vertu du jugement tel qu'il est, parce que la condamnation n'a besoin ni d'être liquidée, ni d'être appréciée, il n'y a point de distinction à établir. Il faut toujours signifier le jugement à l'avoué, avant de le signifier au client, afin que celui-ci puisse être averti. Voilà l'intention principale de la loi; elle s'applique aux arrêts des Cours, de même qu'aux jugements de première instance. C'est plus qu'une règle ordinaire de procédure, c'est une mesure d'ordre public. Prétendre que la nullité, en cas de contravention, tombe uniquement sur les actes d'exécution du jugement, et que la signification portée de prime-saut chez la partie condamnée, n'en doit pas moins servir de point de départ pour les délais du recours, c'est décréditer la loi; c'est isoler de son appui l'homme inexpérimenté qui s'y confie, et cacher des piéges de déchéance sous l'extérieur d'une trompeuse garantie.

Peut-être on objectera : le Code ne dit pas que le jugement *ne pourra être signifié à la partie*, mais seulement *qu'il ne pourra être exécuté*, qu'après avoir été signifié à avoué.

Est-ce que la signification à la partie n'est pas un commencement, et l'une des formalités essentielles de l'exécution des jugements? N'est-ce pas pour y parvenir, que l'on vise à faire courir et à faire expirer les délais durant lesquels elle pourrait être arrêtée ou suspendue ? N est-ce pas un résultat assez grave que de laisser acquérir la force de chose jugée à une décision dont un avis opportun aurait pu procurer la réformation?

Je crois donc qu'il faut dénier toute espèce d'effet à la signification d'un jugement faite au client, sans que l'avoué ait préalablement reçu la sienne. Telle est, en résumé, l'opinion de M. Coffinières (1), et celle de M. Pigeau (2).

Toutefois, si la personne condamnée n'avait

(1) *Jurisprud. des Cours souv.* t. 5, p. 470.
(2) Comment. t. 1er, p. 339.

ART. point eu d'avoué dans la cause, le jugement ne serait signifié qu'à elle-même, car à l'impossible nul n'est tenu. Il faut en dire autant, si l'avoué qu'elle a constitué vient à mourir ou à ne plus exercer. Mais, dans ce dernier cas, la signification qui n'est faite qu'à la partie doit contenir la mention du décès ou de la cessation des fonctions de son avoué. Ici l'intention de la loi, telle que je l'ai exposée, se manifeste avec toutes les clartés de l'évidence : le plaideur qui se repose sur les avis qu'il attend, pour calculer sa chance, peut devenir la victime d'un vain espoir, s'il ignore, en recevant la signification du jugement, qu'il n'a plus d'avoué. Il est essentiel qu'il soit éclairé sur la situation des choses, à cet égard, afin qu'il cherche ailleurs des conseils et des règles de conduite.

Je n'ai plus qu'une distinction à indiquer : elle sort du principe d'utilité, dont il faut toujours chercher la trace dans les moindres détails du système.

Le jugement qui vient d'être rendu n'est-il qu'un règlement de procédure, ne contient-il aucune condamnation ou aucune disposition qui soit directement à la charge de l'une des parties? Ce jugement ne devra être signifié qu'à

l'avoué, parce que dans tout ce qui concerne Art.
la marche de l'affaire, et dans tout ce qui
n'exige pas absolument l'accession personnelle
du client, l'avoué le représente. Par exemple :
une instruction par écrit est ordonnée, c'est
l'avoué seul qui pourvoit à l'exécution de cette
mesure ; il s'agit d'une descente sur le lieu
contentieux ou d'une expertise, c'est encore à
l'avoué seul que sont faites les significations
pour la poursuite des opérations de cette espèce, car ce ne sont pas des circonstances où le
client doive payer de sa personne.

Mais toutes les fois qu'un jugement impose
une obligation qui ne peut être remplie que
par la partie elle-même, comme une comparution personnelle, un interrogatoire, un serment, c'est le cas de la double signification :
l'une à l'avoué, afin qu'il avertisse le client de
se tenir sur ses gardes, soit pour obéir, soit
pour protester, soit pour appeler ; et l'autre au
client, parce que, comme disent les praticiens,
le jugement gît en exécution directe contre lui.

Il me reste encore beaucoup à dire sur cette
vaste matière des jugements. J'ai cru qu'il me
serait permis de la diviser et de ne pas m'as-
treindre à suivre l'ordre du Code, dans l'explication des articles dont je me suis occupé jusqu'à ce moment. Je vais en donner les motifs.

CHAPITRE VIII.

SUITE DES JUGEMENTS. — DISPOSITIONS ACCES-SOIRES.

Art. Les lois ont dû confier à la prudence des juges tous les moyens d'instruction qui peuvent servir à la découverte de la vérité : *cui juris-dictio data est , ea quoque videntur concessa sine quibus jurisdictio explicari non potest* (1).

Toutefois l'emploi de ces moyens est subordonné, pour la plupart des cas, à des conditions et à des formes, dont l'importance a fourni dans le Code la matière de plusieurs titres particuliers. Tels sont ceux de *la vérification des écritures*, du *faux incident*, des *enquêtes*, des *expertises*, des *visites de lieux*, et des *interrogatoires sur faits et articles*.

Mais il en est d'autres qui n'exigent pas au-

(1) *L. 2, ff. De jurisdict.*

tant de préparations, et qui peuvent souvent ART.
être mis en usage à l'audience même où leur
nécessité vient se manifester : je veux parler de
la comparution personnelle et du *serment*. C'est
à cette considération qu'il faut attribuer la
place qu'ils occupent, au milieu des articles
relatifs à la composition des jugements. On y
a mêlé des règles sur *les dépens* et sur *l'exécution provisoire*, avec des pouvoirs donnés aux
tribunaux pour accorder un délai de grâce aux
débiteurs, ou pour ajouter à quelques condamnations la rigueur de la contrainte par corps.

Cette interférence contrariait l'ordre naturel
de mes explications. J'ai donc commencé par
traiter tout ce qui comprenait la formation,
la rédaction et la signification des jugements,
et je consacre ce chapitre aux dispositions accessoires que je viens d'indiquer.

L'opposition entre les plaideurs sur les faits
d'une cause, jette souvent la justice dans une
désespérante perplexité. Il est difficile de pénétrer jusqu'au vrai, à travers ces luttes alterna-
tives de doutes et de vraisemblances qui s'engagent au palais. Les intermédiaires y sont fort
utiles pour la direction des procédures, et pour

ART. la discussion des points de droit; mais il ne dépend pas toujours d'eux d'apporter dans les détails et dans les nuances des faits toute l'exactitude et toute la fidélité désirables. Un moyen est offert aujourd'hui pour écarter ce voile de nuages; c'est *la comparution personnelle*.

Le jugement qui l'ordonne ne contient pas d'autre motif que celui tiré de l'utilité qu'il promet; il dit que les parties viendront elles-mêmes à l'audience se placer sous les yeux des magistrats, et donner les renseignements qui seront demandés; il ne préjuge rien, car il n'énonce ni les faits qu'il s'agit d'éclaircir, ni les questions qui seront faites.

Les parties sont-elles là présentes? ce jugement est exécuté aussitôt que prononcé. Par conséquent il n'est ni rédigé, ni levé, ni expédié; seulement, dans la sentence définitive qui le suit immédiatement, il est fait mention de tout ce qui a précédé.

Si la comparution ne peut pas avoir lieu audience tenante, le préparatoire qui appelle les parties et qui indique le jour auquel elles seront entendues, doit être signifié à la requête de la plus diligente, d'abord à l'avoué, puis à la personne ou au domicile de l'autre, avec sommation d'obéir, car il s'agit d'une exécution à sa charge (1).

La nécessité de la signification préalable à l'avoué, dans ce cas, n'est pas généralement admise (2). On s'appuie pour la rejeter, sur l'article 70 du tarif, d'après lequel tous avoués sont tenus *de se présenter* au jour indiqué par un jugement préparatoire, ou par un jugement *de remise* (3), sans qu'il soit besoin d'aucune sommation. Mais cet article ne s'applique qu'aux actes d'instruction et aux mesures d'ordre qui concernent uniquement l'office des avoués. Toutes les fois qu'une disposition de jugement s'adresse directement à la partie, comme pour une comparution personnelle, l'article 147 du Code ne reçoit aucune exception ; la double signification est indispensable. Ne peut-il pas arriver que ce jugement soit attaquable pour quelque cause de nullité qu'il importe de ne pas couvrir, ou qu'une exception d'incompétence, une *fin de non-recevoir* soient compromises par la comparution ? La significa-

(1) Voyez ci-dessus, page 459.

(2) Voyez M. Carré, Lois de la procédure, t. 1, p. 274.

(3) C'est-à-dire un jugement qui renvoie la plaidoirie de la cause d'un jour à un autre.

tion préalable à l'avoué devrait encore être faite, quand tout l'avantage que la loi s'en promet se réduirait, en définitive, à faire savoir au client que les faits sur lesquels on se propose de l'interroger pourront être tenus pour avérés, s'il ne vient pas.

La comparution personnelle est, sans contredit, le moyen le plus simple et le plus efficace, le moins long et le moins dispendieux que puisse employer un tribunal, pour faire jaillir quelque lumière dans ces ténébreuses disputes de faits. Combien de fois n'a-t-on pas vu s'évanouir, à cette épreuve, une faveur trop prompte que l'art ou l'intrigue avaient su répandre d'abord sur la mauvaise cause !

Cependant on en fait rarement usage. Cela tient à d'anciennes habitudes, et à de vieilles traditions qui composent encore la science de beaucoup de gens dans l'ordre judiciaire.

On ne doutait point à Rome qu'il ne fût toujours permis au juge d'interroger les parties : *ubicumque judicem æquitas moverit, æquè oportere fieri interrogationem dubium non est* (1).

Mais lorsque la procédure devint secrète en France, les enquêtes, les interrogatoires, les

_____

(1) L. 21, *ff. De interrog. in jure faciend.*

rapports, tout se fit dans l'ombre des greffes. Aʀт.
Cette révolution date de l'ordonnance de 1539;
elle fut le résultat des progrès de l'écriture, si
l'on en croit M. de Montesquieu : « L'usage de
l'écriture arrête les idées, et peut faire établir
le secret; mais quand on n'a point cet usage,
il n'y a que la publicité de la procédure qui
puisse fixer ces mêmes idées (1). »

Il ne fut plus permis à un tribunal de faire
venir les parties à l'audience pour les question-
ner d'office, pour les entendre ensemble ou
séparément, pour les confronter, les voir, les
observer. On dirait que les législateurs de ce
temps-là s'étaient proposé le problème du mode
le plus sûr de ne point atteindre la vérité, suivant l'expression de M. Bellot (2). Afin de le
résoudre, ils imaginèrent ce que nous appelons
encore *l'interrogatoire sur faits et articles.* Ce
moyen d'instruction qui se retrouve, par tradition, dans le Code de procédure, ne peut jamais être ordonné que sur la réquisition écrite
de l'une des parties, et les questions sont communiquées à celle qui doit répondre, vingt-
quatre heures d'avance, pour le moins. Ce
n'était point assez que cette grande facilité de

_____

(1) Esprit des Lois, liv. 28, chap. 34.
(2) Exposé, etc., p. 109.

II.   3o

Art. préparation, on a pris le soin de lui épargner le désagrément de la publicité, et la présence d'un contradicteur; car elle sera interrogée en secret, par un seul juge, et son adversaire n'y pourra point assister (1).

Les juges-consuls furent seuls autorisés à faire comparaître les parties devant eux, et à les interpeller comme ils le jugeraient convenable (2). La raison de la différence était prise de ce que l'ordre de comparaître personnellement à l'audience, pendant le cours du procès, étant une sorte de réajournement, c'eût été porter atteinte à l'institution des procureurs *ad lites*, que de conférer aux tribunaux ordinaires le pouvoir de donner cet ordre. Mais on n'y voyait rien d'irrégulier, en ce qui concernait les juridictions consulaires, parce que les personnes assignées étaient toujours tenues de s'y présenter sans assistance de procureurs ni d'avocats (3).

Le bon sens a triomphé de cette métaphysique

---

(1) Voyez l'ordonnance de Villers-Cotterets, article 37; celle de Roussillon, art. 6; celle de Blois, art. 168; celle de 1667; tit. 10, art. 1; et le titre 15, liv. 2, part. 1re du Code de procédure.

(2) Ordonnance de 1667, titre 16, art. 4.

(3) *Ibidem*, art. 1 et 2. Voyez Rodier, p. 290.

surannée ; aujourd'hui tous les juges peuvent Art. faire comparaître devant eux les parties en personne. Fallait-il donc conserver en même temps l'usage de l'interrogatoire sur faits et articles ? Oui, pour les cas où un trop grand éloignement, une maladie, une infirmité grave rendraient impossible la comparution à l'audience. Mais ne pouvait-on pas rendre ses formes moins apprêtées et moins mystérieuses ? Je reviendrai plus tard sur ce point (1).

Cependant la perte de temps et les frais de déplacement qu'entraîne la comparution personnelle, doivent être compensés par une évidente utilité. Si les tribunaux en usaient indistinctement et sans mesure, ce serait bientôt un moyen de vexation, et la justice s'enchaînerait souvent elle-même par d'injustes retards.

Celui que les juges ont appelé à l'audience pour être interrogé, et qui refuse de comparaître ou de répondre, s'expose à ce que les faits allégués par son adversaire soient tenus pour avérés. Le Code ne s'en exprime pas, en parlant de la comparution personnelle, mais c'est un argument qui dérive tout naturellement de

(1) Au chapitre *des interrogatoires sur faits et articles.*

Art. l'article 330, au titre de *l'interrogatoire*. Il y a même droit où il y a même raison.

　　Ce n'est pas que le défaut de comparution, ou le refus de répondre, impose aux tribunaux l'obligation étroite de tenir les faits pour avérés; il faut entendre ce que je viens de dire dans le sens d'une simple faculté. Certes une juste prévention s'élève contre le plaideur honteux qui craint de se présenter et de s'expliquer : *nimis indignum est proprio testimonio resistere* (1) ; toutefois cette prévention ne constitue pas une preuve qui doive dominer l'opinion du juge, et interdire tout accès à des documents contraires. Il était mieux de s'en remettre, comme on l'a fait, à ses lumières et à sa pénétration. Les circonstances agiront sur son esprit ; il se décidera, en toute sécurité, à tenir pour avérés des faits que rien ne contredit, qui s'accordent entre eux, et qui se lient sans effort, sans invraisemblance, à ce qui se trouve déjà constant et reconnu dans l'affaire.

　　Les réponses qui s'obtiennent par la comparution personnelle des parties forment des *aveux judiciaires* (2).

(1) L. 13, *Cod. De non numeratâ pecuniâ.*

(2) Les aveux qui se trouvent dans les conclusions et dans les autres écritures du procès, sont également des

« L'aveu judiciaire fait pleine foi contre ^Art.^
celui qui l'a fait (1). » *Litigatoribus sufficiunt ad*
probationes, ea quæ ab adversâ parte expressa
fuerint apud judices (2). *Fides ei contra se habe-*
bitur (3). *Confessus in jure pro judicato est* (4).

Celui qui répond d'une manière obscure est
censé n'avoir pas voulu répondre : *nihil interest*
neget quis, an taceat interrogatus, an obscurè
respondeat, ut incertum dimittat interrogato-
rem (5).

Une partie ne peut être obligée de répondre
que sur ce qui lui est personnel : *alius pro alio*
non debet respondere cogi ; de se enim debet quis
in judicio interrogari, hoc est cùm conveni-
tur (6).

Celui qui ment, dans ses réponses, doit être
condamné : *voluit prætor adstringere eum qui*
convenitur, ex suâ in judicio responsione, ut

aveux judiciaires, et font foi contre les parties au nom
desquelles ils ont été faits, jusqu'au désaveu. J'en parlerai dans le chapitre *du désaveu.*

(1) Code civil, art. 1356.
(2) L. 1, § 1, *ff. De interrog. in jure faciendis.*
(3) L. 11, § 1, *eodem.*
(4) L. 1, *ff. De confessis.*
(5) L. 11, § 7, *eodem.*
(6) L. 9, § 3, *eodem.*

Art. *vel confitendo , vel mentiendo sese oneret* (1).

L'aveu judiciaire ne peut être divisé contre celui qui l'a fait (2).

Cette indivisibilité, avant qu'elle eût été érigée en loi par le Code civil, était fort controversée entre les auteurs, et soumise à une foule de restrictions. Il y a une savante dissertation là-dessus, dans les *Questions de droit* de M. Merlin, *verbo Confession*, § 2.

Je reconnais que je vous ai emprunté mille francs, et je dis en même temps que je vous les ai rendus; vous n'avez pas de titre contre moi; il ne vous sera pas permis d'accepter la première partie de mon aveu, et de rejeter l'autre. Voilà le principe démontré par un exemple.

Toutefois il reçoit plusieurs exceptions.

1° Il n'est applicable qu'à cette gêne, où vous vous trouvez, de ne pouvoir administrer aucune autre preuve du prêt, que celle résultant de mon aveu. Dans cette conjoncture, je ne mérite pas moins de confiance sur le premier point que sur le second, puisque je n'avais pas plus de précautions à prendre pour me libérer que pour m'obliger.

(1) L. 4, *ff. De confessis.*
(2) Code civil, art. 1356.

Mais si, plus heureux, vous êtes en position Art. de dédaigner une déclaration dont vous n'avez pas besoin pour établir la réalité du prêt, ce serait faire trop bon marché de vos droits, que de n'oser pas diviser mon aveu, et de me réputer libéré, parce que je veux bien, à cette condition, me reconnaître obligé.

2° On ne peut invoquer l'indivisibilité de l'aveu, lorsque la portion contestée se trouve combattue par une présomption légale. Ainsi : la mère d'un enfant adultérin avoue qu'elle a reçu du père une certaine somme, mais elle dit en même temps que c'est une donation manuelle qui lui a été faite personnellement. On prendra acte de sa confession, en ce qui touche la tradition de la somme, et le reste sera rejeté. La loi présume que la mère a été interposée pour faire passer la somme à son fils, et la donation est nulle, parce que le fils était incapable de recevoir (1).

3° Il y a encore exception, lorsque l'une des parties de l'aveu choque ouvertement la vraisemblance, et dégénère en absurdité. Chacun peut imaginer un exemple.

_____

(1) Voyez les articles 908, 911 et 762 du Code civil.

4° On a agité dans ces derniers temps la
question de savoir si l'aveu ne doit pas être divisé, quand il porte sur des faits entre lesquels
il n'apparaît point de connexité.

La difficulté me semble devoir être résolue
par cette distinction :

Si de deux faits compris dans l'aveu, et qui
ne se rapportent ni au même temps, ni au
même objet, l'un sert de défense à l'autre,
c'est-à-dire, si en avouant le fait d'où naît l'action intentée contre moi, j'en ajoute un autre
qui tend à neutraliser le premier, mon aveu
sera indivisible, quoiqu'il n'y ait pas de connexité.

Dans une lettre que je vous adresse, je fais
mention d'un prêt d'argent que vous m'avez
fait, puis je rappelle que votre père me devait
telle ou telle somme. Ici, point de connexité.
Cependant vous n'avez que mon aveu pour
preuve du prêt, et vous ne pouvez vous en
prévaloir qu'en acceptant comme vraie l'alléga-
tion de ma créance sur votre père, parce qu'elle
tend à neutraliser les conséquences de ma dette
envers vous. C'est, à peu près, l'espèce de la
fameuse loi 26, § 2, *ff. Depositi vel contrà*. Le
Droit romain s'en rapportait, en ce cas, à la

sagesse du juge; mais, sous le Code civil, le Art. texte défend de diviser (1).

Supposez au contraire que l'un des membres de l'aveu manque à la fois, relativement à l'autre, et de connexité, et de l'influence défensive dont je viens de parler : comme si, en avouant le prêt que vous m'avez fait, j'élevais la prétention d'exercer sur votre propriété un droit de servitude, la règle de l'indivisibilité s'évanouira.

Dans la comparution personnelle, le plaideur qui répond n'est qu'un témoin.

Si vous lui déférez le serment, il va devenir son propre juge.

Le serment peut être considéré comme une preuve, et comme une épreuve. On l'appelle encore en Angleterre *gage de loi*, *vadiatio legis*; de même que *le gage de bataille* s'appelait autrefois *vadiatio duelli*.

Il n'est pas question ici du serment promissoire, *jusjurandum promissorium*, par lequel

(1) Voyez M. Merlin, *Questions de droit*, v° *confession*, § 2, et M. Toullier, tom. 10, nᵒˢ 335 et suiv. Il paraît que M. Toullier n'a pas parfaitement saisi le sens de la loi 26, *ff. Depositi.*

Art. on promet de faire une chose. Tels sont le serment politique, le serment du mariage, celui que doivent prêter les fonctionnaires publics avant d'entrer dans l'exercice de leur charge, les témoins avant de déposer, et les experts avant d'opérer.

Au moyen-âge, l'usage du serment promissoire s'était introduit dans tous les contrats, pour assurer l'accomplissement futur des engagements qu'ils contenaient. Les notaires qui étaient gens d'église, ne manquaient pas, dit Pothier, de faire mention que les parties avaient juré de ne pas contrevenir aux clauses stipulées; « parce que le serment étant un acte de religion, et le refus d'exécuter une obligation confirmée par serment étant la violation d'un acte religieux, la religion était intéressée dans les procès relatifs à l'exécution de ces engagements, ce qui devait les rendre de la compétence des juges ecclésiastiques.

» Il y a très-longtemps que le clergé a été obligé d'abandonner ces prétentions auxquelles l'ignorance avait donné lieu, et l'usage du serment a cessé dans les contrats des particuliers (1). »

(1) Traité des Obligations, no 104.

Pothier ajoute que ce serment, s'il était encore pratiqué, n'aurait que peu ou point d'effet
dans le for extérieur.

« Car, ou l'obligation est valable par elle-
même, ou elle ne l'est pas.

» Si l'obligation est valable par elle-même,
le serment est superflu, puisque, sans qu'il
intervienne, le créancier envers qui elle a été
contractée, a action contre son débiteur, pour
en exiger l'accomplissement. Le serment n'a-
joute rien à cette action, et ne donne pas plus
de droit que s'il n'eût pas été interposé.

» Lorsque l'obligation par elle-même n'est
pas valable, et est de celles pour lesquelles la
loi civile ajugé à propos de dénier l'action,
le serment est pareillement de nul effet dans
le for extérieur, car la loi civile n'en dénie pas
moins l'action au créancier (1). »

Le serment affirmatif, *jusjurandum asser-
torium*, est celui qui a pour objet de garantir
la sincérité de l'affirmation ou de la négation
d'un fait présent ou passé.

Il est *extrajudiciaire*, quand, *intra parietes*,

(1) Traité des Obligations, n° 105. M. Toullier,
tom. 10, p. 459 et suiv., a reproduit cette doctrine
avec les développements donnés par l'auteur du Traité
des Obligations.

Art. une personne le défère à une autre, pour en faire dépendre amiablement le sort d'un différend qu'elles ne veulent pas porter devant les tribunaux : *jurisjurandi religio quâ ex pactione litigatorum deciduntur controversiæ.... Jusjurandum quod ex conventione extrà judicium defertur* (1).

Par exemple, le serment déféré en bureau de paix est un serment extrajudiciaire. Je prie qu'on veuille bien se reporter à ce que j'ai dit ci-dessus, pages 42 et 44.

Le serment affirmatif est *judiciaire* lorsqu'il se fait en justice. C'est à celui-là que je dois spécialement m'attacher dans ce chapitre.

La barbarie dans les temps anciens, l'habitude dans les siècles qui suivirent, l'indifférence en matière de religion, la dépravation des mœurs, la corruption des doctrines, et les succès de l'hypocrisie, ont, en général, dépouillé le serment de sa foi, de ses terreurs, et de ses garanties. Il en fut à peu près de même en tous lieux et en tous temps : *Cùm faciles sint nonnulli hominum ad jurandum contemptu religionis*, disait-on à Rome (2), et nos pères se virent forcés d'établir la

(1) L. 1 et 17, *ff. De jurejurando.*
(2) L. 8, *ff. De condit. instit.*

preuve par le combat, pour ôter le serment Art.
des mains des hommes qui en voulaient abuser ;
c'était l'expression de leurs lois (1). Ainsi, remarque M. de Montesquieu, tandis que les
ecclésiastiques déclaraient impie la loi qui
permettait le combat, la loi des Bourguignons
regardait comme sacrilége celle qui établissait
le serment (2).

La sainteté du serment judiciaire n'est que
dans la moralité de l'homme. Celui qui n'a
pas craint d'être infidèle, ne craindra point
d'être parjure : c'est folie que de s'en rapporter
à sa foi. *Qui juramentum à malo viro postulat,
insanit.*

On avait poussé l'abus, autrefois, jusqu'à
exiger des accusés, avant de leur faire subir
interrogatoire, le serment de dire toute la vérité. Ce fut le farouche M. Pussort qui fit insérer dans l'ordonnance de 1670 cette disposition empruntée au *Directoire des inquisiteurs* (3).

Il y avait cent ans que la vénalité des charges

(1) Voyez mon Introduction, pages 166 et suivantes.
(2) Esprit des Lois, liv. 28, chap. 17.
(3) Le *Directoire des inquisiteurs* fut composé vers l'an
1360 par le moine Eymeric. M. l'abbé Morellet a publié en 1762 un abrégé de ce livre.

Art. de magistrature était établie , quand tous les juges de France juraient encore, en prenant possession de leur office , *qu'ils n'avaient rien baillé ni promis , soit directement, soit indirectement.* « Aussi à la vérité c'était bien une honte, disait Loiseau, que des magistrats entrassent en fonctions par un parjure solennel, et qu'en l'acte de leur réception ils commissent une fausseté (1). »

Justinien s'était empressé d'abolir une vieille loi romaine, qui n'accordait aux veuves la tutelle de leurs enfants, que sous la condition de jurer qu'elles ne se remarieraient point. Cette loi faisait faire presqu'autant de parjures que de serments : *totiès scimus prævaricatam legem et jusjurandum perjurum datum quotiès penè datum est.* L'empereur ne voulut pas que l'on continuât de jurer avec tant de témérité : *quia verò multam habemus formidinem ne facilè jusjurandum per magnum Deum detur et hoc prævaricetur* (2).

Je reviens à mon texte.

« Le serment judiciaire est de deux espèces.

_____

(1) Ce serment fut aboli en 1587.

(2) *Novella* 94 , *cap.* 2.

» 1° Celui qu'une partie défère à l'autre, Art.
pour en faire dépendre le jugement de la cause;
il est appelé *décisoire*.

» 2° Celui qui est déféré d'office par le juge
à l'une ou à l'autre des parties. » On lui donne
le nom de supplétif (1).

Je parlerai d'abord du serment décisoire.

C'est une sorte de transaction qui termine
irrévocablement le procès : *jusjurandum speciem transactionis continet* (2).

Le serment décisoire peut être référé; c'est-
à-dire, qu'il est permis d'en rejeter la charge
sur la personne qui l'a déféré : *datur et alia fa-
cultas reo ut, si malit, referat jusjurandum* (3).

Exemple : vous m'avez traduit en justice pour
me faire condamner à vous payer 1,000 fr. ;
les preuves vous manquent, et vous me dites à
l'audience : Jurez que vous ne devez pas , ou
payez. — Voilà le serment *déféré*.

Moi je réponds : Je ne veux pas jurer , mais
si vous jurez vous-même que je suis votre débiteur des 1,000 fr., je les paierai. — Voilà le
serment *référé*.

« Celui auquel le serment est déféré, qui le

(1) Cod. civ., art. 1357.
(2) L. 2, ff. *De jurejur.*
(3) L. 34 , § 7 , *eod.*

Art. refuse, ou ne consent pas à le référer à son adversaire, ou l'adversaire à qui il a été référé, et qui le refuse, doit succomber dans sa demande ou dans son exception (1). »

L'offre de déférer ou de référer le serment peut être rétractée, tant que l'autre partie n'a pas déclaré qu'elle était prête à le faire (2), parce que cette déclaration seule forme le nœud de la transaction qui a été proposée.

Le serment décisoire produit, en faveur de celui qui l'a prêté, plus d'effet encore qu'un arrêt souverain : *majorem habet auctoritatem quàm res judicata* (3). Quelques voies de recours pourraient rester ouvertes contre un arrêt, et il n'en est aucune qui soit donnée à un plaideur pour prouver la fausseté du serment qu'il a déféré ou référé (4) : *nec parjurii prœtextu causa retractari potest* (5); car il s'en est rapporté à la foi de l'autre partie, et le serment n'a été prêté que parce qu'il l'a voulu. « Cesluy qui a juré doit être creu, sans jamais autre

---

(1) C. civ., art. 1361.
(2) C. civ., art. 1364.
(3) L. 2, ff. *De jurejur.*
(4) Cod. civ., art. 1363.
(5) L. 1, Cod. *De rebus credit.*

preuve ne reproche à faire, et se doit, sur ce, Art.
jugement asseoir *pro* ou *contra* (1). »

. Je puis rapporter, à ce sujet, un trait cité
par M. de Lamoignon, lors des conférences sur
l'ordonnance de 1670.

En une audience où siégeait M. le premier

(1) Somme rural de Bouteillier, liv. 3, tit 5.
Toutefois les lois n'ont point laissé le parjure impuni.
« Celui à qui le serment aura été déféré ou référé en
matière civile, et qui aura fait un faux serment, sera
puni de la dégradation civique. » (Code pén., art. 366.)
Mais le ministère public seul a le droit de poursuivre,
et de conclure à l'application de la peine.

La partie qui avait déféré ou référé le serment ne
peut en aucune manière profiter de l'arrêt rendu contre
le parjure. La condamnation criminelle ne relâche point
le lien de transaction que les plaideurs s'étaient imposé
devant les juges civils. Voyez les arrêts cités par Brodeau sur Louet, lett. S, somm. 4 ; Poulain-Duparc,
sur la coutume de Bretagne, article 163 ; Pothier,
Traité des obligations, n° 915 ; et M. Toullier, tom. 5,
p. 494, etc.

Voët voulait qu'on accordât l'action ou l'exception
de dol à la partie lésée par un faux serment. Belordeau,
en ses *Observations forenses*, liv. 3, part. 2, art. 7, a pro-
fessé la même opinion, et elle paraît avoir été consacrée
par deux arrêts du parlement de Bordeaux (Lapeyrère,
lett. S, n° 8). Cette doctrine ne peut plus se soutenir,
et toute controverse doit cesser en présence de l'art. 1363
du Code civil.

président du Harlay, une partie avançait un fait dont elle avait la preuve écrite par le défendeur lui-même. Celui-ci niait, ne se doutant pas qu'il fût aussi facile de le confondre. Sur quoi le demandeur lui déféra le serment; et le serment prêté, il le convainquit de fausseté, en donnant lecture de la pièce. M. le premier président se tourna vers l'imprudent qui, sans nécessité aucune, s'était plu malicieusement à provoquer ce parjure public; il le reprit avec une grande sévérité, et après avoir recueilli les voix, il le condamna.

« Le serment ne peut être déféré que sur un fait personnel à la partie à qui on le défère (1). » Voici comment se doit expliquer cette disposition : je suis assigné pour le paiement d'une chose que l'on prétend avoir vendue à quelqu'un dont je suis héritier; on ne peut pas me déférer le serment sur le fait de savoir si la chose a été vendue, ou non, au défunt; car ce n'est pas un fait qui me soit personnel et qu'il me soit défendu d'ignorer : c'est le fait d'un autre à qui j'ai succédé; je puis n'en avoir pas connaissance : *hæredi ejus cum quo contractum est, jusjurandum deferri non potest* (2).

(1) Cod. civ., art. 1359.
(2) *Paul, sent.* 11, t. 4.

Mais il est permis, en ce cas, de me déférer
le serment sur la connaissance que je puis avoir
de cette dette contractée par le défunt. Ce n'est
pas me déférer le serment sur le fait de la vente,
qui n'est pas mon fait, mais sur le fait d'une
connaissance que l'on me suppose, et qui m'est
toute personnelle.

Le serment demandé à l'héritier, en pareille
circonstance, s'appelait autrefois serment de
crédibilité. Son usage n'a point été abrogé par
nos Codes (1).

Je l'ai déjà dit, le serment décisoire renferme une transaction. De ce principe sort une
conséquence qu'il eût été inutile de remettre
en lumière dans les articles relatifs au serment,
c'est que, pour le déférer ou l'accepter, il faut
que l'on soit capable de disposer, et que son
objet puisse être la matière d'une transaction.
On conçoit également qu'il ne peut être déféré
contre les présomptions que la loi attache à
certains actes ou à certains faits (2). Inutilement
encore serait-il déféré sur l'observation des
formes essentielles dont quelques actes doivent
contenir la mention expresse, à peine de nullité,

(1) Voyez les art. 2275 du Cod. civ., et 189 du Cod.
de comm.

(2) Cod. civ., art. 1350. Voyez ci-dessus, pag. 471.

comme dans les testaments, les donations entre-vifs, les constitutions d'hypothèques, etc.

A part ces exceptions qui se manifestent assez d'elles-mêmes, on peut déférer le serment décisoire sur quelque contestation que ce soit, en première instance comme en appel, dans toutes les causes personnelles, réelles ou mixtes, quoiqu'il n'y ait aucun commencement de preuve de la demande ou de l'exception sur laquelle il est provoqué (1). *Jusjurandum et ad pecunias et ad omnes res locum habet* (2).

C'était jadis un grand sujet de dispute, que de savoir si la délation du serment était admissible contre une obligation résultant d'un acte authentique, parce que, disait-on, un pareil acte fait pleine foi de ce qu'il contient, jusqu'à inscription de faux. On confondait ainsi la simulation avec le faux. Je ne suis point obligé d'attaquer directement le notaire, quand je m'en rapporte au témoignage de votre conscience en ce qui touche la sincérité de l'acte (3).

Mais une difficulté nouvelle vient d'être je-

(1) Cod. civ., art. 1358 et 1560.

(2) L. 34, ff. *De jurejur.*

(3) Lapeyrère, lett. D, n° 121, et lett. P, n° 87 ; et M. Toullier, t. 10, p. 488.

tée sur cette matière. La Cour de cassation a Art.
jugé, en 1829 (1), que, même dans les cas
généraux, le Code civil n'impose point aux
tribunaux l'obligation d'ordonner le serment
décisoire que l'une des parties a déféré à l'autre,
et qu'ils ont la libre faculté de le rejeter ou
de l'admettre, selon les circonstances. La Cour
de Bordeaux a rendu depuis deux arrêts dans
ce sens (2). Il ne m'est pas possible de croire
qu'une semblable interprétation soit conforme
à la lettre et à l'esprit de la loi.

Un tribunal a bien le droit de déclarer qu'un
serment déféré par le demandeur ne porte pas
sur un fait personnel au défendeur, ou que
celui qui défère le serment n'est pas légalement
capable de disposer de ses droits, ou que la nature du litige ne permet pas qu'il soit vidé
par un serment décisoire, attendu qu'il ne
pourrait pas l'être par une transaction. Mais,
hors de là, les juges n'ont point le pouvoir de
dispenser du serment le plaideur auquel il a
été déféré, ni de le sauver d'une condamnation, s'il refuse de le prêter.

La loi porte que le serment *décisoire* peut être

(1) Sirey, 29—1—366.
(2) Mémorial des Cours royales de France, par
M. Tajan, t. 21, p. 305.

ART. déféré sur quelque contestation que ce soit. Ce n'est point aux magistrats que cette faculté est donnée, c'est aux parties ; voyez le texte des articles 1364 et 1365 du Code civil. Le tribunal ne défère jamais le serment *décisoire*, seulement il donne acte de ce qu'il est déféré, prêté ou refusé ; il en impose la condition, parce qu'il a été déféré. *Delatâ conditione jurisjurandi, reus vel solvere vel jurare, nisi jusjurandum referat, necesse habet* (1). Les juges ne sont là que comme des officiers publics qui scellent un contrat passé devant eux.

Il faut que je le répète encore : le serment *décisoire* est une sorte de transaction qui termine le procès, *speciem transactionis continet*. Or, les juges ont-ils reçu la puissance de s'opposer à ce que les parties transigent, lorsqu'elles sont capables de transiger, et lorsque l'objet du procès peut être la matière d'une transaction ? Celui qui défère le serment dit à son adversaire : Jurez que vous ne me devez point, ou payez. Si l'adversaire ne doit point, pourquoi ne jurerait-il pas ? et s'il n'ose point jurer, pourquoi ne paierait-il pas ? La justice n'a point de circonstances à apprécier dans cette alternative : *Alterum eligat, aut solvat*

(1) L. 9, *Cod. rebus credit.*

aut juret ; si non solvat, cogendus erit à prœ- ᴀʀᴛ.
tore (1). Le Code civil ne dit pas autrement.

Cette jurisprudence, contre laquelle j'ose m'inscrire, voudrait-elle justifier sa dictature par le relâchement des liens moraux et religieux ? Il n'y a qu'un mot à répondre : ce n'est point à la justice, c'est à moi seul qu'il appartient de faire ces calculs d'estime, et de savoir jusqu'à quel point je dois compter sur la foi d'un serment, que je suis libre de déférer ou de ne pas déférer.

Toutefois il est une autre espèce de serment que le juge peut déférer lui-même à l'une des parties, pour en faire dépendre le jugement de la cause. C'est le serment supplétif.

Mais l'exercice de ce pouvoir est subordonné à deux conditions essentielles, dont l'observation est expressément recommandée par la loi.

« Il faut,

» 1° Que la demande ne soit pas pleinement justifiée ;

» 2° Qu'elle ne soit pas totalement dénuée de preuves.

» Hors de ces deux cas, le juge doit ou ad-

(1) L. 34, ff. *De jurejur.*

Art. juger ou rejeter purement et simplement la demande. »

Il n'y a plus ici de proposition faite par l'un, d'abandonner ses prétentions à la foi de l'autre ; plus de transaction. C'est l'arbitraire du tribunal qui, sans la participation des plaideurs, et en dépit de leur opposition, constitue celui de son choix juge dans sa propre cause.

Une mauvaise interprétation de quelques textes du droit romain, puissamment favorisée par les habitudes du droit canonique, enracina chez nous l'usage du serment *supplétif*. En le conservant, les auteurs du Code civil se sont exposés au reproche d'avoir désaccordé quelques-unes de leurs règles. Ils se défient du témoignage des hommes, au point de ne pas admettre la déposition désintéressée du témoin le plus irréprochable, quand il s'agit d'une valeur excédant 150 fr.; et dans toutes les affaires, quelle que soit leur importance, ils autorisent les juges à juger par la bouche d'une partie qui fort rarement aura assez de vergogne pour se condamner elle-même. *Iniquum est aliquem suæ rei judicem fieri* (1).

Si l'action du demandeur n'est pas pleine-

(1) L. 7, ff. *De judiciis*.

ment justifiée, soit par des preuves véritables, Art.
soit par des présomptions graves, précises et
concordantes qui, dans certains cas, tiennent
lieu de preuves, elle doit être repoussée. Le
juge ne doit point disposer du droit litigieux,
pour sortir de l'embarras de juger.

En Angleterre, on a fait disparaître, à
peu près, l'usage du serment *supplétif*, par le
moyen de ces fictions qui changent le caractère d'une action, sans nuire à ses résultats (1).
Nous sommes loin, disait Blakstone, de la
simplicité des anciens temps, où la loi ne
présumait pas qu'on pût se parjurer pour aucun des biens de ce monde.

La jurisprudence anglaise refuse le bénéfice
du serment au défendeur contre lequel on al-
lègue, ou désobéissance aux ordres de la justice, ou *trespass*, ou supercherie, ou injure
avec violence. De même, les débiteurs et les
comptables du roi ne sont point admis à la
preuve de leur libération par gage judiciaire,
attendu que jurer contre la demande, c'est
attaquer et combattre la bonne foi du demandeur. Nos voisins ont donc adopté de nouvelles
formes de *writs*, afin d'éluder l'application de

(1) Voyez mon Introduction, chap. 10, pages 208 et
suiv.

Aᴿᴛ. l'examen par le serment. « Aussi, à peine y
entend-on parler, à présent, d'une action *de
dette* sur un simple engagement ; on y supplée
par une action de *trespass on the case*, pour
l'infraction d'une promesse ou *assumpsit ;* et
l'on peut, de cette manière, recouvrer, non
la dette même , mais les dommages-intérêts (1). »

Blakstone cite beaucoup d'autres exemples
de ces transformations d'actions.

Je reviens à notre législation. Le serment
supplétif déféré par le juge, pour déterminer
le montant d'une condamnation, prenait autrefois le nom de serment *en plaids*, ou serment *in litem.* Il est autorisé par l'art. 1369
du Code civil, lorsqu'il est impossible de constater autrement la valeur de la chose demandée. Le juge doit même, en ce cas, fixer
la somme jusqu'à concurrence de laquelle le
demandeur en sera cru sur son serment : *ut
possit tanti reus condemnari, quanti actor in
litem juraverit ; sed officio judicis debet taxatione jusjurandum refrænari* (2).

---

(1) Blakstone , Comment., liv. 3 , chap. 22.

(2) L. 18 , ff. *De dolo malo.* Voyez Leprêtre, *centur.* 1,
chap. 65 , pag. 202 ; et Danty, *Traité de la preuve par
témoins*, pag. 56.

Ces précautions sont-elles assez puissantes A<small>RT.</small> pour fermer tout accès aux abus? *Magna fenestra aperta est malis et imperitis judicibus*, disait Donneau, *pro libidine, pro hoc aut pro illo pronuntiandi. Quidquid enim pro alterutro allatum erit, semper judici color paratus est ad jusjurandum illi deferendum* (1).

Il y a une grande différence entre le serment *décisoire* que défère la partie elle-même, et le serment *supplétif* que le juge défère d'office.

Le premier est une transaction irrévocable. Le second n'est qu'un jugement qui n'a point l'autorité de la chose jugée, et dont il est permis d'appeler, à moins que la valeur du litige ne soit circonscrite dans les limites du dernier ressort (2).

Je puis prouver la fausseté du serment que le juge a déféré à mon adversaire, car ce n'est pas moi qui m'en suis rapporté à sa foi. Mais je ne puis accuser de parjure celui que j'ai, de mon plein gré, constitué juge dans notre cause,

(1) *Comment. de jure civili*, lib. 29, cap. 19.

(2) J'examinerai, au chapitre des *Cours royales*, l'influence que peut avoir sur la *recevabilité* de l'appel, la prestation d'un serment *supplétif* devant le tribunal inférieur.

parce que je me suis résigné, sous la condition
de son serment, à perdre mon procès.

Le serment *décisoire* déféré par une partie,
peut être référé par l'autre. Il n'en est pas
ainsi du serment *supplétif* : c'est qu'un serment
ne peut être référé qu'à celui qui l'a déféré.
Or la délation du serment *supplétif* n'est que le
fait du juge.

Le tribunal a la faculté de déférer le serment
supplétif à l'une ou à l'autre des parties (1). La
loi n'a point donné de règle pour la préférence;
la doctrine des auteurs y a pourvu : dans le
doute, c'est au serment du défendeur qu'il faut
recourir, puisque le demandeur n'a pas pleinement établi son droit. Cependant, si la preuve
du fait qui sert de fondement à l'action est déjà
considérable, quoiqu'elle ne soit pas entière,
on peut déférer le serment au demandeur, pour
compléter ce qui manque. Ou bien encore : si,
la demande étant bien prouvée, le défendeur
propose une exception qui ne l'est pas assez,
et qui jette du doute dans l'esprit du juge, le
serment devra être déféré au demandeur, attendu qu'il est devenu *défendeur à l'exception*,
comme on dit au palais : *in exceptione reus actor factus est.* Puis viennent les circonstances et

(1) Art. 1357 du Code civ., § 2.

les considérations touchant les personnes, et le degré de confiance qu'elles méritent ; Dumoulin va jusqu'à recommander de faire attention, dans cet examen, au pays qui les a vues naître : *nam regiones non nunquàm infamant, non nunquàm prærogativâ quâdam bonitatis jus prosequuntur.*

Il y avait dans les anciennes mœurs judiciaires une telle vogue du serment, qu'il n'était pas rare de voir des juges le déférer aux deux parties à la fois, ce qui devait produire un parjure, pour le moins (1).

C'est parce qu'il s'était engagé dans cette double voie de perplexité, que messire Houlyer, conseiller du roi, assesseur pour sa majesté au siége royal de Melle, ne vit d'autre moyen d'alléger sa conscience, après avoir fait faire le serment à deux plaideurs, que de *déférer le jugement du procès à la Providence divine, de prendre* D'OFFICE *entre ses doigts deux pailles ou bûchettes, et d'enjoindre aux parties de tirer chacune l'une d'icelles, ayant préalablement déclaré que celle desdites parties qui tirerait la plus grande des bûchettes gagnerait sa cause.* Lafon-

(1) Voyez Bouvot, tom. 2, partie 1re, vº *Délation de serment*, quest. 3, pag. 203.

taine en a fait un conte, mais il n'a point eu
le mérite de l'invention. La sentence fut prononcée et exécutée le vingt-quatrième jour de
septembre de l'an mil six cent quarante-quatre.
On l'imprima dans le temps, et c'est d'après
un vieil exemplaire que je puis, grâce à l'obli-
geance de M. Druet, ancien bâtonnier du barreau de Melle, aujourd'hui procureur du roi à
Fontenay (Vendée), donner en note le texte
entier du jugement *des bûchettes* (1). Il y eut

(1) Entre messire Prud'hommeau, prestre, demandeur en restitution d'une pistole d'or d'Espagne de poids,
et trois pièces de treize sols six deniers légères, comparant en sa personne et par Marchand d'une part ;

Contre Pierre Brun et Marie Pérot, sa femme, ladite
Pérot en sa personne, assistée de Nau, son avocat.

Ledit demandeur a dit avoir fait convenir pardevant
nous les défendeurs , pour se voir condamner à lui
rendre et restituer une pistole d'or d'Espagne de poids,
et trois pièces de treize sols six deniers légères, qu'il
auroit mis en mains cejourd'hui de ladite Pérot, pour
en avoir la monnoye, et payer quatorze sols de dépense.
C'est à quoi il a conclu et aux dépens.

Ladite Pérot assistée dudit Nau, son advocat, reconnoît avoir eu entre les mains une pistole, laquelle ledit
Prud'hommeau lui avoit baillée pour lui faire peser,
mais que lui ayant rendue et mise sur la table, en présence de Marchand , son procureur , elle fait dénégation
de l'avoir reprise, et partant mal convenu par le de-

appel et prise à partie, devant le parlement de
Paris. La discussion fut semée de beaux pas-

ART.

mandeur ; et pour le regard des trois pièces de treize sols
six deniers légères reconnoît les avoir eues, offrant lui
rendre, en lui payant quatorze sols que lui doit ledit
Prud'hommeau de dépense, requérant être renvoyée
avec dépens. Et par ledit Prud'hommeau, en ce qu'il a
dit ci-dessus, il fait dénégation que ladite Pérot lui aye
rendu ladite pistole, ni de l'avoir vue mettre sur la
table, ne sachant si elle la mit ou non, et ne l'avoir vue
depuis. C'est pourquoi il conclut à la restitution d'icelle
et aux dépens.

Sur quoi et *après que les parties respectivement ont
fait plusieurs et divers sermens, chacun à ses fins*, et
voyant que la preuve des faits ci-dessus posés étoit impossible, nous avons ordonné que le sort sera présente-
ment jeté, et à cet effet avons *d'office* pris deux courtes
pailles ou *bûchettes* entre nos mains, enjoint aux parties
de tirer chacune l'une d'icelles ; et pour savoir qui com-
menceroit à tirer, nous avons jeté une pièce d'argent en
l'air, et fait choysir, pour le demandeur, l'un des
côtés de ladite pièce par notre serviteur domestique, lequel ayant choisi la teste de ladite pièce, et la croix au
contraire étant apparüe, nous avons donné à tirer à la
défenderesse l'une des bûchettes que nous avions serrées
entre le poulse et le doigt index, en sorte qu'il ne pa-
roissoit que les deux bouts par en haut, en déclarant
que celle des parties qui tireroit la plus grande des bûchettes, gagneroit sa cause.

Étant arrivé que la défenderesse a tiré la plus grande,

Art. sages et doctes comparaisons, suivant le goût qui régnait alors : on disait pour justifier l'assesseur de Melle, que la justice empruntait souvent le secours du sort, notamment dans les partages ; que les Vénitiens, estimés prudents et sages politiques, usaient du sort en l'élection de leur Doge, chose de grande importance ; qu'il ne s'agissait dans le procès que d'une pistole, et que régulièrement *de minimis non curat prœtor*; qu'il y avait grande obscurité, grande méfiance de la foi de l'une et de l'autre partie, et que le juge, *tot et tantis fultus auctoritatibus*, avait pensé ne pas mal faire que de

Nous déférant le jugement de la cause à la Providence divine, avons envoyé icelle défenderesse de la demande du demandeur, pour le regard de ladite pistole, sans dépens, et ordonné que les trois pièces de treize sols six deniers lui seront rendues, en payant par le demandeur treize sols pour son escot, dont ledit Prud'hommeau a déclaré être appelant, et de fait a appelé, et a requis acte à moy greffier soussigné, qui lui a été octroyé et a signé.

Donné et fait par nous Pierre Saturnin Houlyer, conseiller du roi, président magistrat, juge ordinaire civil et criminel assesseur pour sa majesté au siége royal de cette ville de Melle, ce 24ᵉ septembre 1644.

Nota. On voit que, dans ce temps, on appelait encore à la face du juge qui venait de rendre le jugement.

consulter le sort, et de s'en remettre à la divine Aar.
Providence. Toutefois, on convenait qu'il paraissait n'avoir pas bien connu la loi suivant
laquelle le serment doit être déféré au plaideur
dont le droit est le plus apparent, et non pas
à tous les deux : *in dubiis causis, exacto jurejurando, secundum eum judicare* QUI JURAVERIT;
mais on l'excusait en ajoutant que c'était le fait
d'une sage et discrète personne, d'avoir eu
l'idée d'éclairer par le sort l'aveuglement de son
ignorance.

Nonobstant ces raisons, la sentence *des bûchettes* fut infirmée, et messire Houlyer déclaré
bien et dûment pris à partie (1).

Le jugement qui défère serment, énonce,
dans son dispositif, les faits sur lesquels il sera
reçu (2).

Il n'est guère possible de concevoir un acte
plus *personnel* que le serment, et l'on se demande s'il était besoin de mettre dans le Code
de procédure un article portant que le serment
serait fait *par la partie en personne?* Oui sans
doute, il fallait sur ce point une disposition ex-

(1) Dictionnaire de Brillon, tom. 2, p. 327.
(2) Ce jugement doit être signifié, comme celui qui
ordonne une comparution personnelle. Voyez ci-dessus,
pages 462 et 463.

II. 52

ART. presse, car autrefois on admettait le serment
par procuration ; et sans remonter bien haut,
en l'an XI, j'ai vu très-sérieusement débattre
cette question à Poitiers, sur l'appel d'une sentence du tribunal de Montaigu, qui avait permis à un plaideur d'envoyer un mandataire
pour jurer en sa place.

La sentence fut réformée.

121. C'est à l'audience que le serment est prêté.
Toutefois, s'il y a empêchement légitime et
valablement constaté, le tribunal peut commettre un juge, qui se transportera, avec le
greffier, chez la personne à laquelle le serment a été déféré. Le Code a aussi prévu le cas
où cette personne serait trop éloignée, et il
autorise les magistrats qui ont ordonné le serment, à déléguer, pour le recevoir, le tribunal du lieu de sa résidence.

121. Dans tous les cas, l'autre partie doit être
appelée par acte d'avoué à avoué, pour assister,
si bon lui semble, à la prestation du serment ;
et si elle n'a pas constitué d'avoué, c'est par
exploit signifié à son domicile qu'elle est avertie
du jour et du lieu où le serment sera prêté.

Je voudrais qu'il ne pût y avoir d'autre exception au principe de la publicité, et à l'obligation de jurer devant les juges qui ont

entendu les débats du procès, que celle tirée Art.
de l'impossibilité la plus absolue. Mieux vaut
attendre, que de faire du serment une toile
d'araignée. Le *huis clos* donne de l'audace au
parjure. Mais à l'audience, tous ces regards
dont il se croit percé, une physionomie qu'il
connaît, mille autres qu'il ne connaît pas, un
souffle qu'il prend pour un murmure, le grand
jour, la dignité du lieu, tout doit le mettre à
la gêne. Une abjection extrême peut seule le
sauver de la honte.

Henrys nous apprend qu'un seigneur de
St-P.... ayant été assigné pour déclarer s'il
n'avait pas promis de faire valoir une rente
jusqu'à certaine somme, le serment lui fut
déféré sur ce point. Il interjeta appel, et sou-
tint qu'il n'y avait pas lieu de l'obliger à lever
la main, parce que le contrat suffisait pour
régler la convention. Son appel fut rejeté.
Alors le seigneur de St-P.... donna pouvoir
à un mandataire d'aller faire le serment en
son nom, attendu que les gentilshommes de
marque jouissaient du privilége de jurer par
procuration. Le privilége ne fut point reconnu.
Nouvel appel, nouvel échec. Forcé de jurer en
personne, il produisit des certificats de maladie, et demanda qu'un juge fût commis pour

Art. venir en son château recevoir son serment;
mais l'adversaire s'y opposa fortement, et consentit à accorder délai jusqu'au rétablissement du malade. Enfin, après un troisième appel, le seigneur de St-P...., qui avait offert de prêter serment par procuration, ou de le prêter lui-même dans son château, aima mieux demeurer d'accord du fait litigieux, et payer ce qui lui était demandé, que de venir jurer à l'audience (1).

. Ni le Code civil, ni le Code de procédure, ne donnent la définition du serment, et ne prescrivent de formes pour le faire.

L'usage le plus ancien et le plus simple était de lever la main; ainsi du moins fut prononcé le premier serment dont la connaissance soit venue jusqu'à nous : J'en lève la main devant le Seigneur, le Dieu très-haut, dit Abraham; *levo manum meam ad Dominum Deum excelsum, possessorem cœli et terræ. Genes. cap.* 14.

Mais la diversité des religions et des sectes a fait imaginer des rites divers, et chacune a dû se formuler une manière de jurer.

Celui auquel un serment a été déféré, doit-

(1) Henrys, tom. 1, liv. 4, chap. 6, quest. 22.

il être obligé de le prêter suivant le mode Art.
adopté par le culte qu'il professe ? Cette question souvent agitée n'a pas toujours été résolue
dans le même sens (1). On l'a tissue comme
un canevas, pour y broder fort richement les
plus belles maximes de l'égalité civile et de la
liberté religieuse. C'est beaucoup trop de luxe
pour un point fort simple. Veut-on conserver
encore l'usage du serment en justice, ou veut-
on le supprimer ? Tout se réduit là.

Le serment est une cérémonie destinée à
porter la sanction religieuse au plus haut degré de force possible; or ce sera la plus vaine
des cérémonies et la plus faible des sanctions,
si vous dispensez celui qui doit jurer, des formes et des invocations que sa croyance a con-
sacrées.

Adoptez franchement, au lieu de cette
hypocrite liberté, le système de Bentham (2);

(1) Sirey, 9—2—235 ; 10—1—240 ; 16—2—55 ;
17—2—315.

Mémorial de Jurisprudence de M. Tajan, t. 14,
p. 100.

M. Merlin, Répertoire, v° *Serment*, et Questions de
Droit, *eodem verbo*.

M. Toullier, t. 10, p. 569.

(2) Traité *des Preuves judiciaires*, tome 1er, chap. 12.

Art. supprimez le serment judiciaire, et ne faites lever la main à personne, puisque la foi des uns y serait engagée, et celle des autres point. Alors une simple affirmation sera substituée au serment, la sanction morale à la sanction religieuse, et le mensonge ordinaire à la profanation.

A Genève, comme chez nous, l'usage du serment a été maintenu ; mais on y met plus de solennité. Le président, en audience publique, expose nettement à la partie qui est appelée à jurer, les faits sur lesquels le serment a été déféré, et lui rappelle les peines contre le parjure. Cette admonition n'est pas immédiatement suivie du serment ; on le remet à un autre jour. On ne place point brusquement un homme entre sa conscience et la honte de rétracter ses premières paroles ; on lui ménage, à la fois, un intervalle pour réfléchir, et une ressource pour se désister doucement, sans bruit, en s'abstenant de revenir à l'audience indiquée (1). L'expérience a justifié ces précautions.

Autre question. La personne à qui le serment a été déféré est morte avant de l'avoir

(1) Voyez l'Exposé de M. Bellot, p. 114.

prêté ; la délation du serment sera-t-elle re- Art.
gardée , dans tous les cas , comme non avenue ?

Il y a encore controverse :

Les choses rentrent dans leur primitif état ,
disent les auteurs du Praticien Français (1) ;
le jugement qui ordonne le serment ne peut
plus être exécuté , attendu que tout., ici , étant
personnel, l'héritier ne peut représenter le
défunt.

Lapeyrère , lettre S , p. 413, avait décidé,
au contraire, que le serment devait être réputé avoir été fait, lorsqu'il n'avait pas tenu
à la partie décédée qu'elle ne l'eût prêté.

M. Carré rejette l'opinion de Lapeyrère ,
pour se ranger à celle du Praticien Français.
Il veut que l'on dise d'une condamnation ce
qu'on dirait d'une obligation qui reste sans
effet, lorsque la condition sous laquelle elle a
été contractée ne s'accomplit pas ; et il ajoute :
« Si , par l'événement du décès ou l'incapacité
de la partie à qui le serment était déféré , la
condition ne peut être remplie, par quel motif
ce serment serait-il censé prêté ? N'est-il pas
dans l'ordre des choses possibles que celui qui
aurait déclaré être prêt à jurer, soit retenu

(1) Tom. 1er , p. 388, aux notes.

Art. par le cri de sa conscience, au moment de consommer un crime, en faisant un faux serment (1)? »

Un arrêt de la Cour de Douai du 26 mai 1814 répond à cette dernière considération. « Si la somme réclamée par le défunt ne lui avait pas été due, cette crainte qu'on suppose l'avoir empêché de jurer, l'eût, aux approches de la mort, déterminé à se désister d'une prétention injuste (2). »

Lapeyrère n'est point le seul, parmi nos anciens auteurs, qui se soit occupé de la question. Dumoulin avait dit sur la loi 3 au Code de *jurejurando* : *Juramentum à judice delatum defuncto, sed nondùm præstitum ab illo, non potest objici per defuncti hæredem* (3). La même décision se trouve dans l'Enchiridion d'Imbert, sous le mot *jusjurandum*. C'est la règle générale. Toutefois elle n'a jamais été appliquée que dans le cas d'une négligence imputable au défunt. Ainsi jugé, en 1672, par le parlement de Bordeaux, dans une affaire où la partie qui devait jurer avait été *comminée* ; mais le même parlement décida

(1) Lois de la procédure, t. 1, p. 279.
(2) Sirey, 15-2-234.
(3) T. 3, p. 637, *column.* 1.

autrement l'année suivante, attendu que celui
au préjudice de qui le serment devait être fait
avait empêché l'autre partie de le prêter avant
son décès, en l'arrêtant *par des appels , des
requêtes civiles et des subterfuges* (1).

C'est à des circonstances de cette nature
que se rattache l'exception de Lapeyrère, qui
consiste à faire jurer les héritiers à la place du
défunt, *en tant qu'ils peuvent savoir le fait ;*
et c'est encore la distinction à laquelle il faut
se tenir aujourd'hui (2).

En s'attachant à la stricte pureté des règles,
il ne devrait pas être permis aux juges d'accorder des délais pour l'acquittement des condamnations qu'ils prononcent ; leurs fonctions
consistent à ordonner l'exécution des conventions légalement formées, et non à les modifier. Ces observations furent faites par le Tribunat lors de la discussion du Code civil ; mais
elles ne prévalurent point, et l'article 1244
passa comme il suit :

« Le débiteur ne peut point forcer le créan-

(1) Dictionn. des arrêts de Prost de Royer, t. 3 ,
pag. 384.

(2) M. Toullier, t. 10, p. 490 et suiv.

Art. cier à recevoir en partie le paiement d'une
dette même divisible.

» Les juges peuvent *néanmoins*, en considération de la position du débiteur, et en usant
de ce pouvoir avec une grande réserve, accorder *des délais* modérés pour *le paiement*, et
surseoir l'exécution des poursuites, toutes
choses demeurant en état (1). »

La place du principe et de cette exception,
qui s'y trouve juxtaposée pour en tempérer la
rigueur, était naturellement marquée dans le
Code civil, au chapitre de *l'extinction des
obligations ;* mais le mode d'application appartenait au Code de procédure :

« Dans le cas où les tribunaux peuvent accorder des délais pour l'exécution de leurs
jugements, ils le feront par le jugement même
qui statuera sur la contestation, et qui énoncera les motifs du délai. »

122. Accorder un délai par un second jugement,
ce serait corriger le premier, ce serait d'une
cause en faire deux, et renverser un droit so-
lennellement acquis. *Ampliùs judex corrigere
sententiam suam non potest : semel enim malè*

(1) Plusieurs *délais* peuvent être accordés pour le
paiement, ce qui suppose la faculté de le diviser.

seu bené officio functus est (1). Laissez un débi- ᴀʀᴛ.
teur condamné revenir devant le tribunal
pour solliciter des délais, et vous verrez
s'amonceler toutes les anciennes *lettres de répit* (2). Plus ne sera de sentence dont l'exécution puisse être *parfournie*, comme on disait
au temps passé, et les créanciers se console-
ront avec ces paroles de l'Evangile : *Mutuum
date, nil indè sperantes.*

Toutefois les juges de commerce ne peuvent
donner de surséance, lorsqu'il s'agit de lettres
de change et de billets à ordre (3).

Il est assez généralement reconnu, quoique
la Cour d'Aix et celle de Bordeaux aient émis
une opinion contraire (4), que les juges peuvent seulement accorder des délais à un débiteur, dans le cas d'une condamnation qu'ils

(1) L. 55, ff. *De re judicatâ.*
(2) Les lettres de répit étaient des lettres de surséance
que délivrait la chancellerie ; on les appelait ainsi *à respi-
rando*, parce qu'elles faisaient respirer les débiteurs. Elles
nous étaient venues de Théodoric, roi d'Italie et des
Goths. Voyez Cassiodore, *lib.* 2, *variar.*, *cap.* 48 ; l'ordonnance de 1535, chap. 8, art. 32 et 33, et celle du
mois d'août 1669, tit. 6.
(3) Code de com., art. 157 et 187. Voyez aussi les art.
1656 et 1657 du Code civil.
(4) Sirey, 14-2-257 et 373.

Art. prononcent contre lui, et non lorsque la dette est déjà reconnue dans un acte authentique, incontesté, et exécutoire par sa propre force. Les doutes que la rédaction isolée de l'article 1244 du Code civil avait pu faire naître à cet égard, n'ont plus de prétexte raisonnable depuis l'apparition du Code de procédure : c'est par le jugement même qui *statue sur la contestation*, que le délai doit être donné ; il faut donc qu'il y ait eu recours à un tribunal, et jugement demandé. Or celui qui a dans sa main un titre exécutoire n'a pas besoin de jugement.

122.

Et rien n'est plus juste. Si je prête sur un simple billet, je m'abandonne à la bonne foi de mon débiteur ; je m'expose à la nécessité de le poursuivre, après le jour de l'échéance, afin d'obtenir des juges les garanties et les moyens d'exécution que j'ai négligé de prendre. Il faut bien que je me soumette aux tempéraments qu'ils y pourront apporter. Mais quand je me suis armé des plus sévères précautions, quand la loi a revêtu d'avance le titre que j'ai choisi, de toute l'authenticité et de toute la vigueur exécutoire d'un arrêt, il n'est pas permis aux magistrats de faire intervenir leur autorité, pour suspendre ou pour modifier l'exercice d'un droit que je ne tiens pas d'eux.

Le délai que les tribunaux peuvent accorder en jugeant, s'appelle *délai de grâce*. Il commence du jour de la prononciation, si le jugement est contradictoire, attendu que le débiteur doit connaître, dans ce cas, la faveur qu'il a obtenue. Si le jugement a été rendu par défaut, le délai ne prend son cours qu'à partir du jour de la signification, parce que, jusque-là, le défaillant est réputé ne pas savoir ce qui a été prononcé.

Il résulte expressément de cette dernière disposition que le délai de grâce peut être donné d'office.

Cependant M. Pigeau a prétendu que le délai devait toujours être demandé (1), ce qui me paraît fort difficile à concilier avec l'hypothèse d'un jugement par défaut.

M. Carré, pour justifier l'avis de M. Pigeau, propose une distinction : il pense que la loi, en parlant du délai de grâce pour l'exécution d'une condamnation prononcée par défaut, ne s'applique point au défendeur qui n'a pas comparu sur l'ajournement, mais à celui qui, s'étant d'abord présenté, *a requis le délai par ses défenses*, et s'est ensuite abstenu de plaider.

(1) T. 1, p. 515.

·Cette distinction est tout-à-fait én dehors de la question. ·

Le débiteur qui comparaît, et qui, dans ses écritures, requiert un délai pour payer, ne peut faire de sa dette une reconnaissance plus formelle. Certes le jugement qui intervient, dans cet état de choses, n'est point un jugement par défaut, quand même il n'y aurait pas eu de plaidoirie.

Je ne puis concevoir de condamnation par défaut que celle qui a été prononcée *contra inauditum*, soit parce que le défendeur n'a pas constitué d'avoué pour le représenter , soit parce que son avoué n'a rien dit, ni rien écrit, pour faire rejeter ou modifier les conclusions du demandeur (1).

Or, donner un délai qui n'a pu être demandé, c'est le donner d'office.

· La conséquence est inévitable. Elle s'agence parfaitement d'ailleurs avec le système du Code touchant les jugements par défaut ; car un tribunal ne doit adjuger les conclusions d'une partie, dans l'absence de l'autre, que *s'il les trouve justes et bien vérifiées ;* et cette vérification des circonstances de l'affaire et de la position du *défaillant*, peut conduire les magistrats

(1) Voyez au chap. suiv.

à trouver juste de lui accorder un délai pour
l'acquittement de sa dette.

L'article 1188 du Code civil veut que le bénéfice du terme ne puisse être invoqué, lorsque
les sûretés données au créancier par le contrat
viennent à être compromises, de quelque manière que ce soit.

Le Code de procédure a dit la même chose
pour le délai de grâce. Les juges ne doivent
l'accorder qu'au débiteur dont la foi n'est pas
suspecte, et qui n'a besoin que de cette allégeance pour arriver à sa libération : il cesse
d'en jouir, s'il est poursuivi d'un autre côté ;
si la vente de ses biens est provoquée ; s'il est
constitué prisonnier, ou déclaré failli ; enfin
si, par toute autre cause, il tombe dans un
état tel, que le sursis tournerait évidemment
à la perte d'un droit légitime.

Le délai de grâce n'a d'autre effet que celui
de suspendre des rigueurs dévorantes, et d'arrêter cet ouragan de poursuites qui submerge
toute la fortune d'un malheureux, auquel un
peu de calme aurait permis de surgir au port.
*Si dies necdùm effluxit, creditor ad solutio-
nem ante agens, et plus tempore petens, repelli-
tur* (1).

(1) *Joannes a Sande*, Recueil des arrêts du sénat de
Frise, liv. 2, tit. 3, déf. 4.

Mais en donnant à l'un le temps de rassembler paisiblement les ressources qui doivent
éteindre sa dette, la loi n'a point voulu interdire à l'autre la faculté d'agir pour conserver
son droit, et pour en assurer l'exercice. Ainsi
je puis, en attendant l'expiration du délai,
frapper d'une inscription hypothécaire les immeubles de mon débiteur (1), m'opposer à ce
que le partage d'une succession qui lui est
échue se fasse hors de ma présence (2), saisir
les sommes qui lui sont dues, et demander
qu'elles soient versées en mes mains, aussitôt
qu'il me sera permis d'aller en avant. Toutes
ces précautions ont pour objet de maintenir
les choses dans un état de sûreté, sans porter
atteinte aux conditions du *statu quo*, en ce
qui concerne les poursuites d'exécution.

De même qu'il est permis aux juges de tempérer, suivant la position des personnes et des
choses, les rigueurs trop hâtives de l'exécution
de leurs sentences ; de même ils peuvent ren-
forcer, dans certains cas, la sévérité des règles
ordinaires, et donner à saisir non-seulement
les meubles et les immeubles de la partie condamnée, mais encore sa liberté, son corps.

(1) Code civil, art. 2123.
(2) *Ibid.*, art. 882.

Je devrais, fidèle à mon plan, placer ici l'histoire de cette procédure, inévitable début du lion antique sur lequel on a posé depuis le pied de la Justice, et tracer l'esquisse de ces mœurs rudes, bizarres, qui permettaient au créancier d'emprisonner, de torturer le débiteur, alors qu'elles défendaient de prendre en gage ses armes et sa charrue (1). Puis, arrivant à l'époque où l'on comprit mieux la valeur de l'homme, je dirais comment les puissantes théories de la liberté parvinrent à se faire jour dans les ténèbres de la pratique, et comment, en matière civile, la contrainte par corps cessa d'être une règle générale, pour descendre au rang des plus étroites exceptions.

Mais j'ai déjà consacré beaucoup de pages à ce qui touche *les jugements*, et ce vaste sujet réclame encore d'autres explications. Mieux vaut renvoyer les développements de la *contrainte par corps* au chapitre de *l'emprisonnement*. Peut-être, avant que j'arrive à cette partie du Code, le temps, que presse si fort l'ardeur de nos progrès, aura-t-il fait disparaître le principe lui-même.

(1) Diodore, *lib.* 1, *part.* 2, *cap.* 3.

II. 55

  Toutefois je ne veux pas traverser un seul article, qu'on me pardonne l'expression, sans m'arrêter un peu à ce qui doit être défini, préparé, et sans indiquer du moins les maximes de droit qui s'y rattachent.

La contrainte par corps est l'emprisonnement que le créancier fait faire de la personne de son débiteur, pour le forcer à payer. Elle fut abolie le 9 mars 1793, comme attentatoire aux droits de l'homme. Les prisons s'ouvrirent aux débiteurs, pour faire place aux suspects, car ce fut le lendemain que l'on décréta l'établissement du tribunal révolutionnaire.

Cependant le besoin de faire rentrer le commerce dans le sein de la probité se fit bientôt sentir. On reconnut que la contrainte n'était point une aliénation du corps, mais une garantie de fidélité, et que si le citoyen met sa vie même en gage pour sûreté de ses engagements envers la société, il était assez naturel qu'il donnât une garantie sur sa personne, pour assurer l'acquittement exact de ses obligations. La liberté consiste dans un droit égal à la protection des lois, et non dans le droit de n'être jamais incarcéré.

La contrainte par corps fut donc rétablie le 24 ventôse an v, puis organisée par la loi du

15 germinal an vi. Le premier titre de cette loi traitait *de la contrainte par corps en matière civile*, le second *de la contrainte par corps en matière de commerce*, et le troisième *du mode d'exécution des jugements emportant contrainte par corps*. C'était un ensemble complet.(1).

Mais le Code civil vint en détacher la part des *matières civiles ;* puis le Code de procédure s'empara du *mode d'exécution*, pour en composer son titre de *l'emprisonnement*. On devait s'attendre à voir le Code de commerce évoquer à son tour, et classer parmi ses articles, les autres dispositions d'un système qui semblait lui appartenir plus spécialement. Cette attente fut trompée. Le Code de commerce n'eut point de titre sur la contrainte par corps ; il ne fit là-dessus que se référer aux lois existantes. Ainsi, pour les matières commerciales, avant la promulgation de la loi du 17 avril 1832, il fallait aller chercher ce qui restait encore du cisaillement de la loi du 15 germinal an vi.

La contrainte par corps est *légale ;* lorsque

Aʀᴛ.

(1) Sauf en ce qui touchait les étrangers. Cette omission fut réparée quelques jours après, par une autre loi du 4 floréal an vi. La matière est aujourd'hui régie par la loi du 17 avril 1832.

ART. la loi *ordonne* (1) ou *permet* (2) aux juges de la prononcer.

Elle est *conventionnelle*, lorsqu'elle est formellement stipulée dans un contrat. Cette stipulation n'est autorisée que pour les obligations d'un fermier de biens ruraux, et pour les engagements de la caution d'un contraignable par corps. Le fermier qui dispose des fruits sans acquitter sa dette envers le propriétaire, commet une infidélité que les lois romaines assimilaient au larcin (3). Quant aux cautions des contraignables par corps, il était juste de leur appliquer ce vieil adage, que *l'accessoire suit le sort du principal.*

En général, dans cette lutte entre la propriété et la liberté, la loi n'a fait au maintien de l'une le sacrifice de l'autre, que pour des cas où l'intérêt privé d'un créancier concourt

(1) Cod. civ., art. 2059 et 2060 ; Cod. de proc., art. 191, 221, 164, 603, 604, 690, 712, 714, 744, 824, 839 ; et la loi du 17 avril 1832, art. 14, relative aux étrangers non domiciliés en France.

(2) Cod. civ., art. 2060, § 5, 2061 et 2062 ; Cod. de procéd., art. 107, 126, 127, 201, 213, 320, 534 ; et la loi ci-dessus citée, du 17 avril 1832.

(3) L. 61, § 8, ff. *De furtis.*

avec des circonstances assez puissantes d'inté- Art.
rêt public. C'est l'esprit que l'on sent respirer
au fond de toutes les exceptions qui admettent
la contrainte par corps, en matière civile (1).
J'y reviendrai plus tard.

La contrainte par corps ne peut être exercée
qu'en vertu d'un jugement, quoique déjà le
poursuivant soit armé d'un acte exécutoire.
Cette disposition donne, à la fois, une garantie contre les abus qui pourraient être commis,
et quelques jours de délai pour l'acquittement
de la dette.

La rigueur de la contrainte serait excessive, s'il
s'agissait d'une somme moindre de 300 francs.
Un intérêt aussi modique ne peut jamais avoir
assez d'influence sur la fortune du créancier, 126.
pour qu'on lui abandonne en gage le corps du
débiteur.

Hors le cas de stellionat, il est défendu aux
juges de la prononcer contre les septuagénaires,
contre les femmes et les filles ; pour celles-ci,
la loi romaine disait que les bonnes mœurs
sont intéressées à ce qu'on ne les mette pas
dans une telle dépendance de leurs créanciers.

(1) Voyez l'exposé des motifs du titre du Code civil,
sur la contrainte par corps, par M. Bigot de Préa-
meneu.

Art. *Ut non per hujus modi occasiones, inveniantur circa castitatem injuriatæ* (1).

Chez les Anglais, l'exécution de tout jugement entraîne la contrainte par corps, au moyen d'un writ de *capias ad satisfaciendum* (2). Toutefois un statut de Georges III a limité à vingt jours la durée de la détention lorsque la dette n'excède pas vingt schellings, et à quarante jours lorsqu'elle n'excède pas quarante schellings. Mais si la condamnation est de quarante et un schellings, et si le débiteur est hors d'état de payer, l'emprisonnement peut durer toute sa vie.

Nous devons être fiers de notre législation, en la comparant à ce vieux culte de nos voisins pour les traditions du moyen-âge. Chez nous, la contrainte par corps n'est admise, au civil, que comme une stricte exception, dans certains cas spécifiés (3). « Hors

____

(1) *Nov.* 134, *cap.* 9.

(2) Il faut distinguer le writ de *capias ad satisfaciendum*, ou d'exécution, du writ de *capias ad respondendum*, qui s'obtient pour forcer le défendeur à comparaître au commencement du procès.

(3) En matière de commerce, la contrainte par corps est de règle générale. Outre que le créancier s'est plus confié à la personne du débiteur qu'à ses biens, l'inob-

ces cas , dit l'article 2065 du Code civil , il est Art.
défendu à tous les juges de la prononcer , à
tous notaires et greffiers de recevoir des actes
dans lesquels elle serait stipulée , et à tout
Français de consentir pareils actes , même en
pays étrangers ; le tout à peine de nullité ,
dépens et dommages et intérêts. »

La contrainte est une peine ; elle s'éteint
par la mort du contraignable , et ne peut être
exercée sur la personne de ses héritiers. Il n'y
a plus alors que les biens qui restent affectés.

Les rédacteurs du Code civil ne conservèrent
point les dispositions de l'ordonnance de 1667,
qui soumettait , *de plein droit*, à la contrainte
par corps les administrateurs du bien d'autrui,
pour reliquat de leurs comptes , et tous autres
plaideurs , pour dommages et intérêts , restitution de fruits , et dépens , après quatre mois
de la condamnation obtenue contre eux (1).
« N'est-ce pas assez , disait-on , que le tuteur

servation d'un seul engagement peut en faire manquer
beaucoup d'autres, et ruiner ainsi le crédit de toute une
place, de tout un pays. Il importe donc que la loi s'arme
de sa plus sévère puissance pour faire respecter la foi
commerciale.

(1) Tit. 34 , art. 2 et 3.

Art. réponde sur ses biens d'une administration que la loi lui a imposée, ou qu'il a acceptée par affection? Faut-il encore que le mineur puisse attenter à la liberté de celui qui lui servit de père (1)? »

En discutant le Code de procédure, on est revenu à des idées plus positives. L'histoire de tous les siècles et de tous les pays témoigne hautement qu'un tuteur, un curateur, un administrateur, ne sont pas toujours les fidèles images d'un bon père de famille, et que les dommages-intérêts encourus par un plaideur cauteleux sont le plus souvent une peine dont se jouent la chicane et l'astuce. Toutefois le Code de procédure n'a point rendu au créancier le droit de faire exécuter son jugement par corps, après les quatre mois ; mais il a donné aux juges la faculté de décerner ou de

126. ne décerner pas la contrainte par corps, suivant la variété des circonstances, la bonne ou la mauvaise foi du débiteur, et la nature de l'affaire.

Il est dit au titre des jugements :

« La contrainte par corps ne sera prononcée que dans les cas prévus par la loi. *Il est*

(1) Rapport fait au Tribunat par M. Gary, sur le titre de la contrainte par corps.

néanmoins laissé à la prudence des juges de la A<small>RT.</small>
prononcer :

» 1° Pour dommages et intérêts en matière civile au dessus de la somme de 300 francs ;

» 2° Pour reliquats de compte de tutelle, curatelle, administration de corps et communautés, établissements publics, et toute administration confiée par justice, et pour toutes restitutions à faire, par suite desdits comptes (1). »

« Les juges pourront, dans les cas qui viennent d'être énoncés, ordonner qu'il sera sursis à l'exécution de la contrainte par corps, pendant le temps qu'ils fixeront : après lequel elle sera exercée *sans nouveau jugement.* Ce sursis ne pourra être accordé que par le jugement qui statuera sur la contestation, et qui énoncera les motifs du délai. »

Ainsi tout doit être réglé d'avance par le jugement qui porte la condamnation principale ; point de nouveaux procès, point de conclusions nouvelles, ni pour la contrainte,

(1) Pourvu que le reliquat et les restitutions montent à plus de 300 francs. La contrainte par corps ne peut jamais être prononcée pour une somme moindre, en matière civile. Voyez les arrêts cités au Répert. de M. Favard, v° *jugement*, section 1, § 2, n° 8.

Art. ni pour le sursis, ni pour l'exécution après l'expiration du terme fixé.

La contrainte par corps ne doit être prononcée que lorsqu'elle a été demandée ; mais le sursis peut être donné *d'office*, car les juges ont la faculté de modifier ce que la loi leur permet de refuser en entier.

Autrefois on emprisonnait pour les dépens, après les quatre mois de la sentence, bien que la contrainte ne fût, sous aucun rapport, applicable à l'objet principal de la condamnation (1). C'était un frein contre la fougueuse témérité des plaideurs, *ad coercendam in litibus movendis temeritatem*. On a vu des enfants contraints par corps, à raison de dépens faits contre leur père, après la mort duquel ils avaient repris une instance (2).

Cette rigueur déraisonnable ne se trouve point dans nos Codes (3). Il est vrai, en général, que les dépens sont la peine du plaideur téméraire ; mais il n'est pas moins constant que la plupart des procès sont mus par des doutes qui s'élèvent de bonne foi dans l'esprit

(1) Ordonn. de 1667, t. 34, art. 2.

(2) Arrêt du 27 novembre 1687 rapporté par Bornier, tom. 1, pag. 323.

(3) Sirey, 1810—1-64, et 1847—1-225.

des plaideurs ; que ces doutes sont entretenus ART.
par l'imperfection d'une foule de textes, par
la diversité des avis, et que la loi elle-même
veut que l'on s'adresse aux tribunaux, parce que
nul n'a le droit de se faire justice. Les dépens
sont dus par la partie qui perd son procès,
pour que celle qui le gagne soit rendue indemne des frais qu'elle a été obligée d'avancer : ·
propter litem, et non propter crimen. Ce sont
les dommages et intérêts qui réparent les pré-
judices réels et les vexations outrageuses.

Les dépens se composent des émoluments
ou salaires des officiers judiciaires que les parties sont obligées d'employer, des droits que
le fisc perçoit sur les divers actes du procès,
et des frais de voyage (1).

Pendant un long temps, en France, il n'y
eut point de condamnation de dépens ; mais
afin de réprimer la passion des procès, on obligeait chacun des litigateurs à déposer en gage
la valeur du dixième des choses contestées.
Après le jugement, le vainqueur retirait son
gage, et le fisc prenait celui du vaincu, à titre
d'amende (2). Il y avait, dans cet usage, une

(1) Voyez ci-après le chapitre de *la liquidation des
dépens et frais.*

(2) Voyez le chapitre 30 des Formules de Marculfe,

Aʀᴛ: analogie frappante avec l'antique action du *sacramentum* dont parle Gaïus en son quatrième commentaire, § 13 : *Qui victus erat summam sacramenti præstabat pœnæ nomine, eaque in publicum cedebat, prædesque eo nomine prætori dabantur.*

Les juges d'église seuls condamnaient aux dépens dans leurs tribunaux, parce que seuls ils avaient conservé quelques traditions du Code de Justinien : *Omnes judices sciant victum in expensarum causâ victori esse condemnandum* (1). La partie qui succombait, dans les justices séculières, était assez punie par des amendes envers le seigneur et ses pairs, ou par l'événement du combat, quand l'affaire se devait vider en champ clos. « L'on ne rend pas les despens par la coustume de cour laie; mais, en la cour de chrestienté, les rend cil, qui enchiet de quelque cause que ce soit (2). »

et surtout les notes de Jérôme Bignon sur ce chapitre.

Voyez aussi l'ordonnance rendue pour la réformation des mœurs dans le Languedoc, en décembre 1254, chap. 29, au recueil de MM. Isambert, Jourdan et Decrusi, t. 1; p. 272.

(1) *Cod., l.* 13 , § 6, *de judiciis*, et *l.* 5 *de fructibus et litium expensis.*

(2) Beaumanoir, chap. 33, p. 171.

Cependant, lorsqu'on vint à suivre les Éta-   _{Art.}
blissements de saint Louis, à plaider sans se
battre, et à appeler sans fausser le jugement (1),
l'art nouveau de la procédure amena la nécessité de recourir à des conseils, d'instruire les
causes, de faire des frais; et l'on admit, dans
les usages de Paris, d'Orléans, de Touraine,
et d'Anjou, plusieurs cas où « cil qui perdoit
son procès devoit rendre à l'autre ses dépens
et ses coûts (2). »

Charles le Bel, par son ordonnance de janvier
1324, introduisit en tous les pays de coutume
la règle du droit écrit *victus victori*, ainsi que
Loisel le fait très-bien observer par Estienne
Pasquier, dans son Dialogue des avocats (3) :

Sane cum hactenus ab olim, dit le roi, *in
multis regni Franciæ partibus, consuetum fuit
expensas inter litigantes, coram secularibus
judicibus, non refundi; nos præmissis incon-
venientibus obviare, nostrorumque providere
subditorum indemnitatibus cupientes, hâc irre-
fragabili perpetuò valiturâ constitutione sanci-
mus, ut in omnibus et singulis nostris, ac*

(1) Voyez mon Introduction, tom. 1, chap. 15,
p. 439, 442 et 443.

(2) Établissements, chap. 65 et 92.

(3) Deuxième conférence.

Art. *prælatorum, baronum, nobilium et aliorum subditorum nostrorum secularibus curiis,* victus victori, *in expensis causarum de cætero condemnetur ad integram earum refusionem, taxatione judicis....* (1).

Les ordonnances rendues depuis sur le fait de la justice ont confirmé ces dispositions , et le Code de procédure a répété à son tour : « Toute partie qui succombera sera condamnée aux dépens. »

Si les plaideurs succombent respectivement sur quelques chefs du procès, on peut *com-*
131. *penser* les dépens *en tout* ou *en partie ;* c'est-à-dire que chacun d'eux restera chargé des frais qu'il a faits : c'est la compensation simple ; ou que le gagnant n'aura de répétition à exercer envers son adversaire , que pour la moitié , le tiers, le quart de ses dépens, selon que les divers points de ses conclusions auront été trouvés plus ou moins bien justifiés : c'est la compensation proportionnelle. Il y avait quelque chose d'approchant dans la loi 5 , au Code *de fructibus et litium expensis*.

La loi admet un autre motif de compensation des dépens : celui-là ne se tire point de la

(1) Ordonnance du mois de janvier 1324.

légitimité relative des prétentions, mais de
certains rapports de parenté et d'alliance ;
comme si la contestation était engagée entre
deux époux, entre un père et son fils, entre
deux frères, ou entre des alliés au même
degré. Adjuger les dépens à l'un, c'est lui décerner le triomphe de l'instance, et cette im-
molation de l'amour-propre de l'autre peut
jeter dans la famille le germe d'un implacable
ressentiment.

Il est encore des cas où la partie qui aurait
dû gagner, soit la totalité, soit une portion de
ses dépens, se voit condamnée à les supporter
en entier, et à payer ceux de son adversaire :
c'est lorsque, abstraction faite du fond du
droit, elle s'est rendue coupable d'injures et
de vexations inutiles. Dans ces circonstances,
que les juges apprécient, ils ont la faculté de
mettre tous les dépens à sa charge, pour tenir
lieu des dommages et intérêts auxquels elle
s'est exposée. J'ai dit : *abstraction faite du fond* 137.
du droit, parce que très-évidemment, si cette
partie n'eût pas dû être exempte des dépens,
en ne considérant que le droit, la condamnation ne tiendrait plus lieu de dommages et
intérêts. Il y aurait double emploi. Remarquez
aussi que la contrainte par corps peut être

Art. prononcée pour ces dépens , *transformés en dommages et intérêts* , s'ils excèdent la somme de 300 fr. ; cette observation se concilie aisément avec le principe émis ci-dessus (pag. 522), que notre législation n'autorise point la contrainte par corps pour les *véritables* dépens.

Ordinairement on juge que les frais d'un partage fait en justice , et ceux des opérations préliminaires de scellé, d'inventaire, d'expertise, seront pris sur la masse, et supportés par les copartageants , *pro modo emolumenti* , à moins que l'un d'eux n'ait élevé quelque contestation mal fondée. Alors il doit être condamné aux dépens faits sur son incident. Ceci s'applique à toutes les matières et à tous les incidents *qui sont définitivement jugés*, quel que soit le sort à venir de l'action principale. Les incidents sont les épisodes qui se traitent à part , et qui se vident *par préalable*, comme dit la loi (1).

Les tribunaux se réservent de statuer , en définitive , sur les dépens , lorsque , sans trancher aucune des questions de la cause ,

(1) Sauf les cas où ils s'identifient avec le fond du procès et doivent y être joints. J'expliquerai cela au chapitre *des incidents.*

ils se bornent, avant de faire droit, à prescrire une mesure préparatoire, ou à ordonner une preuve, une vérification : car on
ne sait pas encore laquelle des parties succombera.

Les dépens sont personnels. La condamnation obtenue contre des plaideurs qui ont fait
cause commune, se divise entre eux par tête,
pro numero succumbentium. Elle ne peut être
prononcée ni exécutée *solidairement,* parce
que chacun a plaidé pour son compte, et ne
doit porter d'autre peine que celle de sa propre témérité. On trouve deux ou trois arrêts
contraires, mais ils ne sont pas suivis (1).
« La solidarité ne se présume point, il faut
qu'elle soit *expressément* stipulée, dit l'art.
1202 du Code civil : cette règle ne cesse que
dans les cas où la solidarité a lieu de plein
droit, en vertu d'une disposition de la loi. »
Or, plaider collectivement, ce n'est pas sti-

(1) Voyez M. Berriat-Saint-Prix, tom. 1, p. 158, à
la note ; M. Carré, Lois de la procédure, tom. 1,
p. 308 ; le Répertoire de M. Merlin, v° *dépens ;* le Répert. de M. Favard, v₀ *jugement,* sect. 1ʳᵉ, § 2, n° 11 ;
le Comment. de M. Pigeau sur l'art. 130 du Cod. de
procéd., et le Recueil périodique de Dalloz, t. 25-1-133,
à la note.

ʌʀᴛ. puler *expressément* la solidarité des frais, en cas de perte. Il y a bien un texte du Code pénal qui soumet de plein droit à cette solidarité tous les individus condamnés pour un même crime, ou pour un même délit (1) ; mais, en matière civile, une pareille disposition n'existe point.

Le créancier qui assigne tous ses débiteurs solidaires divise son action ; la somme des dépens se partage entre eux, *ex causâ judicati :* par conséquent la portion des insolvables, s'il y en a, n'accroît point la charge des autres. *Paulus respondit eos qui unâ sententiâ in unam quantitatem condemnati sunt, pro portione virili ex causâ judicati conveniri ; et si ex sententiâ adversùs tres dictâ, Titius portionem sibi competentem exsolvit, ex personâ cæterorum ex eâdem sententiâ conveniri non posse* (2).

Cependant le rédacteur du Journal des Avoués demande : « s'il est bien convenable qu'il n'y ait pas solidarité pour tout ce qui est l'accessoire indispensable d'une obligation,

---

(1) Art. 55.

(2) *L.* 43, ff. *De re judicatâ ;* voyez aussi *L.* 10, ff. *De appell. et relat.*

quand il y a solidarité pour cette obliga- A<small>RT.</small>
tion (1). »

La question porte à faux. La condamnation
de dépens n'est pas l'accessoire de l'obligation;
elle ne reçoit ni l'influence du terme, ni celle
du lieu, ni celle du mode de paiement. C'est
la réparation d'un tort, c'est une autre nature
de créance.

Supposez que le créancier n'ait obtenu
jugement que contre un seul de ses débiteurs
solidaires : aura-t-il le droit de forcer les autres à payer les dépens ? Non, car il a dépendu
de ce créancier de restreindre ses poursuites
à celui qui présentait seul une garantie suffisante. Alors l'instance, le jugement, les
dépens, sont devenus tout-à-fait étrangers aux
codébiteurs, quoique leur obligation soit restée la même. La solidarité de l'engagement
n'a pas reçu d'atteinte par la division de l'action, mais la division de l'action a rendu les
dépens personnels.

Supposez encore que le créancier ait fait
assigner tous ses débiteurs, et qu'il y ait eu
des nullités commises dans l'exploit signifié à
l'un d'eux : celui-là sera-t-il solidaire des frais

(1) T. 9, p. 135.

Art. de la procédure valablement intentée contre ses consorts ? Au contraire; il fera, quant à lui, condamner le créancier aux dépens, à cause de la nullité de l'exploit et de tout ce qui s'est ensuivi.

Vous le voyez, les dépens ne forment point un accessoire de l'obligation solidaire.

Je vais en donner une autre preuve. Par suite de l'abolition du régime féodal, tous jugements et arrêts portant reconnaissance de quelques-uns des droits supprimés furent mis au néant. Un arrêt de cette espèce avait été obtenu par un seigneur, en 1788, avec une condamnation de dépens liquidés à 3,061 fr. Dix ans après, le ci-devant seigneur voulut au moins être payé de ces dépens; on lui répondit que l'accessoire devait suivre le sort du principal. Mais, le 4 germinal an XIII; la Cour de cassation jugea que les dépens étaient exigibles, parce qu'ils avaient constitué une créance *particulière, distincte, et indépendante, par sa nature, de ce qui avait formé la matière de l'objet du procès* (1).

Toutefois, une observation que j'ai déjà faite, en parlant de la contrainte par corps,

(1) Répert. de M. Merlin, v° *dépens*, pag. 554.

retrouve ici sa place (1) : c'est que, dans les
cas où les dépens sont adjugés pour tenir
lieu de dommages-intérêts, la condamnation
peut être solidaire (2).

Les parties qui figurent au procès, ou qui
y ont été appelées pour le soutien de leurs
propres droits, peuvent seules être condamnées
aux dépens. Cette condamnation n'est prononcée contre les tuteurs, les curateurs, les
administrateurs, et tous autres agissant pour
autrui, que *dans leurs qualités ;* ses effets tom-
bent directement sur les individus, ou sur les
établissements qu'ils représentent. Cependant,
s'ils ont compromis les intérêts qui leur
étaient confiés, par quelque défaut d'autorisation ou de forme légale, par légèreté, par
négligence, ou par un coupable entêtement,
le tribunal a le pouvoir de mettre les dépens
à leur charge personnelle. De même il est
juste de les faire supporter, sans répétition,
par les avoués et par les huissiers qui ont
excédé les bornes de leur ministère, commis
des nullités, ou procédé contre les lois et les
règlements (3).

Art.

132.

(1) Voyez ci-dessus, page 529.
(2) Répert. de M. Merlin, v° *dépens*, page 551.
(3) Décret du 30 mars 1803, art. 102.

« En quels cas un mari peut-il être condamné aux dépens d'un procès qui intéresse
sa femme ? » M. Carré s'est proposé cette
question, et, pour la résoudre, il a fait des
distinctions qui se réduisent à ces termes :

« Si le mari défend la cause de la femme,
et s'ils viennent à succomber, ils doivent tous
deux être condamnés aux dépens.

» Si le mari ne comparaît que pour autoriser sa femme *à ester en jugement*, sans qu'il
prenne part à la discussion de l'affaire, il n'est
pas considéré comme *partie* dans l'instance, et
l'article 130 du Code de procédure ne lui est
point applicable.

» A plus forte raison, sera-t-il affranchi
des dépens, s'il a refusé son autorisation, et
si la femme a dû obtenir celle de la justice. »

Certes, je n'entends point contester la première de ces solutions : le mari qui plaide
avec sa femme doit supporter avec elle les
dépens du procès qu'ils ont perdu.

Je ne ferai pas plus de difficulté pour reconnaître que le mari est à couvert de toute
espèce de condamnation, lorsqu'il n'a pas
voulu autoriser sa femme à plaider.

Mais est-il également vrai que les dépens
ne puissent atteindre celui qui ne s'est montré

dans l'instance que pour autoriser sa femme,
et n'a rien dit ni rien écrit sur le fond de la
cause ? Faut-il, comme l'enseigne M. Carré,
le placer sur la même ligne que le mari qui a
refusé son autorisation? A mon avis, la différence est grande.

Toutes les condamnations prononcées contre
une femme *non autorisée par son mari*, n'engagent point la communauté (1); elles ne peuvent
être exécutées, durant le mariage, que sur la
nue propriété de ses biens personnels (2),
parce que le mari ayant le droit d'en jouir, ce
droit ne peut pas être entamé sans son consentement.

Il y a même raison de décider sous le régime
dotal.

Maintenant il faut aborder l'hypothèse
contraire.

Le mari a autorisé sa femme. S'il ne l'eût
pas autorisée, elle n'aurait pas plaidé; elle

(1) Code civil, art. 1426. Il y a exception à l'égard
des femmes marchandes publiques, mais cette exception confirme la règle; car le mari qui autorise sa femme
à entreprendre le commerce, est censé approuver tous
les engagements qu'elle prend pour le fait de ce commerce.

(2) Code civil, art. 1424.

Art. n'aurait pas forcé son adversaire à tracer autour d'elle ces lignes coûteuses de la procédure ; elle n'aurait pas succombé ; il n'y aurait pas eu de frais à payer.

A cette première réflexion, on objectera, peut-être, que l'autorisation du tribunal serait venue remplacer celle du mari.

Je pourrais répondre : Il n'est pas présumable que les juges, moins prévoyants que le mari, eussent autorisé la femme à plaider, pour la condamner après. Admettez cependant que l'autorisation de la justice eût été donnée ; le refus du mari n'aurait été que mieux justifié par le résultat du procès.

Mais, à part tout ce vague de présomptions et de possibilités, je reviens à la position du fait : Le mari a autorisé sa femme. C'est en sa présence, et de son consentement, qu'elle a plaidé ; car l'autorisation du mari n'est autre chose, dit M. Toullier, que l'*approbation* qu'il donne aux actes que sa femme ne peut faire sans son consentement (1) ; il s'est rendu complice de sa témérité ; il doit en porter la peine. La condamnation de dépens devra donc être exécutée sur la communauté, ou sur la

(1) T. 2, p. 16.

pleine propriété des biens de la femme, sans ART.
respect pour l'usufruit du mari.

En vain répétera-t-il qu'il a donné une autorisation toute sèche, et qu'il s'est bien gardé de se compromettre dans la discussion du droit. C'est donc à dire qu'il désespérait du succès, quand il a consenti que sa femme plaidât? Cette autorisation, avec sa perfide réserve, n'a donc été qu'une défaveur jetée sur la cause? Je voudrais alors que la charge des dépens pût retomber sur lui tout entière.

M. Carré cite un jugement du 24 vendémiaire an VII, par lequel le tribunal de cassation a décidé « que la disposition de l'ordonnance de 1667 qui assujétissait aux dépens toute partie *succombante*, ne pouvait concerner que les véritables parties de la cause, et non un mari uniquement appelé pour autoriser sa femme, *surtout lorsque, comme dans l'espèce, il s'agissait de biens paraphernaux, à l'égard desquels la femme est indépendante du mari* (1). » Notez de plus que la femme était engagée dans le procès longtemps avant son mariage.

Il est fort douteux que ce jugement soit ap-

_____

(1) Sirey, t. 2, p. 170.

plicable à tous les cas d'une autorisation donnée
par le mari. *Modica enim facti circumstantia
inducit magnam juris diversitatem.* Quoi qu'il
en soit, le motif général qui lui sert de base
n'est qu'une pétition de principe, l'une de ces
erreurs que l'on rencontre si souvent dans la
jurisprudence d'une époque discréditée.

On pourrait extraire des arguments plus spé-
cieux d'un arrêt rendu par la Cour de Montpellier, le 10 floréal an XIII. Il y est dit :
« Qu'en assimilant l'autorisation maritale au
pouvoir de plaider donné au tuteur par le conseil de famille, à celui du curateur qui assiste
un mineur émancipé, et autres semblables
autorisations, qui ne rendent responsables ni
le conseil de famille ni le curateur des suites
du procès, il faut conclure que, par son autorisation, le mari n'encourt pas une plus grande
responsabilité que le conseil de famille ou le
curateur (1). »

Cette manière d'argumenter par assimilation
n'est pas toujours solide.

L'autorisation que donne un conseil de famille, ou un conseil de préfecture, dans les
cas déterminés par la loi, est le résultat d'une

____

(1) Collection nouvelle de M. Dalloz, vº *jugement*,
p. 65.

délibération toute désintéressée ; elle a quel- A<small>RT.</small>
que chose de solennel et de judiciaire, qui ne
permet pas de s'arrêter à l'idée d'une responsabilité touchant l'issue du procès. De même,
lorsque les juges, sur le refus du mari, autorisent une femme à plaider, ils ne s'engagent
point à lui faire gagner sa cause. Enfin, ni le
conseil de préfecture, ni le conseil de famille
ne figurent au nombre des parties, dans les
affaires dont ils ont autorisé la poursuite.

L'autorisation maritale est d'une nature tout-
à-fait différente. C'est l'acte d'une volonté in-
dividuelle, et l'émanation d'une puissance
particulière ; c'est un concours du mari dans
l'instance ; il y devient *partie*, quelque réservée que soit son attitude au milieu des
débats. Cette autorisation n'est point en
dehors de l'intérêt personnel de celui qui la
donne ; car il a l'espoir de jouir de ce que sa
femme pourra conserver, ou acquérir, en
plaidant. S'il doit recueillir sa part du succès,
pourquoi donc, en cas de perte, serait-il affranchi des dépens (1)?

(1) On dira peut-être que le refus du mari ne l'empêche pas de profiter des fruits du jugement, si le tribunal, après l'avoir autorisée à plaider, prononce en
faveur de la femme, et que cependant il n'a point

Aʀᴛ.

La Cour de Montpellier , pour appuyer son système , a ajouté cet autre motif : « Que lors de la discussion, au Conseil d'état, des articles 218 et 219 du Code civil, M. Tronchet observa que, par l'autorisation, le mari ne s'obligeait point envers les tiers , ce qui détermina l'adoption de ces articles. D'où il résulte que , dans l'esprit du législateur , l'autorisation du mari ne le rend point responsable, même pour les dépens , des condam-

couru le risque des dépens. J'en conviendrai ; mais il en est ainsi , parce que le mari, qui n'avait pas donné son autorisation, *n'était pas partie dans l'instance.* D'un autre côté , aucun texte de loi ne le prive de son droit dans ce cas, et les peines et les déchéances ne se suppléent jamais. L'autorisation a-t-elle été malicieusement refusée? On peut lui faire payer les frais que sa femme a été obligée de faire pour obtenir celle de la justice ; voilà tout.

Lorsque les tribunaux donnent l'autorisation que refuse le mari, je voudrais que celui-ci ne fût condamné aux frais qu'il a fallu faire à cette occasion, que conditionnellement, c'est-à-dire pour le cas où la femme gagnerait le procès auquel il n'a pas voulu concourir ; car, si elle vient à le perdre, le refus du mari ne peut être blâmé. Cette condamnation conditionnelle n'aurait rien d'extraordinaire ; la loi ne la repousse point, et l'usage en fournit beaucoup d'exemples.

nations prononcées contre la femme de lui
autorisée. »

L'observation de M. Tronchet n'avait trait qu'à l'autorisation donnée par le mari à la femme *pour contracter;* ce qui voulait dire, entre autres choses, qu'un mari ne serait point tenu de payer une somme que sa femme aurait empruntée avec son autorisation. Mais l'esprit du législateur ne s'est pas soumis à cette doctrine, même pour les contrats; car l'article 1419 du Code civil porte. que « les créanciers peuvent poursuivre le paiement des dettes que la femme a contractées avec le consentement du mari, tant sur tous les biens de communauté, que sur ceux du mari ou de la femme ; sauf la récompense due à la communauté, ou l'indemnité due au mari. » Or, on sait que le consentement du mari n'est autre chose que son autorisation, et c'est dans ce sens que M. Toullier explique l'article que je viens de rapporter : « Si la femme est *autorisée* par son mari pour quelque obligation durant le mariage, le mari ayant par son concours *approuvé* l'obligation, le créancier peut poursuivre le paiement sur ses biens, etc. (1). »

(1) M. Toullier, t. 2, p. 30.

Art.   Revenant à l'autorisation donnée par le mari pour plaider, je vais, à mon tour, citer mes autorités.

Voici l'opinion d'un auteur du pays de droit écrit, de Roussille, en son Traité de la dot : « Il faut distinguer : si le mari a autorisé sa femme dans la poursuite du procès, alors étant obligé, ainsi que la femme, *aux dépens*, celui qui les a obtenus peut, faute de paiement, faire vendre le fonds dotal, *sans que le mari puisse réclamer aucun usufruit*. Le procureur qui a occupé pour le mari et la femme, a le même droit. Si la femme a intenté le procès, autorisée en justice, sur le refus du mari, il en est autrement; parce que la femme, contre la volonté de son mari, ne peut priver celui-ci de l'usufruit qui lui est acquis (1). »

La même distinction était faite par Rousseau de la Combe (2). On la trouve aujourd'hui dans le Répertoire de M. Merlin (3), dans celui de M. Favard (4), dans le Traité de l'usufruit de M. Proudhon (5), et dans le Droit

(1) T. 1er, p. 435, no 423.
(2) Jurisprudence civile, vo *dot*, sect. 3.
(3) Vo *autorisation maritale*, t. 1er, p. 471.
(4) Vo *jugement*, t. 3, p. 160.
(5) T. 4, nos 1780 et suiv.

civil de M. Toullier, qui, après avoir critiqué Art.
l'arrêt de Montpellier, résume en deux mots
toute cette doctrine : « Quant au procès suivi
par la femme, *si elle a été autorisée de son
mari*, la condamnation aux dépens prononcée
contre elle peut être exécutée sur les biens de
la communauté, et même sur ceux du mari.
Mais il en est autrement si elle n'a été autorisée que par justice (1). »

Lorsque le ministère public n'agit que *par
voie de réquisition*, pour surveiller et conclure (2), on conçoit aisément que ce noble
tribut de lumières qu'il apporte à la justice
ne peut ni lui faire gagner, ni lui faire perdre
des dépens.

Mais il est des circonstances que la loi spé-
cifie, dans lesquelles il agit d'office et *par voie
d'action*. Les articles 184, 190 et 191 du
Code civil, pour les nullités de mariage ;
l'article 491, au titre de l'interdiction, et
une foule d'autres textes, en fournissent des
exemples. Il est encore là le représentant de
la société tout entière, et le défenseur de
l'ordre public. Néanmoins il a pu se tromper

(1) T. 2, p. 31.
(2) Voyez ci-dessus le chapitre 4.

Art. sur l'application du droit qu'il invoque , ou
sur la suffisance des preuves qu'il produit ;
alors il doit succomber. Les frais de son action restent à la charge de l'administration de
l'enregistrement, qui en a fait l'avance (1) :
toutefois, la partie en faveur de laquelle le
jugement est rendu , n'obtient aucune condamnation de dépens ; l'argent qu'elle a été
obligée de mettre dehors pour sa défense ,
elle le perd. Un vieil usage a consacré cette
dérogation à la règle générale. Vous croyez
qu'il y a réciprocité ? Non : si vous plaidez
contre le ministère public , et si le tribunal
lui donne gain de cause , vous serez condamné
à payer tous les frais qui ont été faits à sa requête , lesquels seront fort rigoureusement
recouvrés par l'administration.

Vous étiez un plaideur téméraire, car il a
été jugé que vous avez eu tort de résister ; mais
une présomption pareille ne peut jamais s'élever jusqu'à la hauteur du ministère public,
quand bien même on jugerait qu'il avait eu
tort d'attaquer (2).

(1) Voyez l'art. 118 du décret du 18 juin 1811.
(2) Il en est de même pour les affaires de discipline ,
pour les matières criminelles , correctionnelles et de
police.

Ce n'est pas que je fasse des vœux pour le Art.
système de cette réciprocité, que d'anciens
auteurs ont essayé de soutenir (1) ; il n'en résulterait qu'une injuste mesquinerie. Certes
j'admets que l'action du ministère public est
toujours déterminée par une intention de justice, de bon ordre et d'intérêt général ; mais,
lorsqu'il y a erreur reconnue, le bon ordre,
l'intérêt général et la justice veulent que le
trésor de l'État supporte en entier les frais
d'une action mal fondée, et ceux d'une contradiction légitime. *Toute partie qui succombe
sera condamnée aux dépens*, dit le Code ; et,
lorsque le ministère public se fait *partie principale*, il ne devrait point y avoir d'exception
à la loi, en considération de l'organe de la
loi.

Cette question se présente sous un autre
aspect, lorsque le ministère public plaide
dans les tribunaux les causes qui concernent le
domaine de l'État. Ici la règle reprend son
niveau : le procureur du roi remplit l'office
d'un avocat, dont les clients sont condamnés
aux dépens, s'il arrive qu'ils perdent leur
procès.

(1) Rebuffé.

II. 35

Aʀᴛ.   En Angleterre , le roi ne paie pas de frais ,
et n'en recoit pas (1).

    L'article 1ᵉʳ du titre 31 de l'ordonnance de
1667 défendait aux juges de compenser les dépens , sous quelque prétexte que ce fût. Cet
article , contre lequel s'était élevé le premier
président de Lamoignon , était d'une inexécu-
table rigueur , et les juges ne s'y arrêtaient
point ; ils compensaient , modéraient , suivant
les cas , et mettaient hors de cour sans dépens.
    L'ordonnance ajoutait que les dépens de-
vaient être taxés , *encore qu'ils n'eussent été
adjugés*, ce qui était une conséquence nécessaire du principe prohibitif de toute espèce de
compensation , de modération , et d'exemption.
Autrement , disait-on , il en serait de la fin
d'un procès , comme de la victoire de Cad-
mus (2).
    Le Code de procédure n'a point de disposi-
tions semblables ; et comme il permet de
compenser , on convient assez généralement
que le silence d'un jugement , en ce qui touche
les dépens , doit être considéré comme une

    (1) Blackstone, liv. 3 , chap. 24.
    (2) Bornier , t. 1ᵉʳ , p. 284.

ART.

compensation implicite, c'est-à-dire qu'aucune
des parties n'a droit de demander ses dépens à
l'autre.

Les commentateurs interprétaient l'esprit
de l'ordonnance dans un sens tel, que les
juges devaient prononcer la condamnation aux
dépens, lors même qu'elle n'aurait point été
demandée ; ils apportaient pour raison, qu'en
matière de contrats et de sentences, on supplée toujours aux choses *de quibus verisimile est
partes cogitasse* (1). Avec cette portée d'application, les intérêts judiciaires auraient dû
courir de plein droit, et sans qu'il eût été
besoin d'y conclure. Le *verisimile* n'allait
pourtant pas jusque-là.

Ils ajoutaient que la condamnation aux dépens était la peine des téméraires plaideurs,
et qu'il n'était pas nécessaire qu'une peine fût
requise, pour que le juge eût le droit de la
fulminer (2).

Cette raison ne valait pas mieux que l'autre.
La condamnation aux dépens n'est point une
peine, légalement parlant. J'ai déjà eu occasion de le faire observer : les dépens sont

(1) Bornier, t. 1er, chap. 24.
(2) Rodier, page 607.

Aɴᴛ. accordés à la partie qui gagne, afin qu'elle soit rendue indemne, par la partie qui perd, des frais qu'il a fallu débourser pour soutenir le procès : *propter litem et non propter crimen ;* car plaider n'est pas un crime.

Cependant on écrit encore, sous l'empire du Code, que la condamnation aux dépens doit être prononcée, quand même elle n'aurait pas été demandée.

Les auteurs qui professent cette opinion disent qu'elle ne souffrait autrefois aucune difficulté, parce que l'article premier du titre 31 de l'ordonnance portait que les juges *condamneraient* aux dépens, *en vertu de la présente ordonnance* (1). C'est une erreur ; l'article portait seulement que les dépens seraient *taxés* en vertu de l'ordonnance, quoiqu'ils n'eussent pas été *adjugés :* ce qui ne supposait nullement qu'ils n'eussent pas été *demandés*. Mais cette erreur même aurait dû mener à une conséquence tout opposée, puisqu'il est à croire que le Code se serait exprimé comme l'ordonnance, s'il eût voulu être entendu comme elle.

Les tribunaux ne peuvent pas plus pronon-

____

(1) M. Carré, Lois de la procédure, t. 1ᵉʳ, p. 310 ;· Dalloz, Collect. nouv., t. 9, p. 657.

cer *d'office* une condamnation aux dépens, ʜᴀᴛ. qu'une condamnation aux dommages-intérêts , pour laquelle des conclusions n'auraient point été prises. C'est , dans l'un et dans l'autre cas , un intérêt privé , c'est une indemnité , c'est la réparation civile d'un préjudice ; celui qui a le droit de la demander est libre d'y renoncer ; et , en justice, ne pas demander, c'est renoncer.

En vain répéterait-on que l'ordre public est intéressé à ce que le téméraire plaideur soit condamné aux dépens. S'il en était ainsi , il faudrait que, dans tous les procès, le ministère public fût entendu.

Mais on insiste , et l'on argumente de la disposition impérative de la loi : « Toute partie qui succombera , sᴇʀᴀ condamnée aux dépens. »

Je réponds que cette expression sᴇʀᴀ se trouve dans une foule d'articles qui ne touchent par aucun côté à l'ordre public. L'article 135 dit que l'exécution provisoire d'un jugement sᴇʀᴀ ordonnée s'il y a titre authentique, etc.; et dans les mêmes livres, où il est enseigné que la condamnation aux dépens doit être prononcée *d'office*, on lit que l'exécution provi-

Art. soire d'un jugement ne peut être ordonnée., si elle n'a été demandée (1).

Me sera-t-il permis de faire remarquer que ce sont aussi les mêmes auteurs qui veulent rattacher à l'ordre public cette question de dépens, et qui ne voient qu'une disposition d'intérêt privé, une simple formalité dont le défaut se peut couvrir, dans ces termes de l'article 48 : « Aucune demande ne SERA *reçue*, que le défendeur n'ait été préalablement cité en conciliation. »

Cela me semble un intervertissement d'idées. L'autorité des anciens textes est fort respectable, et les anciennes traditions peuvent être fort bonnes à suivre, pourvu qu'elles ne heurtent pas le système de la loi nouvelle. C'est le cas de dire : *Serviamus in novitate spiritûs et non in vetustate litteræ*.

Chez les Romains, il était défendu à la partie victorieuse d'appeler d'une sentence, sous le prétexte que les dépens ne lui auraient pas été adjugés, où qu'ils auraient été trop modérés : *Si quando una pars quasi læsa per*

_____

(1) Excepté dans les cas spéciaux où la loi veut que l'exécution provisoire ait lieu de plein droit.

definitivam sententiam, provocatione usa fuerit, Art.
interdicimus alteri parti QUÆ VICIT, *pro hoc,*
tantummodò quod nihil capere pro sumptibus
litis, vel detrimentis, vel minùs quàm opor-
tuerat jussa est, provocationem referre (1).

De là ce préjugé répandu dans notre vieille
pratique, qu'appellation n'échet pour le seul
chef des dépens.

« Si celui qui aurait gagné son procès en
tous points devant un juge inférieur, disait
Rodier, était appelant de ce qu'on aurait
compensé les dépens, son appel, fondé sur ce
grief, risquerait fort de ne pas réussir (2). »

Toutefois il y en avait qui réussissaient,
et c'était à bon droit. Le recours d'appel n'a
pas été introduit uniquement pour corriger
l'iniquité du juge inférieur, mais aussi pour
suppléer à ce qu'il aurait dû faire. Or, toute
partie qui succombe doit être condamnée aux
dépens; et c'est un véritable grief qu'éprouve
celle qui triomphe, quand elle ne reçoit pas
l'indemnité de ses frais. C'est une violation de
la loi ; cette considération suffit pour qu'il y
ait lieu à l'appel, ou au pourvoi en cassation,

(1) L. 10, *Cod. quandò provoc.*
(2) Page 605.

Art. suivant que le fond du procès a dû être jugé
en premier ou en dernier ressort (1).

Il est de l'intérêt public qu'un avoué , plein
de confiance dans la bonté d'une cause aux
frais de laquelle son client est hors d'état de
suffire, reçoive de la loi un encouragement et
une garantie , s'il consent à faire les avances
nécessaires , pour que le pauvre puisse recueillir les fruits de la justice.

Cette garantie se trouve dans le droit qui
lui est donné de conclure , en cas de succès ,
à ce que l'adjudication des dépens soit *distraite*
133. à son profit , afin qu'il puisse directement en
poursuivre le paiement contre la partie condamnée.

Pothier définissait en ces termes la distraction des dépens :

(1) La somme des dépens réclamés est indifférente
pour la *recevabilité* de l'appel, dès que l'intérêt du litige
excède le taux du dernier ressort.

Il faut bien distinguer la *condamnation* aux dépens ,
de la *taxe* ou *liquidation* des dépens adjugés. On ne peut
appeler de la *taxe*, que lorsqu'on appelle en même temps
de quelque disposition touchant le fond de la cause
(art. 6 du décret du 16 février 1607). J'expliquerai
cela au chapitre de *la liquidation des dépens et frais*.

« C'est un transport que le client, en faveur Art.
de qui le jugement est rendu, est censé faire
à son procureur, de la créance qu'il acquiert
contre la partie condamnée par cette adjudication de dépens ; et ce transport est fait par
le client à son procureur, pour s'acquitter
envers lui desdits dépens, dont il lui est débiteur. Comme le client ne pourrait sans injustice refuser ce transport à son procureur,
le juge peut, sans le consentement du client,
prononcer la distraction au profit du procureur ; car il peut suppléer un consentement
qui ne peut être refusé sans injustice (1). »

La distraction doit être accordée par le jugement même qui porte la condamnation des dépens. L'avoué ne peut l'obtenir qu'en affirmant
qu'il a fait la plus grande partie des avances. 133.

Voici comment on remplit, à cet égard, le
vœu de la loi :

Un jugement se termine toujours par la disposition relative aux dépens. Dans l'instant où
l'on vient de la prononcer, la distraction est
demandée, l'affirmation se fait, et le président
ajoute : « Attendu que N., avoué, affirme qu'il
a fait l'avance de la plus grande partie des

(1) Traité du mandat, n° 135.

ART. dépens, le tribunal ordonne que la distraction en sera faite à son profit. »

Cette affirmation doit-elle être faite avec serment ?

« L'affirmation judiciaire, dans la langue du barreau français, dit M. Toullier, est synonyme de serment. Tous nos vocabulaires, tant anciens que nouveaux, s'accordent sur ce point, et leur doctrine est conforme au texte de nos lois anciennes et nouvelles, qui mettent l'affirmation judiciaire sur la même ligne que le serment (1). »

M. Toullier cite, à l'appui de son système, le Dictionnaire de Ferrière, le Répertoire, le Nouveau Denizart et le Dictionnaire de Prost de Royer.

On remarquait autrefois, dans la jurisprudence et dans la doctrine, une multitude de ces *synonymies* qui n'étaient, au vrai, que de la confusion, parce que les mots et les usages sortant de diverses provinces et de divers ressorts, venaient y mêler, comme à l'envi, leur origine et leur sens.

« Si notre langue judiciaire marchait comme celle des Romains, disait un des an-

(1) Tome 10, page 571.

ciens auteurs cités par M. Toullier, nous ne
serions pas si souvent embarrassés pour assigner
aux matières la place qu'elles doivent avoir. Ils
employaient bien l'un et l'autre mot *affirmation* et *serment*, mais *ils ne confondaient pas
tout comme nous* (1). »

A Rome, *affirmer* c'était attester simplement la vérité d'un fait, sans aucune formalité religieuse ou judiciaire ; et toutes les
espèces de *serment* étaient réunies sous les
titres du Digeste : *De jurejurando sive vo-
luntario, sive necessario, sive judiciali*, et
De in litem jurando. Le serment y était toujours appelé *jusjurandum* ; faire serment y
était toujours exprimé par *jurare*.

M. Toullier a puisé les motifs de son opinion dans les conclusions que donna M. Merlin, le 28 mars 1810, sur le pourvoi de
Fenwick et Mason, contre Jona-Jones. Ce
dernier appartenait à la secte des quakers ; un
jugement du tribunal de commerce de Bordeaux avait ordonné *qu'il se purgerait par
serment*, relativement à certains faits. On
sait que les principes religieux des quakers
leur défendent de *jurer* et de prendre Dieu à

(1) Prost de Royer, v° *affirmation*, page 372.

témoin. « Le maître a dit aux anciens : que votre *oui* soit *oui* ; que votre *non* soit *non.* » Le tribunal avait donc donné acte à Jona-Jones de *ce qu'il avait affirmé suivant sa religion, en son âme et conscience,* que, etc.

La Cour d'appel tint l'affirmation pour bonne ; et la Cour de cassation décida de même : « Attendu qu'il est universellement reconnu que la religion connue sous le nom de quakérisme défend à ses sectateurs de jurer au nom de Dieu, et ne leur permet d'autre serment que d'affirmer *en leur âme et conscience ;* et que l'affirmation prêtée par Jona-Jones *en la forme énoncée* était un véritable serment. »

Cet arrêt n'a certainement pas jugé qu'une affirmation judiciaire dût *toujours* être la même chose qu'un serment.

Cependant M. Merlin avait eu l'ambition d'aller jusqu'à la démonstration de cette identité. C'était fort inutile pour la cause de Jona-Jones ; mais à qui possède d'immenses trésors d'érudition, il est permis d'être quelquefois prodigue.

S'il est vrai qu'au temps passé, les mots *affirmer* et *jurer* ont été indifféremment employés au palais, c'est que l'on mettait du

Arr.

serment partout, et que toutes les expressions devaient y tourner. Peut-être aussi a-t-on pris l'habitude d'abréger et de dire simplement *affirmer*, au lieu de *affirmer par serment*, comme on avait dû dire d'abord.

Quoi qu'il en soit, cette confusion n'a point été consacrée par les lois nouvelles. M. Regnault de St-Jean-d'Angély faisait remarquer avec grande raison, au Conseil d'état, que ces termes : *fausse affirmation* et *faux serment*, ne présentaient pas la même idée ; et le mot *serment* a été seul admis pour exprimer cette garantie que les Romains appelaient *jurisjurandi religio*.

La différence est facile à observer dans le Code de procédure civile.

Le serment ne peut plus être fait que par la personne elle-même qui doit le prêter.

121.

L'affirmation peut encore être faite par un fondé de pouvoir.

534.
572.

Quand la loi veut que l'affirmation soit accompagnée de la formalité du serment, elle le dit, comme dans l'article 189 du Code de commerce.

On voit que cette digression aura son utilité pour les matières qui doivent suivre.

Conclusion : L'avoué qui demande la distraction des dépens n'est point obligé d'affirmer par serment qu'il a fait la plus grande partie des avances.

La distraction des dépens produit cet effet, que la partie condamnée ne peut opposer les saisies faites entre ses mains, sur son adversaire, pour se dispenser de payer ; ni se prévaloir d'une créance qu'elle pourrait elle-même exiger de ce dernier, pour la compenser avec les dépens distraits. C'est une espèce de fiction qui transporte directement à l'avoué le bénéfice de la condamnation, et ce bénéfice est censé n'avoir jamais résidé en la personne du client.

Notez que la fiction ne va pas jusqu'à décharger le client de toute obligation envers l'avoué, dans le cas où la partie condamnée se trouverait insolvable. Toutefois l'insolvabilité n'est-elle survenue que depuis le temps où l'avoué aurait pu exercer des poursuites utiles, et se faire payer? il est juste alors qu'il supporte seul la peine de sa négligence.

Si la partie condamnée interjette appel, l'avoué qui a obtenu la distraction des dépens ne peut les exiger, jusqu'à ce que le jugement ait été confirmé ; car l'appel est suspensif, et remet en question tout le procès.

Mais il arrive souvent que la distraction est ART.
prononcée par un arrêt, ou par un jugement
en dernier ressort. Cette hypothèse n'admet
plus de recours qui puisse suspendre l'exécution de la chose jugée ; l'avoué qui s'est fait
payer en vertu de la distraction, ne sera point
tenu de restituer, quand bien même le jugement ou l'arrêt viendraient à être cassés ou
rétractés. En effet, si la distraction n'eût
point été requise, les dépens auraient été
payés, comme d'ordinaire, par le *perdant* au
gagnant, et celui-ci les aurait remis à son
avoué qui, dans aucun cas, n'aurait été tenu
de les rendre. Or, la distraction des dépens
n'a été autre chose qu'une voie plus directe
pour éviter ce circuit. De quelques mains que
l'avoué ait reçu le remboursement de ses
avances, il n'a reçu que ce qui lui appartenait : *repetitio nulla est ab eo qui suum recepit,
tametsi ab alio quàm à vero debitore solutum
sit* (1) ; et la question de restitution ne peut
être agitée que par l'un des plaideurs envers
l'autre.

J'ai dit, à la page qui précède, que l'appel

(1) *L. 44, ff. de condict. indeb.* C. civ., art. 1238.

Art. était suspensif. C'est une maxime qui dérive si nécessairement de la nature des choses, qu'on peut la considérer comme un principe du droit des gens. A quoi servirait le recours de l'appel, si le réclamant restait exposé à subir tous les effets d'une condamnation, jusqu'à ce que la justice ait parlé de plus haut? *Melius est occurrere in tempore, quàm post exitum vindicare* (1).

37. La règle ne reçoit jamais d'exception pour les dépens, lors même qu'ils auraient été adjugés à titre de dommages-intérêts. Mais elle fléchit et se modifie quelquefois, en ce qui concerne *le principal*. Il y a des affaires où la présomption est trop puissamment consacrée en faveur de la décision de première instance, pour que l'équité et la loi se laissent enchaîner à la suite d'un plaideur qui fuit en appelant. D'autres procès sont d'une nature telle, que tout le bénéfice du jugement se tournerait en un dommage manifeste, s'il fallait, pour exécuter, attendre l'expiration des délais après lesquels doit venir un arrêt confirmatif.

(1) *L.* 1, *Cod. quandò liceat unicuique sine judice se vindicare.*

Le Code a donc déterminé certains cas où Art.
l'exécution provisoire du jugement, *nonob-* 135.
stant appel, pourrait être demandée.

Parmi ces cas, se trouvent, en première
ligne, ceux dans lesquels l'exécution provisoire
doit être ordonnée, sans que le demandeur soit 135.
obligé de fournir caution. Les voici : « S'il y a
titre authentique (1), promesse reconnue (2),
ou condamnation précédente par jugement
dont il n'y a point d'appel (3). » Il est assez
évident alors, disait l'orateur du gouvernement, que la condamnation est juste et bien
appliquée.

Peu importe qu'il y ait contestation sur le
plus ou le moins de la demande, pourvu que
la légitimité de l'acte ne soit pas attaquée. *La
provision est due au titre.*

(1) L'acte authentique est celui qui a été reçu par
officiers publics ayant le droit d'instrumenter dans le
lieu où l'acte a été rédigé, et avec les solennités requises.
Code civ., art. 1317.

(2) L'acte sous seing privé, reconnu par celui auquel
on l'oppose, ou légalement tenu pour reconnu, a,
entre ceux qui l'ont souscrit, et entre leurs héritiers ou
ayant-cause, la même foi que l'acte authentique. Code
civ., art. 1322.

(3) C'est-à-dire, lorsqu'il s'agit d'une contestation
élevée sur l'exécution d'un précédent jugement.

Art.   A cette occasion, le Tribunat fit une observation qu'il est utile de rapporter :

« Toujours il faut rattacher le Code de procédure au Code civil. Or l'article 1319 du Code
civil prévoit deux cas, celui de la plainte en
faux principal, et celui de l'inscription de
faux faite incidemment : dans le premier,
l'exécution de l'acte argué de faux doit être
suspendue par la mise en accusation ; dans le
second, la chose est laissée à l'arbitrage des
tribunaux. Il est donc indispensable d'insérer
dans l'article 135 du Code de procédure une
disposition qui prouve qu'on n'a pas entendu
atténuer les principes posés par le Code civil,
et que les développements restent toujours
subordonnés au principe. En conséquence,
on propose l'addition suivante : *Le tout sans
préjudice de l'exécution de la seconde partie de
l'article 1319 du Code civil.* »

Au Conseil d'état, cette addition parut inutile, « parce que l'article 135 du Code de procédure ne contenait rien d'où l'on pût inférer
qu'il ait entendu déroger aux exceptions portées
dans d'autres articles, et dans d'autres lois qui
marchent parallèlement avec lui. »

La partie facultative de cet article 135
comprend plusieurs cas d'urgence, dont l'in-

dication a été tirée de plusieurs anciens règlements.

« L'exécution provisoire *pourra* être ordonnée, *avec* ou *sans* caution, lorsqu'il s'agira :

» 1° D'apposition et levée de scellés, ou
confection d'inventaire ;

» 2° De réparations urgentes ;

» 3° D'expulsion des lieux, lorsqu'il n'y a
pas de bail ou que le bail est expiré ;

» 4° Des séquestres, commissaires et gar-
diens ;

» 5° De réception de cautions et certifica-
teurs ;

» 6° De nomination de tuteurs, curateurs
et autres administrateurs, et de reddition de
compte ;

» 7° De pensions, ou autres provisions alimentaires. »

Le législateur a dû, sur tous ces points,
s'en rapporter à la sagesse et à l'expérience
des magistrats. Par exemple : exiger absolument une caution pour des aliments, ne serait-ce pas les refuser presque toujours ?

La première rédaction de l'article 135 se
terminait ainsi : Dans tous les autres cas,
les juges pourront ordonner l'exécution provi-
soire de leurs jugements, en donnant caution,

Art. *ou en justifiant d'une solvabilité constante.* Ces mots furent retranchés ; il s'ensuit que l'article est limitatif, et que jamais l'exécution provisoire ne peut avoir lieu hors des spécifications de la loi.

Cependant M. Pigeau (1) et M. Carré (2) ont dit que tous les jugements provisoires (3), en général, abstraction faite de ceux qui accordent des aliments, ou qui sont rendus sur des titres non contestés, ce qui restreint beaucoup le nombre des autres, emportent, de leur nature, l'exécution, nonobstant appel, quoique le Code de procédure n'en parle point; et ils se fondent uniquement sur l'ancienne jurisprudence. Je ne puis admettre cette ex-

(1) Comment., t. 2, p. 33.

(2) Lois de la procéd., t. 1er, p. 585.

(3) Les jugements provisoires sont ceux qui, en attendant la décision d'une contestation au fond, et sans préjudice aux droits des parties, accordent à l'une d'elles une somme de deniers, soit pour sa subsistance, soit pour les frais du procès ; ou qui prescrivent telle mesure préalable pour la conservation de la chose litigieuse. Lorsqu'une demande à fin de provision a été formée, et que la cause se trouve en même temps disposée à recevoir jugement sur le fond, le tribunal prononce à la fois sur le tout. Art. 134 du Code de procéd. Cela n'avait pas besoin d'explication.

tension, 1° parce que l'ancienne jurispru- ~~Art.~~
dence était elle-même contraire à l'ancienne
loi (1) ; 2° parce qu'il ne faut pas , sous la
nouvelle loi, invoquer les abus envahissants
de l'ancienne jurisprudence ; 3° parce que
ce serait donner plus d'essor à ces abus, en
rendant facultative aujourd'hui la condition
d'un cautionnement, qui était de rigueur
autrefois ; 4° parce que l'art. 1041 du Code
abroge formellement toutes lois, coutumes,
usages et règlements relatifs à la procédure
civile ; 5° parce que l'exécution provisoire
est une exception , et que toute exception
doit être renfermée dans ses termes.

Les juges ont-ils omis de prononcer l'exécution provisoire, alors qu'ils le devaient? il
ne leur est pas permis de l'ordonner par un
second jugement. C'est toujours la même
règle : *Ampliùs judex corrigere sententiàm
suam non potest.* Mais, s'il survient un appel,
on peut demander à la Cour l'autorisation de
faire exécuter provisoirement, jusqu'à ce que
vienne son arrêt sur le fond (2). Cela soit dit,

(1) Combinez les articles 3, 4, 5, 14 et 15 du titre 17
de l'ordonnance de 1667, et voyez le Dict. de Prost de
Royer , v° *Appel*, t. 5, p. 556.

(2) Cette disposition sera développée au chap. *de
l'appel et de l'instruction sur appel.*

en supposant que devant les premiers juges on avait conclu à l'exécution provisoire; car un plaideur ne serait pas admis à se plaindre de ce qu'on aurait oublié de lui donner ce qu'il n'avait pas demandé.

Ne croyez pas, toutefois, qu'aucun jugement ne puisse être provisoirement exécuté, si l'exécution n'a pas été demandée et ordonnée. Il en est qui sont, *de plein droit*, exécutoires par provision. Pour ceux-là, la loi ne dit pas que l'exécution *sera ordonnée*, ou qu'elle *pourra être ordonnée*, ce qui s'entend toujours d'une demande sur laquelle le juge devra statuer; mais elle VEUT *qu'ils soient provisoirement exécutés*. C'est un sceau particulier qu'elle grave sur leur dispositif, et qui ne peut être effacé ni par le silence des juges, ni par le silence des parties. Tels vous verrez les jugements des juges de paix; ceux des tribunaux ordinaires, pour les compulsoires, pour la délivrance des expéditions refusées par les notaires; et les ordonnances rendues contre les témoins défaillants, ou contre les parties qui troublent l'enquête (1).

---

(1) Les opinions sont partagées sur la question de savoir si les jugements des tribunaux de commerce sont encore *de plein droit* exécutoires par provision : je la

Enfin, et par un contraste remarquable, Art.
il y a d'autres jugements qu'il est toujours
défendu d'exécuter, avant que les délais pour
toutes les voies possibles de réformation soient
expirés, parce que cette exécution *provisoire*
serait *irréparable*. Ainsi, lorsqu'une pièce est
déclarée fausse, le tribunal ordonne qu'elle
sera lacérée, radiée ; mais cette lacération ou
cette radiation ne peut être exécutée, tant
qu'il peut y avoir appel, requête civile, et
pourvoi en cassation. S'il en était autrement,
tous ces recours seraient illusoires ; la pièce
étant anéantie ou dénaturée, il ne serait plus
possible de voir si c'est à tort ou à raison
qu'elle a été jugée fausse. C'était de même en
matière de divorce ; on ne permettait pas
aux époux de se remarier provisoirement (1).

Le Conseil d'état avait adopté, pour le Code
de procédure, un TITRE *des renvois par-devant*
arbitres. Voici les articles qui le composaient :

« Les juges pourront renvoyer les parties
devant un ou plusieurs arbitres, pour les concilier, sinon pour donner leur avis.

traiterai en son lieu, c'est-à-dire au chapitre *de la pro-*
cédure devant les tribunaux de commerce.

(1) Code civil, art. 265.

Art.   » La partie la plus diligente sommera l'autre, par acte d'avoué à avoué, de se trouver devant les arbitres, au jour et lieu par eux indiqués.

» Il ne sera alloué aucune vacation pour les arbitres. Leur avis sera déposé au greffe, et expédié aux parties qui le requerront. »

Le Tribunat vota le rejet.

Cette mesure de renvoi par-devant des arbitres peut avoir quelques avantages en matière de commerce ; mais laisser aux juges ordinaires une pareille latitude, c'eût été augmenter les frais, et multiplier les rouages, sans nécessité.

Les parties auraient déjà longtemps plaidé ou écrit ; et il leur faudrait encore aller plaider ou écrire devant des arbitres, si le tribunal trouvait bon de se débarrasser sur autrui du soin de débrouiller l'affaire ! puis il leur faudrait revenir à l'audience, en cas de non-conciliation, et plaider de nouveau sur l'avis des arbitres ! Il y aurait là beaucoup plus de mal que de bien.

Les juges, disait le Tribunat, n'ont pas le droit de déléguer leurs pouvoirs en masse.

Des plaideurs qui ont déjà tenté la conciliation en bureau de paix, ne peuvent pas être obligés de retourner devant d'autres con-

ciliateurs qu'on leur impose et qu'on leur dé- Art.
signe. L'arbitrage forcé est aboli.

S'il y a lieu de craindre que la dignité de l'audience soit blessée par des détails scandaleux, il faut faire plaider à huis clos.

Le titre *des renvois par-devant arbitres* fut retranché en entier.

Cependant il se trouve encore des commentateurs qui prétendent qu'un tribunal civil a toujours le pouvoir de renvoyer la cause et les parties devant un avocat, un avoué, ou toute autre personne, pour obtenir un arrangement ou un avis. Leur raison est que cela se faisait autrefois, et ils ne veulent pas nous faire grâce d'un abus.

FIN DU TOME SECOND.

TABLE SOMMAIRE

DES CHAPITRES

CONTENUS

DANS LE SECOND VOLUME,

CHAPITRE PREMIER.

DE LA CONCILIATION.

CHAPITRE II.

DES AJOURNEMENTS.

CHAPITRE III.

CONSTITUTION D'AVOUÉ ET DÉFENSES.

CHAPITRE IV.

DE LA COMMUNICATION AU MINISTÈRE PUBLIC.

CHAPITRE V.

DES AUDIENCES , DE LEUR PUBLICITÉ ET DE LEUR POLICE.

CHAPITRE VI.

DES DÉLIBÉRÉS ET INSTRUCTIONS PAR ÉCRIT.

CHAPITRE VII.

DES JUGEMENTS.

CHAPITRE VIII.

SUITE DES JUGEMENTS. — DISPOSITIONS ACCESSOIRES.

FIN DE LA TABLE.

POITIERS. — IMP. DE F.-A. SAURIN.

On trouve chez le même Libraire :

OUVRAGES DE M. ROGRON.

CODE CIVIL EXPLIQUÉ par ses motifs, par des exemples et par la jurisprudence, avec la solution sous chaque article des difficultés, etc.; suivi d'un formulaire des actes sous seing privé. 11e édition, augmentée du texte des arrêts-principes, etc.; un fort volume in-18.   9 fr.

CODE DE PROCÉDURE CIVILE expliqué, etc., augmenté du texte des arrêts-principes, suivi d'un *Formulaire des actes de procédure*; 1 vol. grand in-18, 7e édition.   9 fr.

CODE DE COMMERCE expliqué, etc., augmenté du texte des arrêts-principes, suivi d'un *Formulaire des actes de commerce*; 1 vol. in-18, 6e édition.   7 fr.

CODE D'INSTRUCTION CRIMINELLE ET CODE PÉNAL expliqués, etc., augmentés du texte des arrêts-principes, suivis d'un *Formulaire des actes de l'instruction criminelle*, avec les nouvelles modifications de 1832 et 1835; 2 forts volumes in-18, 3e édition.   15 fr.

CODES FORESTIER, DE LA CHASSE, DE LA PÊCHE, ET RURAL expliqués, etc., avec le texte des arrêts-principes, suivis d'un *Formulaire des actes dont ces Codes exigent la rédaction*; 1 vol. in-18.   8 fr.

LES DIX CODES, expliqués par leurs motifs, par des exemples, et par la jurisprudence, avec le texte des arrêts-principes, *un seul et fort volume grand in-8o* à deux colonnes (formant la matière de plus de 15 vol. in-8o ordinaires).   35 fr.

ÉLEMENTS DE DROIT PUBLIC ET ADMINISTRATIF, ou Exposition méthodique des principes du droit public positif, avec l'indication des lois à l'appui, suivis d'un *Appendice* contenant le texte des principales lois du droit public, par M. E.-V. FOUCART, professeur de droit administratif à la Faculté de droit de Poitiers; 2e édition considérablement augmentée; 3 forts vol. in-8o.   21 fr.

INSTITUTES DE L'EMPEREUR JUSTINIEN, traduites en français avec le texte en regard, suivies d'un choix de textes juridiques; recueil publié par M. BLONDEAU, doyen de la Faculté de droit de Paris; 2 vol. in-8o.   12 fr.
La traduction, formant un vol. in-8o, se vend séparément 5 fr. 50 c.

TRAVAUX PRÉPARATOIRES ou motifs du Code civil, comprenant sans morcellement : 1o le texte du projet ; 2o celui des observations du tribunal de cassation et des tribunaux d'appel ; 3o les discussions puisées littéralement tant dans les procès-verbaux du Conseil d'état que dans ceux du Tribunal; et 4o les exposés des motifs, rapports, discours, etc., publiés par P.-A. Fenet, 15 vol. in-8o.   75 fr.

TRAITÉ DU VOISINAGE considéré dans l'ordre judiciaire et administratif, par Fournel, 4e édition, revue et augmentée par Tardif, avocat à la Cour royale de Paris ; 2 vol. in-8o.   15 fr.

COURS DE CODE CIVIL, par Delvincourt, ex-doyen de la Faculté de droit de Paris; 5e édition, 5 forts volumes in-4o.   30 fr.

LES CODES, nouvelle édition, annotés d'une nouvelle corrélation des articles entre eux; par MM. TEULET et LOISEAU, avocats à la Cour royale de Paris; 3e édition 1840, 1 vol. in-8o.   8 fr.
LES MÊMES, joli vol. in-18.   4 fr. 50 c.
LES MÊMES, charmant vol. in-32.   5 fr.

CODE MARITIME, ou Lois de la Marine marchande, administratives, de commerce, civiles et pénales, réunies, cordonnées et expliquées, par M. BEAUSSANT, président du tribunal de Marennes. 2 vol. in-8o.   16 fr.

TRAITÉ DES COPIES DE PIÈCES, ou Du décret du 29 août 1813 dans ses rapports avec les lois et décrets sur la discipline des officiers ministériels, et les lois sur le timbre, ainsi qu'avec l'ancienne législation sur ces matières, par M. Nicias Gaillard, 1er avocat général près la cour royale de Poitiers. in-8o.   2 fr.